LA BIBLIA
DE LOS SUEÑOS

LA BIBLIA DE LOS SUEÑOS

GUÍA DEFINITIVA PARA INTERPRETAR
TODO SÍMBOLO ONÍRICO

Brenda Mallon

Gaia Ediciones

Título original: *The Dreams Bible*
Publicado originalmente, en 2003, en el Reino Unido
por Godsfield Press, una división de Octopus Publishing Group Ltd.
2-4 Heron Quays, Docklands, Londres E14 4JP

© 2003, Godsfield Press

Del texto © 2003, Brenda Mallon

Traducción: Miguel Iribarren

Ilustraciones: Kim Glass e Ivan Hissey

De la presente edición:
© Gaia Ediciones, 2007
Alquimia, 6 - 28933 Móstoles (Madrid)
Tel.: 91 614 53 46 - Fax: 91 618 40 12
e-mail: contactos@alfaomega.es
www.alfaomega.es

Primera edición en castellano: diciembre de 2007

ISBN: 978-84-8445-182-2

Índice

Introducción: Por qué soñamos

Los sueños también son vida real

Todas las noches soñamos con imágenes que nos confunden y asombran. Durante dos o tres horas viajamos a un paisaje donde las reglas cotidianas quedan descartadas. Cualquier experiencia es posible: las personas vuelan, los peces caminan y los seres queridos que nos han dejado vuelven para hablar con nosotros.

No es casual que pasemos un tercio de nuestra vida durmiendo y que buena parte de ese tiempo estemos soñando. Es una parte importante de nuestra experiencia vital, y está claro que no tiene como único objetivo dar al cuerpo la cuota de relajación, descanso y reparación que tanto necesita, sino que nos da la oportunidad de soñar. *La biblia de los sueños* te mostrará por qué tienen lugar las vivencias de los sueños y por qué es importante aprender su lenguaje. Descubrirás cómo hallar el significado profundo que contienen para descubrir tu sabiduría interna.

SOÑAR TIENE MUCHOS PROPÓSITOS:

- *Clarificar problemas*
- *Revelar nuestros verdaderos sentimientos hacia otros*
- *Quitarnos presión de encima cuando vienen tiempos duros*
- *Comprender nuestra motivación*
- *Permitirnos experimentar con distintas acciones*
- *Servir como práctica catártica*
- *Desarrollar la creatividad*
- *Ensayar éritos futuros*

LOS PRIMEROS LIBROS DE SUEÑOS

Los sueños han fascinado al ser humano durante milenios. Entre los primeros «libros» están los diccionarios de sueños, que tienen más de cuatro mil años. La epopeya de Gilgamesh, del siglo VII a.C., contiene una notable secuencia de sueños que reflejan temas universales, como la muerte y el conflicto, que nosotros también tenemos que afrontar en nuestro milenio. Así, cuando estudiamos nuestros sueños, somos continuadores de una antigua tradición.

A lo largo de la historia, los sueños han servido para diagnosticar enfermedades, resolver problemas y recibir avisos. Muchos grandes pensadores, incluyendo al científico Albert Einstein, al escritor Robert Louis Stevenson y a los artistas Salvador Dalí y William Blake, recibieron de los sueños su inspiración.

Mientras dormimos, cruzamos el umbral entre el mundo de vigilia y el mundo del inconsciente, esa parte de nosotros que a menudo no reconocemos. Viajamos a lugares que tal vez evitemos durante el día. En esa oscuridad del sueño, es posible que nos encontremos con monstruos y magos, criaturas que nos susurran y extraños que nos amenazan. Sea lo que fuere lo que nos encontremos, nos aporta comprensión y bienestar. Sin embargo, a menudo tenemos que atravesar oscuras sombras antes de poder ver la luz, y es posible que nos desmoronemos sin haber experimentado nuestra verdadera plenitud.

IZQUIERDA. *Las criaturas que pueblan el mundo de nuestros sueños pueden ser extrañas e inquietantes.*

LA CONEXIÓN CUERPO-MENTE

Soñamos para alcanzar el bienestar tanto del cuerpo como del espíritu. El estado de tu cuerpo influye en tus sueños de muchas y sutiles maneras. Diversas investigaciones muestran que las personas que sufren migrañas o asma tienen cierto tipo de sueños antes de sus ataques. Si llegan a comprender estos sueños, tienen tiempo de tomar la medicación que alivia la gravedad de los

ataques. Los antiguos griegos los llamaban sueños *prodrómicos*, que significa «ocurrir antes», e indica que tienen lugar antes de cualquier signo manifiesto de enfermedad. Por tanto, una vez aprendido su lenguaje, tus sueños pueden ser un sistema de aviso anticipado.

El filósofo griego Hipócrates, el padre de la medicina, advirtió la virtud diagnóstica de los sueños. Reconoció que los sueños podían mostrar problemas físicos y fisiológicos para alertar al durmiente mucho antes de que surgieran síntomas físicos evidentes. El oncólogo Bernie Siegel, autor de *Amor, medicina y milagros*, resalta la importancia de los sueños en su trabajo con ciertos pacientes de cáncer para los que otros tratamientos no habían tenido éxito. Estos sueños informan, aconsejan y curan el espíritu incluso cuando toda esperanza parece desvanecerse.

Si vas anotando tus sueños, descubrirás pautas que te alertan de posibles tensiones y problemas de salud, así como indicadores de que estás cuidando bien de ti mismo.

APRENDER EL LENGUAJE DE LOS SUEÑOS

En los paisajes oníricos nos enfrentamos con otro lenguaje. Es un lenguaje de imágenes, símbolos, mitos y metáforas. Cuando soñamos, nos convertimos en la sustancia de nuestros sueños: somos la casa que se quema, el ángel volador, la máquina rota y el conductor del camión de bomberos. Cada parte del sueño representa una porción de la vida: relaciones, ansiedades y éxitos.

En los sueños el lenguaje se usa de forma teatral o escénica, e incluye un vocabulario común. Este vocabulario toma la forma de temas universales, como los sueños de caer, de ser perseguido, de que se nos caigan los dientes y muchos otros que exploraremos en este libro. Aprender el lenguaje de los sueños nos permite descubrir que el conocimiento del inconsciente colectivo y de los arquetipos (*véase* página 17) nos ayudan a crecer espiritual, emocional e intuitivamente.

DERECHA. *Temas universales, como la caída, forman parte del vocabulario escénico de nuestros sueños.*

El cerebro y la mente aún guardan profundos misterios, y nadie conoce el poder que contienen. Sabemos que las pesadillas son llamadas a despertar y a mirar lo que está ocurriendo en nuestras vidas, y que la frase «consultarlo con la almohada» refleja una sabiduría común en la que subyace que el sueño nos ayuda a resolver problemas. *La biblia de los sueños* te ayudará a convertirte en un experto traductor del lenguaje de tus propios sueños.

CAPÍTULO UNO

DONDEQUIERA QUE ESTEMOS, los humanos siempre hemos usado símbolos. Parece que no podemos prescindir de ellos, como si estuvieran incorporados en nuestros circuitos corporales y mentales. Los símbolos tienen un poder que va más allá de las palabras y funcionan como portadores de multitud de significados que hablan directamente al alma, la mente y las emociones. Los símbolos nos retan a ir más allá de lo evidente. Aunque no debemos confundir símbolos con signos. Los signos señalan el camino, mientras que los símbolos siempre representan algo más que su significado inmediato. Representan ideas o conceptos abstractos, que tal vez no sea fácil reflejar en palabras. Un símbolo fácil de reconocer es la paloma, el símbolo de la paz. En muchas partes del mundo la cruz cristiana es un símbolo de protección.

En los sueños, un símbolo siempre comparte alguna cualidad con un objeto. Esta cualidad puede estar en el contorno del objeto, en su color, en el tono emocional, en su función o en su colocación.

El lenguaje del inconsciente es la palabra de los símbolos, que usados en terapia y en autoayuda nos ayudan a curarnos y a desarrollar el potencial necesario para alcanzar nuestro auténtico y verdadero yo. Los símbolos expresan una realidad interna de la que no solemos ser conscientes, aunque la humanidad ha estado en contacto con ella desde el principio de los tiempos.

La sabiduría de los sueños

Los adivinos oníricos chinos

Uno de los primeros libros chinos sobre sueños data del año 600 a.C.: *Shi Ching* o *Libro de canciones*, que explicaba el significado de una gran variedad de sueños. Libros posteriores proporcionaron una lista de las categorías oníricas más comunes que aún podemos reconocer en nuestros sueños actuales (por ejemplo, personas, animales, objetos, ritos y rituales, dioses y diosas, flores, plantas y árboles, sentimientos y emociones).

En la cultura china, un adivinador onírico escuchaba la descripción que hacía el soñante y la interpretaba. Estos adivinadores dotaban de significado a la imagen onírica mediante símbolos, que eran aplicables a una categoría particular. La adivinación de sueños sobrevive en algunas ciudades como Hong Kong.

DISTINTOS TIPOS DE SUEÑOS DE LA TRADICIÓN CHINA QUE SE ASEMEJAN A LOS TEMAS ONÍRICOS UNIVERSALES:

Sueños directos: *fáciles de entender y de significado claro.*

Sueños simbólicos: *podían interpretarse mediante los símbolos míticos y culturales que incluían.*

Sueños incubados: *proveen respuestas a preguntas planteadas con sinceridad.*

Sueños de oposición: *representan lo opuesto a lo que el soñante piensa o a la manera en que se comporta cuando está despierto.*

Sueños de pensamiento: *reflejan los pensamientos en estado de vigilia.*

Sueños estacionales o ambientales: *son una respuesta a un cambio de estación o a un acontecimiento medioambiental.*

Sueños médicos: *muestran trastornos o enfermedades corporales o mentales.*

Sueños y ritos de iniciación

EN MUCHAS TRADICIONES ESPIRITUALES, los sueños han sido considerados como signos de un nuevo comienzo o una iniciación.

En el taoísmo los sueños eran los que indicaban cuando un iniciado estaba preparado para convertirse en sacerdote. Una parte del ritual estaba destinado a la ingesta de ciertas drogas para destruir las fuerzas internas negativas conocidas como *demonios-cadáver*, drogas que producían sueños vívidos en los que el iniciado veía muertos a sus padres, destruidas sus tumbas y quemada su casa. Él, al mismo tiempo, sufría amputaciones. Estas pesadillas significaban la destrucción de su antigua vida e indicaban que estaba preparado para asumir su papel de sacerdote taoísta.

En muchos sistemas chamánicos, si el iniciado y el sacerdote comparten el mismo sueño la misma noche es un signo de que la iniciación continúa. En el culto de la diosa Isis del antiguo Egipto, cuando el sacerdote y el iniciado soñaban simultáneamente con la diosa, se entendía que el ritual de iniciación podía comenzar.

Los ritos de iniciación a menudo exigen el corte del cabello, y este tipo de imágenes suelen aparecer en los sueños durante las iniciaciones.

DERECHA. *Los rituales de las ceremonias de iniciación pueden acompañarse de intensos sueños vívidos.*

Símbolos

EN SU LIBRO *The Art of Looking Sideways*, Alan Fletcher describe que cuando dos personas formalizaban un contrato en la antigua Grecia, partían algún objeto por la mitad (como un plato), de modo que cada parte pudiera ser identificada por poseer la única pieza que encajaba a la perfección. A estas piezas rotas se les denominaba *símbola*, palabra que proviene de *simballien*, que significa «unir». Así, *símbolo* llegó a significar una cosa que representa otra.

Piensa en una moneda. Es posible que el metal no tenga mucho valor en sí mismo, pero cuando se le graba la figura del mandatario de un país se le asigna un valor que nos permite comprar lo que necesitamos. El billete, de papel, simboliza el poder económico del banco central del país o grupo de países al que corresponda, y nos permite comerciar. Los símbolos de los sueños tienen el mismo potencial: representan algo subyacente y nos permiten percibir eso que es invisible.

UN SÍMBOLO:

Apariencia visible de un significado invisible.

ALAN FLETCHER: THE ART OF LOOKING SIDEWAYS

Disipar los sueños

LAS TRIBUS IROQUESAS de Estados Unidos y Canadá tenían una «religión del soñar» altamente desarrollada, tal como la describieron los misioneros jesuitas. Para estos nativos americanos, los sueños eran deseos del alma a los que teníamos que escuchar y en función de los cuales teníamos que actuar. Los sueños debían ser representados, danzados o extrapolados a la vigilia del modo que fuera. De otra manera, el aspecto desafortunado del sueño se haría realidad.

Si un guerrero soñaba que había tenido miedo y había huido de su enemigo, pedía a la gente de su tribu que recreara el evento mientras él se escondía durante algún tiempo. Este proceso catártico permitía al soñador disipar el temor y le aseguraba que toda la comunidad entendía sus sentimientos. Los miedos inconscientes se exorcizaban representando el sueño bajo la seguridad de la luz del día.

DERECHA. *La reconstrucción de un sueño permite al soñante prevenir sus efectos negativos.*

Esta técnica de la representación puede usarse para disipar las emociones negativas que nos acompañan después de un sueño inquietante. También podrías ayudarte mediante dibujos o elegir objetos para representar a los personajes del sueño, y luego escenificarlo con el resultado que hubieras preferido. Por ejemplo, podrías incluir a otra persona que te ayudara a desviar la atención de tus enemigos para poder escapar. El proceso de representación te fortalece y disipa los miedos.

Sueños lúcidos

A MORFEO, UN DIOS DE FORMA CAMBIANTE, se le conoce como el padre del sueño. Él nos conduce al país de lo onírico, donde nos sentimos inspirados. *Inspirar* significa «introducir vida en», y en su acepción original significaba que el soplo vital entraba en ti al respirar por primera vez. En los sueños inspiradores descubres nuevas maneras de vivir, ideas frescas que pueden producir cambios radicales en tu vida. Muchos de estos sueños inspiradores con frecuencia son también lúcidos.

En los sueños lúcidos sabemos que estamos soñando mientras soñamos; no tenemos que despertar y recordar. Una característica significativa es que puedes cambiar el contenido del sueño en el momento. Todo es posible. Puedes experimentar con nuevos amantes o probar deportes excitantes que nunca habrías practicado en la vigilia y, al hacerlo, saber que en cualquier momento puedes cambiar lo que no te gusta.

Los sueños lúcidos demuestran la amplitud de nuestra creatividad. En estos sueños podemos volar, aventurarnos por el espacio, resolver problemas, curarnos a nosotros mismos y a los demás, y crear el mundo en el que queremos vivir. También disolver los límites y entrar en estados superiores de conciencia.

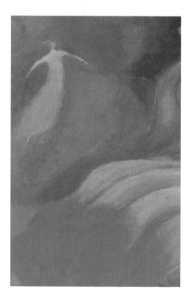

Arquetipos

EL PSICOANALISTA CARL JUNG introdujo el término *arquetipos*. Se trata de imágenes procedentes de la parte más profunda del inconsciente que toman la apariencia de símbolos que se repiten en todas las culturas de la historia. Los arquetipos aparecen a menudo en esos sueños numinosos (*véase* página 29) que tienen el poder de cambiar nuestras vidas. Éstos son algunos de los arquetipos que pueden aparecer en tus sueños:

PERSONA

Es la máscara que nos ponemos para desarrollar distintos papeles en diferentes situaciones sociales. Cuando soñamos, es posible que nos sintamos heridos porque nos han criticado o rechazado, o porque creemos que no nos entienden. Debemos tener cuidado de no confundir nuestro papel con la persona que está debajo de la máscara.

LA SOMBRA

Es el aspecto de nuestra naturaleza que preferimos mantener oculto. Es el lado agresivo y malevolente que causa dolor y discordia. La sombra a menudo aparece en los sueños como una figura oscura y amenazante, o puede ser un intruso sin rostro si el durmiente aún no ha reconocido el lado más oscuro de su naturaleza.

ANIMUS/ANIMA

En los sueños, muchas veces nos encontramos con nuestros opuestos arquetipicos. Para las mujeres, significa afrontar la energía masculina, llamada *animus*, y para los hombres, la energía femenina, el *anima*. Cada uno de nosotros posee ambas dimensiones, masculina y femenina, y uno de los retos de nuestra vida consiste en aceptar ambos aspectos para poder convertirnos en individuos equilibrados.

Sueños curativos

HIPÓCRATES RECONOCIÓ que los sueños pueden comunicar dificultades físicas y psicológicas de las que el soñante es inconsciente cuando está despierto. Él sabía que los sueños pueden favorecer el proceso de curación.

Cada año organizo un taller destinado a aquellas personas que se relacionan de una u otra manera con el cáncer: cuidadores, profesionales de la salud o los propios pacientes oncológicos. A uno de ellos asistió una mujer llamada Irene, quien decía que sólo podía recordar sueños oscuros y llenos de terrible desesperación. Poco después me confió que, dos años antes, su marido había muerto de cáncer y, al tiempo, para su total consternación, su hijo de diecinueve años se suicidó. Irene se sentía desolada y apenas podía soportar el día a día. Le animé a dibujar sus sueños y hablamos sobre ellos en el grupo.

Irene volvió a mi taller un año después, y me dijo: «He vuelto porque ahora sé que los sueños ayudaron a salvarme. Quería enseñarte este sueño». Irene desplegó el dibujo de un arco iris glorioso. Ella aparecía en el lado inferior izquierdo, y en la base del arco iris, en el lado derecho, se situaban dos figuras: su marido y su hijo. «Ahora puedo llegar a ellos en sueños. Aún no hemos hablado, pero lo haremos». Irene había conseguido superar el dolor a través de ese puente simbólico entre el cielo y la Tierra, y lloraba de alegría porque había encontrado el medio de abordar su duelo y recuperar la voluntad de vivir.

Sueños psíquicos

EN TODAS LAS PARTES DEL MUNDO encontramos testimonios de sueños que prevén acontecimientos. Los antropólogos han demostrado que la creencia de que el sueño transmite una percepción sobrenatural es universal entre los pueblos primitivos. Para los antiguos griegos, los sueños eran un reflejo del futuro, y en Roma existía la creencia popular de que los sueños son inspirados por los dioses o los espíritus.

Los romanos registraron muchos sueños premonitorios, incluido el sueño del asesinato de Julio César. La esposa de César, Calpurnia, soñó que el tejado de su casa se había hundido, y que César había sido apuñalado y moría en sus brazos. Al despertar avisó a su marido. Él trató de posponer la reunión en el Senado, pero uno de los conspiradores le persuadió para que se celebrara. Horas después fue apuñalado.

Nosotros también podemos tener sueños premonitorios.

Algunos sueños son como experiencias místicas. Muchas veces siento que dejo mi cuerpo, y me siento muy libre y ligera. En este tipo de sueño me encuentro con algunas personas y voy a lugares que nunca he visto, aunque con frecuencia me resultan familiares. Es en este tipo de sueño donde veo sucesos pasados o futuros.

SALLY, CITADA EN VENUS DREAMING: A GUIDE TO WOMEN'S DREAMS AND NIGHTMARES

ANHELAMOS COMPRENDER EL SIGNIFICADO de nuestros sueños. Durante miles de años, la gente ha ido apuntando sus sueños y ha desarrollado distintas maneras de interpretarlos.

En la actualidad, muchos psicoterapeutas usamos el contenido onírico para descubrir la raíz de la ansiedad y para encontrar fuerzas internas con las que superar las dificultades. Los terapeutas y especialistas en sueños pueden ayudar a revelar significados, pero es el soñante quien debe dar sentido a su sueño. Una de las técnicas de interpretación con-

siste en ver conexiones entre las imágenes simbólicas que se revelan y tu vigilia. A esto se refería el filósofo Aristóteles cuando dijo que el arte de la interpretación de los sueños exige la capacidad de «ver parecidos». Al estudiar el lenguaje de los sueños aprenderás a confiar cada vez más en tus propias interpretaciones. A medida que vayas acumulando tu propia «base de datos oníricos», dispondrás de una referencia única que te ayudará a analizar tus sueños.

Artemidoro, adivino de sueños griego y autor de la *Oneirocritica*, describe que existen dos tipos de sueños: unos dan respuesta a los residuos del día –relacionados con eventos triviales– y otros sorprenden al alma. A esos sueños complejos, que incluyen pensamientos y reflexión, les dio el nombre de *allegorikon*. Además, señaló que los sueños debían interpretarse bajo el contexto de la vida del soñante, de su estado emocional, situación y carácter.

Cómo interpretar los sueños

Cómo registrar tus sueños

Puedes escribir tu diario de sueños en hojas sueltas, en un cuaderno de espiral o de anillas; elige lo que prefieras. Yo encuentro útil transferir las notas sobre mis sueños a otro registro permanente, donde incluyo más detalles sobre el sueño. En la página de la derecha anoto el sueño y en la de la izquierda escribo todas las conexiones con la realidad para ayudarme a interpretarlo.

- Guarda un cuaderno cerca de la cama y escribe la fecha.
- Anota tu sueño al despertar.
- Dibuja cualquier imagen vívida o no habitual.
- No censures tus sueños; anota los detalles aunque te parezcan irrelevantes.
- Anota cualquier nombre o fragmentos de la conversación.
- Si tienes prisa, registra las palabras clave.
- No intentes entender el sueño mientras lo anotas.
- Da un título a tu sueño.

RECORDAR LOS SUEÑOS

- Si te cuesta recordar los sueños, anota tu estado de ánimo al despertar y cualquier fragmento que puedas recordar.
- Escríbete una nota antes de ir a dormir: «Esta noche recordaré un sueño».
- Trata de recordar un sueño que hayas tenido en alguna ocasión fuera de tu rutina habitual.

ARRIBA. *Comprender tus sueños te conducirá hacia la sabiduría interior.*

TÚ ERES EL MAYOR EXPERTO EN TI MISMO

Tú eres la persona que mejor entiende el significado de tus sueños. Tú los has soñado y tienes las claves, porque tus sueños hablan sobre tu vida. Un terapeuta de sueños puede ayudarte a esclarecer el significado, pero eres tú el único que puede revelar la sabiduría contenida en ellos. Usa las preguntas del apartado «conexiones» para guiarte a la hora de establecer asociaciones. Responde a estas preguntas con honestidad –no censures tus respuestas– y, después, repasa lo que has escrito. Cuando miras el cuadro general, ¿qué ves?

Procura no tener ningún prejuicio o preconcepción a la hora de interpretar tu sueño, pues eso podría impedirte llegar al verdadero significado.

CONEXIONES

◉ *¿Cuál es el tono emocional del sueño? ¿Ansiedad, placer, horror?*

◉ *¿Con qué humor despertaste? ¿Infeliz, aliviado, frustrado?*

◉ *¿Cuál era el entorno del sueño? Dónde vives ahora, ¿en una casa anterior, en otro país?*

◉ *¿Quién actuaba en tu escenario onírico? ¿Familiares, colegas, amigos?*

◉ *Si estabas en el sueño, ¿cómo te comportabas? ¿De forma asertiva, agresiva o te mostrabas pasivo?*

◉ *¿Y qué hay del color? ¿Había tonos claros u oscuros? ¿El sueño era en tecnicolor brillante o en tonos apagados?*

◉ *¿Qué crees que te está diciendo el sueño?*

◉ *¿Puedes identificar el detonador del sueño? ¿Un programa de televisión, una conversación?*

Técnicas de interpretación

ESTAS TÉCNICAS TE AYUDARÁN a trabajar con tus sueños para poder comprenderlos e interpretarlos rápidamente.

EL MÉTODO DEL COCHE VACÍO

La terapia *gestalt* defiende que para encontrar el «cuadro completo», nuestra propia *gestalt*, tenemos que descubrir las áreas reprimidas e inconscientes de la mente. El psicoterapeuta Fritz Perls descubrió que los sueños encarnan las partes rechazadas o reprimidas de nosotros mismos. Creía que cada elemento del sueño forma parte de la estructura del soñante, y que analizando el significado de cada uno podemos comprender la totalidad del sueño. Así, si soñamos con un coche, una carretera y un ladrón, cada elemento simboliza un aspecto del soñante. Este método es muy eficaz para desentrañar el significado de todas las partes del sueño y recuperar los aspectos reprimidos.

Establece un diálogo y aprende de las respuestas que te das a ti mismo.

- Pon una silla vacía delante de la tuya.
- Imagina que el elemento del sueño está sentado en la silla vacía.
- Plantea las preguntas e imagina las respuestas:

  ¿Por qué me estás molestando?

  ¿Qué quieres?

  ¿De dónde vienes?

  ¿Qué puedo hacer para que dejes de molestarme en mis sueños?

Las respuestas que te des son la clave. Revelarán las preocupaciones subyacentes que se esconden en la vigilia. Si es posible, deberías grabar tus respuestas y escuchar toda la grabación cuando termines.

INCUBACIÓN DE SUEÑOS

La incubación de sueños, del latín *incubatio*, que significa «dormir en un santuario», fue practicada por muchas culturas antiguas. El santuario podía ser una cueva especial, un altar, un templo o cualquier lugar mágico. Allí se convocaba a los dioses de la Tierra y a los dioses sanadores para que ofrecieran su guía. También se celebraban rituales de purificación y de meditación mientras la persona dormía en ese lugar predeterminado.

TU RITUAL PERSONAL

Para practicar la incubación de sueños en casa necesitas relajarte y prepararte para un sueño que responda a tu pregunta o solicitud.

- Toma una ducha o baño y visualiza que te deshaces de todas las preocupaciones del día.

- Ponte ropa cómoda.
- Túmbate y piensa qué es lo que quieres soñar en concreto. Sé específico.
- Anota tu pregunta.
- Al acostarte, piensa en tu petición o pregunta.
- Por la mañana, anota tu sueño y analiza cómo se relaciona con tu solicitud.

DEBAJO. *Los practicantes de la incubación de sueños dormían en templos en los que los dioses influían en sus sueños.*

El lenguaje olvidado de los sueños

LOS SUEÑOS CONTIENEN METÁFORAS y símbolos que utilizamos día a día. La palabra *metáfora* viene del griego *meta*, que significa «sobre», y de *pherein*, «acarrear o transportar», de modo que una metáfora transporta una cosa sobre otra. Algunos ejemplos de metáforas son: «Sus ojos eran estrellas radiantes» o «Él era un león, fuerte e intrépido». Cuando analices tus sueños busca metáforas, porque éstas fortalecen las imágenes.

NOMBRES

«Conocí a un hombre. Vi que su nombre era Wright y que había solicitado trabajo en mi empresa.» No resulta difícil encontrar una conexión entre el señor Wright y «Mr. Right» (don Perfecto). Cuando tuvo este sueño, esta mujer esperaba conocer al hombre perfecto, su compañero ideal.

DERECHA. *Las imágenes visuales que aparecen en nuestros sueños pueden representar expresiones metafóricas.*

RETRUÉCANOS

Los retruécanos añaden humor. Por ejemplo, Ann Faraday, en su libro *The Dream Game*, describe a una mujer con problemas de adicción al alcohol. En un sueño se encuentra con un perrito que «le mordisquea». La soñante reconoció que las «mordeduras» del alcohol le estaban causando dolor.

HOMÓNIMOS

Los homónimos, palabras que suenan igual pero que tienen distinto significado, dan pistas muy útiles respecto al significado de los sueños.

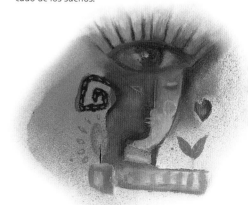

Sueños recurrentes

**LOS SUEÑOS RECURRENTES SON HABITUA-
LES** y revelan patrones de nuestra vida.
Están relacionados con el inconsciente
personal y pueden ayudarnos a tomar
conciencia de lo que nos obstaculiza o de
lo que nos motiva.

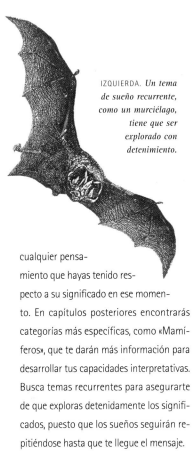

IZQUIERDA. *Un tema
de sueño recurrente,
como un murciélago,
tiene que ser
explorado con
detenimiento.*

Cuando lleves dos o tres meses anotando sueños en el cuaderno, vuelve a
leerlo. Mira cuáles son los temas recurrentes y busca pautas repetitivas, como
los sueños que tienes en momentos de
tensión. Las mujeres podrían registrar lo
que suelen soñar cuando tienen el periodo.
Elige imágenes especiales de tus sueños,
tanto de los que te gustan como de los que
te disgustan. Te sorprenderá el número de
sueños de los que te has olvidado, de modo
que leer tu propio diario puede ser como
leer un libro de aventuras.

Ve acumulando información en tu
«base de datos onírica». Por ejemplo, escribe el título «Animales» y toma nota de
cualquier animal que haya aparecido en
tus sueños. Anota cuándo han aparecido y
cualquier pensa-
miento que hayas tenido respecto a su significado en ese momento. En capítulos posteriores encontrarás
categorías más específicas, como «Mamíferos», que te darán más información para
desarrollar tus capacidades interpretativas.
Busca temas recurrentes para asegurarte
de que exploras detenidamente los significados, puesto que los sueños seguirán re-
pitiéndose hasta que te llegue el mensaje.

La necesidad de pesadillas

LAS PESADILLAS, SEAN OCASIONALES o recurrentes, son llamadas a despertar. Nos apremian para que prestemos atención a lo que nos inquieta. Nos alertan de posibles problemas y nos ayudan a afrontar asuntos que evitamos cuando estamos despiertos. Pueden aparecer como resultado del estrés postraumático, cuando nuestra psique se esfuerza por asimilar sucesos desastrosos. Cualquiera que sea el tema de la pesadilla, prueba la técnica de «afrontar y conquistar» usada por los senoi de Malasia. Mientras estás despierto, imagina que te giras y afrontas la amenaza. Dile lo que quieres que haga o explícale cómo te hace sentir. Esto te da la oportunidad de abordar tus miedos de forma directa y ayuda a disipar la ansiedad. Asimismo, adquiere el punto de vista de la amenaza. ¿Qué sensación te produce cambiar de papel y contar la pesadilla desde el punto de vista de la amenaza? Si no puedes dar sentido a la pesadilla después de haberle dedicado tiempo, desiste. Sé paciente, porque algunos sueños son parte de un proceso más largo, y otros sueños vendrán a ayudarte a resolver el rompecabezas. Algunos significados oníricos necesitan mucho tiempo para cristalizar.

IZQUIERDA. *Las pesadillas nos obligan a prestar atención a los sucesos inquietantes.*

Sueños numinosos

ALGUNOS SUEÑOS SON TAN VÍVIDOS y poderosos que casi te dejan sin respiración. Despiertas con una sensación de asombro y admiración, consciente de que ha ocurrido algo importante. Éstos son los sueños que nunca se olvidan.

El psicoanalista Carl Jung los llamaba *numinosos* porque sentimos que son sagrados y que conllevan un elemento de imposición. Después de un sueño así, a menudo el soñante se siente obligado a actuar. Jung dijo que tales sueños son «las joyas más ricas entre los tesoros del alma». Encontrarás ejemplos de este tipo de sueños a lo largo de *La biblia de los sueños*.

He aquí algunas claves para ayudarte a reconocer tus propios sueños numinosos y transformadores:

- Te aportan una mayor conciencia, y lo hacen de una manera inolvidable.
- Son distintos de los sueños habituales.
- Te animan a observar tu vida desde una nueva perspectiva.

ARRIBA. *Los sueños numinosos te conectan con el infinito y te llenan de temor.*

- Te dan seguridad en momentos de gran tensión o crisis.
- Te dan confianza para seguir adelante cuando titubeas.
- Te estimulan a realizar un mayor esfuerzo.
- Te permiten reconciliarte con la muerte y la pérdida.
- Aportan una mayor conciencia espiritual y te inspiran a buscar el significado de la vida.
- Te ayudan a reconocer tu enorme potencial.

TU CUERPO ES TU HOGAR, y el lugar que ocupa en los sueños es significativo. Los sueños en los que aparecen ojos, brazos, corazón y cerebro pueden estar conectados directamente con tu estado físico. ¿Se trata de un sueño simbólico o conecta con otras áreas? El corazón simboliza las emociones, mientras que la boca está vinculada con la comunicación, el besar y el comer. Tus sueños te ayudan a conservar la salud y te alertan de los peligros. En *Dreams, Counseling and Healing*, escribí sobre una mujer que tuvo un sueño en el que le introducían la cabeza en un escáner de rayos X que mostraba un agujero negro en la base de su cráneo. Le produjo tanto impacto que visitó a un médico e insistió en que le hiciera el escáner. En la radiografía había un tumor, que pudo ser extirpado.

3

Los sueños también pueden ofrecer remedios, indicar pronósticos, ayudar en el proceso curativo y revelar un embarazo.

Cuando golpea la enfermedad, los sueños pueden mostrarnos un viaje. Viajamos a lo largo de llanuras vacías, afrontamos el peligro y tocamos las profundidades de la desesperación; sin embargo, seguimos adelante. Estos «viajes heroicos», como los denomina el mitólogo Joseph Campbell, son parte de nuestro crecimiento personal. Carl Jung los describe como parte del proceso de *individuación*. Nuestros sueños nos ayudan a alcanzar las cumbres de nuestro ser físico, emocional y espiritual.

Empezando por el cuerpo

Empezar por el cuerpo

Los objetos alargados —palos, troncos de árboles y paraguas (la apertura de estos últimos es comparable a una erección)— pueden representar el órgano masculino... En los sueños de los hombres, una corbata es a menudo un símbolo del pene...

SIGMUND FREUD: LA INTERPRETACIÓN DE LOS SUEÑOS

Por más simplista que nos parezca actualmente la visión de Freud, el psicoanálisis nos condujo a prestar atención al simbolismo sexual de los sueños. Hoy día, el poder de los símbolos sexuales se utiliza para vender productos de todo tipo y, como la supervivencia de toda especie depende del coito sexual, el sexo es de vital importancia; por eso soñamos con él.

Es posible que te sorprendan tus sueños sexuales, pero recuerda que todo es posible en este mundo sin censura. No te alarmes si sueñas con hacer el amor con alguien del mismo sexo o del sexo opuesto, o con cambiar de pareja. Esto podría significar, simplemente, que tu yo onírico está explorando todos los aspectos de la sexualidad.

Parte del ciclo de la creación incluye la fertilización de un óvulo y después el nacimiento; así, en los sueños, los huevos son muy significativos. Siguiendo con una antigua tradición pagana, en la Pascua cristiana los huevos decorados representan la nueva vida.

Yo sueño en tecnicolor, con sonido, olor, sabor..., con todos los matices. Algunos me han dicho que sueñan en blanco y negro, o en silencio. Eso me sorprende. Mis sueños son como estar allí.

BEVERLEY, PARTICIPANTE EN UN TALLER DE SUEÑOS

ARRIBA. *El simbolismo sexual es un elemento natural e importante de nuestros sueños. Un paraguas puede representar el pene.*

En algunos sueños te encontrarás seres extraordinarios. Por ejemplo, puedes soñar con alguien con cabeza de águila y cuerpo de hombre. Piensa en las cualidades asociadas con el pájaro de tu sueño.

La cabeza de un águila puede representar poder y fuerza, mientras que la cabeza de un búho puede estar asociada con la sabiduría.

Los sanadores espirituales pueden curar el cuerpo en sueños. Existen muchos ejemplos de personas que se han acostado sintiéndose mal y, después de soñar que alguien venía a ellos y les tocaba en la parte afectada, o les infundía rayos de luz para curarles todo el cuerpo, se despertaron recuperados. El poder sanador de los sueños es tan antiguo como la humanidad.

Cabeza

EN EL EXTREMO SUPERIOR DEL CUERPO, la cabeza nos da un «punto de partida». El cerebro (*véase* página 37) es de vital importancia porque la cabeza, junto con el corazón, controla todo nuestro sistema biológico.

La cabeza es un símbolo de sabiduría, conocimiento, vigilancia, aprendizaje y poder. A lo largo de la historia, las cabezas han sido coleccionadas como trofeos, ya fueran humanas —en el caso de los celtas— o de animales, como osos, leones y zorros. Tales trofeos simbolizan nuestro poderío sobre otros. Si tienes un sueño en el que aparece una cabeza, considera cómo se relaciona con tus características positivas y negativas, como la tendencia a controlar o a emitir juicios, además de tu capacidad cognitiva.

Las cabezas de monstruos y las gárgolas talladas en tejados y pilares se crearon tanto para proteger el edificio como para intimidar a los atacantes. Los antiguos celtas también tallaban cabezas de piedra que funcionaban como protectores mágicos.

Muchos de los que sufren migrañas tienen sueños antes del ataque.

CONEXIONES

- ◎ *Ser la «cabeza pensante».*
- ◎ *Ser «cabeza de familia».*
- ◎ *Estar al frente.*
- ◎ *Estar fuera de control:*
  «Perder la cabeza».
- ◎ *«Perder la cabeza por amor»:*
  «Morir de amor»,
  «Perder el juicio».
- ◎ *«Tener buena memoria».*

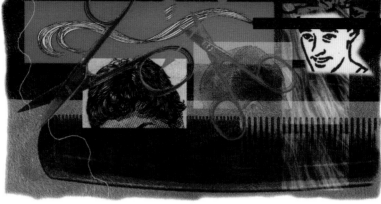

Pelo COMO SÍMBOLO, EL PELO REPRESENTA LA ENERGÍA y la fertilidad, el crecimiento natural y la gloria coronante. Los sacerdotes de muchas religiones acostumbran a cortarse el pelo de la cabeza como señal de que han renunciado a sus deseos mundanos. En las estatuas de Buda, el moño de pelo simboliza la sabiduría y la luz. Para los sikhs, uno de los cinco símbolos de fe es *kesh,* o «pelo sin cortar». En la tradición hindú, el pelo es un símbolo del alma porque crece en la cabeza, el lugar de la conciencia. Vuelve a crecer después de haber sido cortado, y continúa creciendo después de la muerte.

Las cabezas rapadas también simbolizan la fuerza. La madre masai afeita la cabeza de su hijo guerrero cuando éste llega a la adolescencia y emprende el rito de tránsito que le llevará de la infancia a la hombría.

Afeitarse la cara es un ritual occidental; esto puede verse en el regalo de las primeras herramientas de afeitado que hace el padre a su hijo. Los hombres judíos no se afeitan en el periodo de duelo, que dura los siete días posteriores a la muerte de un ser querido.

CONEXIONES

◎ *Ese sueño de visitar al peluquero, ¿podría indicar un deseo de cambiar de imagen?*

◎ *Si sueñas que pierdes el pelo, podrías estar preocupado por una pérdida de autoridad.*

Calavera

LA CALAVERA ES UN SÍMBOLO DE LA MUERTE, y en los cuadros representa el paso del tiempo y la mortalidad. Los piratas y bucaneros llevaban la bandera de «las tibias y la calavera» para atemorizar a sus contrincantes, y aún encontramos este símbolo en las botellas de veneno. Los Ángeles del Infierno, un club de motociclistas, también se identifican con las tibias y las calaveras.

Como la calavera contiene el cerebro y es el soporte de la cara, los ojos y la boca, siempre se le ha dado un alto valor simbólico. Las cabezas humanas momificadas indican veneración en el contexto religioso de los antepasados. Los guerreros noruegos guardaban las calaveras de sus víctimas y las convertían en copas. Las pilas de calaveras indican genocidio o pueden representar el Holocausto.

Jesucristo fue crucificado en una colina llamada Gólgota, que significa «el lugar de la calavera». Encontrar una calavera en el suelo puede revelar un acto perverso, pues los asesinos a menudo entierran a sus víctimas en tumbas superficiales y el esqueleto pronto queda expuesto.

En el sueño veo claramente una calavera: limpia, brillante y blanca. Por la forma de los pómulos creo que pertenece a una persona de origen chino. La calavera es un gran regalo y sé que recibirla es un privilegio.

La soñante, que era budista, sentía que el sueño representaba una nueva comprensión. Ella lo asoció con la festividad de Ching Ming, en la que los chinos van a las tumbas de sus antepasados, sacan los huesos de las urnas, los limpian y pulen, y después los devuelven a su lugar.

CONEXIÓN

Si sueñas con una calavera, piensa en cualquier temor que sientas con respecto a la muerte; por ejemplo, el temor a morir en un accidente.

CONEXIONES

◉ Si sueñas con lesiones cerebrales,
¿hay una causa física?

◉ ¿Te estás comportando de manera
fría y «cerebral» en este momento?

◉ ¿Tienes muchas «cosas en la cabeza»
que te producen estrés?

Cerebro

EL CEREBRO NO ES UNA MASA SÓLIDA. Está formado por una serie de corredores llenos de fluidos que forman un laberinto de conexiones. El cerebro y el corazón son los dos órganos más importantes del cuerpo. Soñar con el cerebro indica que necesitas pensar en el mensaje del sueño. ¿Está relacionado el sueño con alguna lesión física? ¿Sufres dolores de cabeza que un médico debería tratar?

Una «tormenta de ideas» simboliza un relámpago de inspiración que puede iluminarte en cualquier momento.

En excavaciones de poblados incas han aparecido calaveras con un agujero. Los «cirujanos cerebrales» perforaban los cráneos de los que habían sufrido heridas en la cabeza o de los que padecían enfermedades neurológicas. Este proceso recibía el nombre de *trepanación* y se creía que reducía la presión sobre el cerebro. Las calaveras excavadas mostraron que los pacientes habían sobrevivido a la operación y se habían recuperado.

Capítulo tres

Rostro

LAS EXPRESIONES DEL ROSTRO PUEDEN DARTE MUCHA INFOR-MACIÓN, aunque no se acompañen de palabras. Si una persona no tiene cara, si no tiene ojos, nariz ni boca, puede significar que es inescrutable. A veces describimos a las personas que se esconden detrás de su trabajo como «burócratas sin rostro». ¿Existe alguien en tu vida que cuadre con esta definición?

Analiza las conexiones con el lenguaje. ¿Tienes que «encarar» algún asunto difícil? A veces decimos que alguien es «un descarado», lo que significa que no tiene escrúpulos ni le preocupa llevar a cabo actividades que a otras personas les avergonzarían.

Si ves a una persona con dos caras o una cara que cambia drásticamente en un sueño, eso podría indicar acciones o conductas «con dos caras». La persona parece hacer una cosa, pero después hace la opuesta; por tanto, no es fiable. Esta dualidad es aplicable a todos nosotros, de modo que piensa si es aplicable al personaje de tu sueño; o a ti mismo en tu vida de vigilia.

CONEXIÓN

Si sueñas con un individuo sin rostro, tal vez haya alguien en tu vida que no está dispuesto a dejarte llegar hasta la «persona real».

Mejillas

UNAS MEJILLAS SONROSADAS A MENUDO INDICAN BUENA SALUD, y las mejillas rojas del payaso son símbolos de humor y diversión. Las mejillas hundidas indican tristeza y mala nutrición. También vemos a personas con las mejillas hundidas después de una guerra o de haber sufrido un asedio. Si las mejillas destacan en un sueño, considera cómo se relacionan con tu salud.

Si alguien «tiene mucha cara» en tu sueño, ¿está comportándose de manera ruda e impúdica? Si las mejillas destacan, podrían referirse a este tipo de conducta. «Tener cara» es ser insolente y también despreciar a los demás con arrogancia, sin tener en cuenta sus puntos de vista.

Si las mejillas y la mandíbula son significativas en tu sueño, podrían indicar que estás muy cerca de la «cara de alguien», que mantienes una relación íntima a escondidas, lo que podría ser problemático para una tercera persona.

CONEXIONES

- *Si están sonrosadas, ¿te has sentido avergonzado recientemente?*
- *¿Alguien se ha mostrado insultante, aunque lo haya encubierto con una sonrisa para parecer más «descarado» que agresivo?*

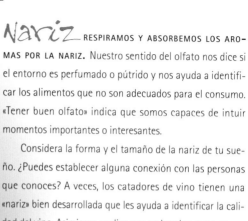

Nariz

RESPIRAMOS Y ABSORBEMOS LOS ARO-
MAS POR LA NARIZ. Nuestro sentido del olfato nos dice si
el entorno es perfumado o pútrido y nos ayuda a identificar los alimentos que no son adecuados para el consumo.
«Tener buen olfato» indica que somos capaces de intuir
momentos importantes o interesantes.

Considera la forma y el tamaño de la nariz de tu sueño. ¿Puedes establecer alguna conexión con las personas
que conoces? A veces, los catadores de vino tienen una
«nariz» bien desarrollada que les ayuda a identificar la calidad del vino. Asimismo, se dice que un hombre con una nariz larga tiene el pene largo.

Si en un sueño te lesionan la nariz, ¿refleja eso una
enfermedad, como fiebre del heno o rinitis? ¿O podría simbolizar que estás actuando por rencor, «vengándote de ti
mismo»; es decir, haciéndote daño al mostrarte orgulloso e
incapaz de ceder?

CONEXIONES

◎ Cuando una situación «huele mal», tienes la corazonada de que algo
no está en su lugar.

◎ «Meter la nariz en los asuntos de otros» indica intromisión.

◎ Una nariz pequeña denota ingenuidad y candidez.

Empezando por el cuerpo

Boca LA BOCA NOS PERMITE HABLAR, COMER, SILBAR Y BESAR. A veces, la

boca puede jugarnos una mala pasada con un *lapsus linguae* o, en el caso de Judas Isca-

riote, traicionarnos, como cuando besó la mejilla de Jesucristo y selló su destino: Jesús

fue crucificado y Judas, avergonzado, se suicidó.

En algunas culturas, la boca de la mujer se cubre con un velo porque se asocia con

el símbolo de la *vagina dentata,* o «vagina con dientes». La vagina también tiene sus pro-

pios «labios». En general, la boca y la vulva comparten muchas conexiones con el sexo, y

esta asociación simbólica se encuentra por doquier. La atracción sexual de los labios

queda resaltada por el lápiz de labios, usado incluso por Cleopatra.

CONEXIONES

- *Los labios azules indican problemas de circulación sanguínea.*
- *Si la boca es carnosa indica deseo reprimido de amar.*

Dientes SI SUEÑAS CON DIENTES O

CON UNA VISITA AL DENTISTA, es posible que te preocupe tu salud bucodental. Podría tratarse de un sueño que avisa que necesitas una revisión dental. No obstante, muchos de los sueños en los que se pierden dientes llegan en momentos de cambio, como cuando te vas de casa por primera vez o cuando acaba una relación.

Las muelas del juicio, los cuatro últimos molares, salen cuando crecemos y disponemos de mayor conocimiento. Si sueñas con esas muelas, ¿necesitas «espabilar» y actuar con mayor inteligencia en una situación particular? ¿O refleja el emerger del conocimiento, como en el ejemplo siguiente?

En el sueño tomo conciencia de que mis dientes empiezan a aflojarse, a partirse y a caerse de mi boca. Llego a la parte posterior de mi boca y extraigo, sin dolor, varias muelas con raíces desiguales. No siento miedo, pero estoy tan intrigada que se lo cuento a mi madre. Ella me comenta que tuvo exactamente el mismo sueño en las primeras semanas de cada uno de sus embarazos, y bromea con que debo estar embarazada. Lo que no sabía era que, en efecto, llevaba siete semanas de gestación.

CONEXIÓN

◎ *¿Necesitas ayuda para «morder» y desarrollar tu lado asertivo?*

Lengua

ADEMÁS DE AYUDARNOS A HABLAR Y A COMER, la lengua revela nuestro estado de salud. En la medicina china y occidental, cuando alguien está enfermo se le examina la lengua antes de realizar el diagnóstico. Si sueñas con una lengua, merece la pena que la observes en el espejo y comprobar si tiene un aspecto saludable.

Existen muchas conexiones entre la lengua y la sexualidad. En tiempos medievales, la lengua simbolizaba el pene, y sacar la lengua de la boca era el equivalente de mostrar el dedo medio (*véase* página 51). Continuando con la conexión fálica, a los diablos y a las bestias insaciables se les retrataba con las lenguas expuestas de manera obscena.

Date cuenta de que tu lengua está conectada con el poder del discurso y lo que realmente quieres decir. En un antiguo cuento hindú, a los que dicen mentiras se les envía al infierno, donde la lengua les crece hasta hacerse enorme. Si sueñas que tienes la lengua muy larga, tal vez no estés siendo sincero en tu vida de vigilia.

Empezando por el cuerpo

CONEXIONES

◎ *«Tener la lengua trabada» significa que no eres capaz de expresarte con palabras. ¿Tienes dificultades para comunicarte?*

◎ *¿Necesitas «morderte la lengua» en una discusión?*

◎ *¿Quieres enseñar la lengua a alguien?*

Ojos

EN LA MITOLOGÍA, EL OJO ES SAGRADO porque simboliza la visión y la sabiduría. Dios tiene un ojo «que todo lo ve» y es omnisciente. Tanto el ojo de Dios como el ojo humano están relacionados con la sabiduría celestial trascendente y la iluminación espiritual. El tercer ojo simboliza nuestra capacidad psíquica e intuitiva, que corresponde a la «segunda vista»: ser capaz de ver lo que está oculto para otros. Aquí se podría incluir el futuro. Y si es así, podrías protegerte del «mal de ojo», del que se dice que trae desgracias.

Soñar con ojos hace referencia a tu capacidad de ver. El tamaño, forma, color y otros detalles de los ojos influirán en el significado del sueño. Los ojos abiertos indican conciencia, mientras que los ojos cerrados pueden indicar deseo de no ver o miedo de que lo que veas te moleste o atemorice.

CONEXIONES

◎ *Mirar a los ojos: ¿Te llevas bien con alguien?*

◎ *«Ojo por ojo»: ¿Tienes ganas de venganza?*

◎ *«Abrir los ojos» significa descubrir.*

◎ *Las gafas ayudan a ver si la prescripción es correcta; pero, si no es así, alteran la visión. ¿Los ojos de tu sueño alteran tu visión?*

◎ *Perder la vista señala miedo al engaño. Denota inseguridad e impotencia ante la realidad.*

Orejas

CUANDO EN TU SUEÑO SE ENFATIZAN LAS OREJAS, es posible que representen la capacidad de recibir nueva información, además de la capacidad de escuchar tu propia voz interna. Los secretos también se cuentan al oído, y si esto ocurre en tu sueño tal vez te sientas ansioso porque la gente habla a tus espaldas.

En la mitología, la oreja se asocia con la inspiración divina. Los dioses susurraban en los oídos de los soñantes mientras dormían y les contaban lo que les iba a ocurrir.

En sueños, la sordera puede simbolizar problemas de comunicación. «Hacer oídos sordos» es elegir deliberadamente no oír algo que podría resultar desagradable. Es posible que tengas que pensar en alguna situación que hayas estado evitando y a la que tengas que prestar atención.

Empezando por el cuerpo

CONEXIONES

◎ *Audífonos: ¿Estás preocupado por tu capacidad auditiva o necesitas escuchar a los demás con más atención?*

◎ *Los pendientes decoran y realzan la belleza. ¿Sientes la necesidad de abrillantar un poco tu imagen?*

◎ *«Entra por un oído y sale por otro»: ¿Tienes problemas con tu memoria? ¿Podrían estar asociados al estrés?*

Garganta LA GARGANTA ESTÁ ASOCIADA CON LAS CUERDAS

VOCALES y la capacidad de hablar. También conecta el cuerpo con la cabeza y el senti-miento con el pensamiento. A veces, cuando nos cuesta expresar las emociones, sen-timos un «nudo en la garganta». Si sueñas que tienes problemas en la zona de la garganta, podrían reflejar una dificultad para expresar lo que sientes. En este sueño, puedes notar una intensa ansiedad:

Es oscuro. Hay dos versiones de mí: una está de pie en un lago y la otra está de pie sobre mis hombros. El agua sube con rapidez, pero no puedo moverme. Cuando el agua me llega al mentón, el «yo» que está sobre los hombros empieza a

hablar; después, aparece un cuchillo en sus manos. Me in-clino y le corto la garganta al «yo» que está de pie en el agua. Ambas versiones de mí caen dentro del agua. El pri-mer «yo» está sangrando en abundancia y el segundo se ahoga. Entonces me despierto.

Este doble suicidio en el agua simboliza la vida emocional del soñante. Esta joven se siente «insegura» y en riesgo. Tam-bién está atascada. «No puede moverse.» ¿Quién es ella? ¿Cuál de estos dos «yoes» es su verdadero yo? ¿Por qué hay tanta autoagresión? Como ocurre con muchos sueños del cuerpo, puedes aprender si te detienes a observar los diferentes elemen-tos del contenido y los relacionas con los sucesos de tu vida.

CONEXIÓN

◎ *¿Te sientes sofocado por algo? Esto podría indicar que eres incapaz de dar a conocer tus sentimientos a los demás.*

Pechos

LOS PECHOS NOS PROPORCIONAN NUESTRO PRIMER SUSTENTO y son símbolos de amor, afecto, intimidad y atenciones. Los pechos están vinculados con la sexualidad y son una fuente de atracción. No obstante, el tamaño no lo es todo, como indica este sueño que me contó un hombre de treinta años:

Estoy en el salón con mi amiga Jane, que es muy atractiva. De repente, sus pechos empiezan a inflarse hasta tener el tamaño de pelotas de baloncesto. Siento repulsión. A continuación se desinflan, y ella vuelve a ser atractiva. Esto ocurre varias veces.

Cynthia Pearson, que dirige grupos de trabajo con sueños en Norteamérica, relató el sueño de una mujer que se había sometido a cirugía reconstructiva después de una mastectomía. En el sueño, ella estaba acunando su pecho reconstruido, sobre el que había puesto un gorrito de bebé, y al que le cantaba. Este acto de acogida y cuidado simbólicos indica su disposición a aceptar su nuevo pecho con actitud positiva.

CONEXIONES

◎ *«En el seno de la familia»: Estar en el corazón o en el centro de la familia.*

◎ *«Sacar lo que uno tiene en el pecho»: Decir toda la verdad después de haber mentido.*

Espalda

LA ESPALDA PUEDE REPRESENTAR LO QUE NO PODEMOS VER O lo que está detrás de nosotros. ¿Qué ocurre a tus espaldas en tus sueños? ¿Has dado la espalda a algo?

La columna vertebral recorre la espalda y sostiene el cuerpo, por lo que se configura como un símbolo de fuerza y firmeza. Tener «espinazo» implica tener coraje, determinación. No tenerlo conlleva el significado opuesto.

Los sueños en los que uno es apuñalado por la espalda pueden indicar sentimientos de traición. Harry Bosma, que sufría el síndrome de fatiga crónica, tenía sueños violentos en los que le ocurría esto. Sintió que las puñaladas por la espalda representaban la sensación de que su cuerpo se había rebelado contra él.

CONEXIONES

- *«Retirarte y dar la espalda a algo»: ¿Necesitas alejarte de una situación difícil y disponer de tiempo para pensar? ¿Quieres que otra persona se retire y te dé «más espacio»?*
- *«Guardarse las espaldas»: ¿Deseas más apoyo en este momento? ¿Hay alguna situación en la que necesites aprobación pública?*
- *¿Necesitas volver atrás, a algún asunto inconcluso del pasado?*

Empezando por el cuerpo

Uñas

COMO LAS GARRAS DE LOS PÁJAROS Y DE LOS ANIMALES, nuestras uñas tienen muchos usos prácticos y también pueden usarse como armas. La longitud de las uñas, su condición y su limpieza te darán pistas sobre el significado del sueño.

En los rituales mágicos, los recortes de las uñas de una víctima se utilizaban para confeccionar pociones destinadas a producir daño. A veces se pintaba la imagen en una diana sobre la pared, o se hacían efigies o figuras de cera. Se creía que al lesionar la imagen se lesionaba a la persona o animal que representaba.

Las uñas pueden clavarse como clavos, y los clavos pueden simbolizar una vinculación, porque se usan para unir materiales. En la tradición cristiana, los clavos simbolizan la agonía de Cristo.

«Defender algo con uñas y dientes» indica que has decidido perseverar y no ceder ante ninguna dificultad, que tienes muy claro de qué lado estás. ¿Se refiere tu sueño a una decisión que has tomado recientemente?

CONEXIONES

◉ *¿Estás «dando en el clavo»:*
   es decir, acertando de lleno
   en algún aspecto de tu vida?
◉ *«Morderse las uñas» es señal*
   de disgusto o distracción.
   También denota nerviosismo.

Brazos

NUES-
TROS BRAZOS Y MANOS NOS PER-
MITEN COGER COSAS, movernos y
nadar. Nos permiten usar herramientas que otros animales serían
incapaces de manejar. En los sueños donde se representen brazos,
analiza el tono muscular o cualquier
otro rasgo significativo, como los tatuajes. Dos brazos elevados en el
aire pueden ser símbolo de sumi-
sión, de «manos arriba» o de alegría, como cuando los espec-
tadores celebran un gol.

Algunas armas, como los
rifles, se llevan en brazos, y
llevar armas puede indicar
una postura agresiva. «Llamar a las armas» significa
convocar a la población
para una guerra, mientras
que «un escudo de armas»
es el emblema heráldico de
una familia.

CONEXIONES

◎ «A un brazo
   de distancia» es
   mantener a alguien
   separado.
◎ «A brazo partido»: A la
   fuerza.
◎ Con los brazos abiertos:
   Admitir con agrado
   y familiaridad a los
   demás

Manos

CUANDO SUEÑES CON MANOS, observa qué mano es la que se usa predominantemente. La mano izquierda está asociada con la mala suerte, la debilidad y, de forma extrema, con el mal. La mano izquierda no se usa para saludar, para dar la mano ni para conferir honores en una ceremonia. *Siniestro* viene de la palabra latina que significa «camino de la mano izquierda», y describe el uso de la magia con propósitos perversos.

No obstante, en Occidente, el anillo matrimonial se lleva en la mano izquierda. El dedo anular, en particular el de la mano izquierda, se conocía en la Inglaterra del siglo XV como el «dedo del doctor», porque los médicos lo usaban para mezclar, probar y extender sus medicinas. Asimismo, se cree que la vena del dedo anular va directamente al corazón, de ahí el posicionamiento del anillo matrimonial. Este dedo sigue estando conectado simbólicamente con el falo, como en la era romana. En aquel tiempo, los prostitutos solían señalar clientes potenciales levantando este dedo en el aire. En tiempos medievales, la Iglesia lo llamaba *digitus infamus* o *senus*, «el dedo obsceno».

El picor de la mano está relacionado con el dinero: la izquierda recibe dinero y la derecha lo da.

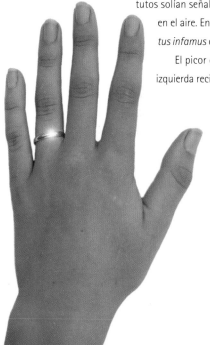

CONEXIONES

- *«Tener las manos en la masa» indica implicación y acción.*
- *«Mano amiga» es la que está dispuesta a hacernos un favor.*
- *«Echar una mano» significa prestar ayuda.*
- *«Manos limpias» significa integridad o pureza.*

Piernas

LAS PIERNAS Y PIES NOS CONECTAN CON LA TIERRA y nos mantienen erguidos; son los que transportan nuestro cuerpo y nos permiten movernos. Cuando sueñas con piernas, considera su estado y la actividad que realizan. Si tus piernas «han cedido», ¿significa eso que no puedes seguir adelante, que sientes que ya no puedes sostenerte?

Los dioses con una única pierna eran considerados símbolos fálicos. En la Cábala, la antigua tradición mística judía, las piernas representan la firmeza y el poder, lo que nos recuerda la idea de sostenernos por nosotros mismos. Tus piernas te elevan, lo que representa simbólicamente elevar tu estatus. ¿Estás ayudándote a ascender en tu camino?

Soñé que me cortaban las piernas por encima de las rodillas tras un accidente.

¿Hay alguna parte de la pierna que destaque: el muslo, la rodilla, la pantorrilla o la espinilla? Si es así, ¿atrae este sueño tu atención hacia los problemas de vigilia, como la tensión de los tendones?

CONEXIONES

- *«No tener dónde apoyarse o dónde apoyar las piernas» significa que no se tienen razones para defender la propia posición.*
- *«Patalear»: ¿Estás enfadado?*
- *«Sin piernas»: ¿Estás fuera de control, como un borracho?*

Pies

LOS PIES SON LA PARTE DEL CUERPO SOBRE LA QUE NOS ALZAMOS. Nos vinculan con la tierra y soportan todo nuestro peso. ¿Cómo son tus pies? ¿Están en buen estado, preparados para dar el paso siguiente? En reflexología se estudian las conexiones del pie con el cuerpo y la mente. Si sueñas que masajean tus pies de algún modo, podría indicar que necesitas beneficiarte de tratamientos de reflexología o podología.

Soñar con los pies nos remite a nuestro fundamento. Piensa en qué te da estabilidad. Las huellas que dejas muestran el camino que has andado y permite que los demás sigan tus pasos.

Besar o lavar pies es signo de humildad, servicio y devoción. Golpear el suelo con los pies indica ira, mientras que «botar con los pies» significa alejarse de algo que no nos gusta.

Los talones pueden vincularnos con las partes vulnerables del cuerpo: el talón de Aquiles. Se suponía que el gran guerrero griego Aquiles era invencible, y sólo tenía un punto débil en el talón.

Empezando por el cuerpo

CONEXIONES

◉ *¿Se te están quedando los «pies fríos»; es decir, te estás enfriando con respecto a algo?*

◉ *¿Estás «metiendo un pie en la puerta», pidiendo ser aceptado en una empresa o sociedad?*

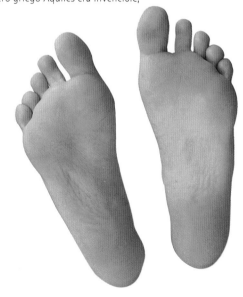

Estómago

EL ESTÓMAGO SE ENCARGA DE PROCESAR EL ALI-
MENTO; es allí donde percibimos la sensación de saciedad. Después de aquellos sueños en los que aparece un estómago, pregúntate si estás cuidando tu alimentación. El
estómago también es un importante indicador de salud física y emocional. Cuando
estamos nerviosos y aprensivos, nos agotamos y nos cuesta digerir, o tenemos un
«nudo en el estómago» porque nos abruma la preocupación. Las personas con úlceras
o desórdenes gástricos a veces sueñan que algunas partes de su estómago estallan, o
bien sueñan con comida indigesta e insalubre.

El ombligo está en el centro del vientre y es el antiguo punto de contacto entre la
madre y el hijo, de modo que se considera un punto muy significativo del cuerpo. Decorar el ombligo con joyas y tatuajes, como hacen las mujeres que practican la danza
del vientre, o perforarse el ombligo con un pendiente para llamar la atención, confir-
ma su importancia.

El estómago es el lugar donde se asientan las emociones, y a menudo sentimos
náuseas cuando estamos excitados emocionalmente o estresados.

CONEXIONES

◎ *Ser incapaces de «digerir» algo significa que
no podemos pensar en ello ni aceptarlo.*

◎ *«Tener fuego en el vientre» es sentir un deseo
casi irresistible de actuar.*

Hígado

EL HÍGADO GENERA BILIS, ALMACENA EL GLICÓGENO, desintoxica el sistema y ayuda a procesar los nutrientes. Si tenemos el hígado enfermo, es posible que esto afecte al color de nuestra piel: las personas de piel pálida tienden a adquirir una apariencia amarillenta. Si sueñas con tu hígado, considera las implicaciones para la salud. Y si estás en buena forma física, ¿podría relacionarse con problemas emocionales?

La bilis, que es amarga, está relacionada con la irritabilidad y con la actitud quisquillosa. En tiempos medievales se creía que la «bilis negra» causaba melancolía y depresión, mientras que la «bilis amarilla» producía ira.

Para el filósofo griego Platón, el hígado era un órgano importante. Lo describió como la parte del cuerpo que recibe mensajes y hace de espejo:

Los dioses crearon un órgano en el vientre que es como un espejo, cuya superficie es sensible a (o está suficientemente sintonizada con) la mente como para recibir sus mensajes, y también tiene el poder de expresar estos mensajes racionales de manera irracional en los sueños.

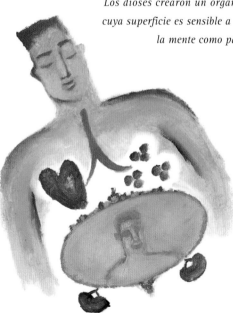

CONEXIONES

◎ *¿Refleja el sueño tus preocupaciones de vigilia por el estado de tu hígado?*

◎ *¿Te sientes desequilibrado, con necesidad de desintoxicarte para limpiarte física y emocionalmente?*

Corazón SIENDO UNO DE LOS ÓRGANOS FUNDAMENTALES DEL CUERPO,

el corazón no sólo es un motor constante, sino que simbólicamente también es el centro de nuestros sentimientos. Si sueñas con un corazón, considera en primer lugar si hay alguna circunstancia física que podría haber provocado el sueño; después, examina los aspectos emocionales.

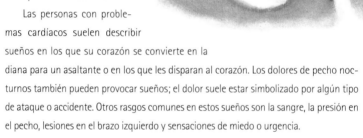

Las personas con problemas cardíacos suelen describir sueños en los que su corazón se convierte en la diana para un asaltante o en los que les disparan al corazón. Los dolores de pecho nocturnos también pueden provocar sueños; el dolor suele estar simbolizado por algún tipo de ataque o accidente. Otros rasgos comunes en estos sueños son la sangre, la presión en el pecho, lesiones en el brazo izquierdo y sensaciones de miedo o urgencia.

Las conexiones emocionales con el corazón son interminables. El «Sagrado Corazón de Jesús» es significativo para los católicos, como lo es el corazón sangrante, que simboliza sufrir por la fe. El corazón representa el amor romántico y el coraje.

CONEXIONES

◎ *«No dejes que el corazón gobierne tu cabeza»: ¿Te lleva la intensidad de tus sentimientos a asumir grandes riesgos y peligros?*

◎ *«Se le salía el corazón por la garganta»: Símbolo de miedo o ansiedad.*

Pulmones LOS PUL-

MONES REPRESENTAN EL «ESPACIO RESPI-
RATORIO» DEL CUERPO. Son el fuelle corporal que aviva la energía y nos permite
respirar y actuar. ¿Te concedes suficiente
espacio para respirar?

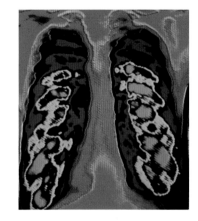

Una mujer que fumaba mucho soñó
que veía que sus pulmones estaban negros.
Las imágenes del sueño influyeron en su
decisión de dejar de fumar y, tanto si se trataba de una advertencia o no, su benéfico
impacto ayudó a la soñante. Cuando se su-
fre una infección pectoral, neumonía o bronquitis, es posible tener sueños en los que abun-
de el agua, que simbolizan la acumulación de fluidos o de mucosidad en los pulmones.

La respiración está vinculada desde tiempos inmemoriales con el «alma» o el «espíritu», porque respirar es indicio de estar vivo. Una vez que la persona ha «expirado su último aliento», su vida en la Tierra termina.

Para los chinos, los pulmones son el asiento de la rectitud y la fuente de nuestros
pensamientos internos.

CONEXIÓN

◎ *Los parques de las ciudades, como Hyde Park en Londres o Central Park
en Nueva York, suelen ser llamados los «pulmones de la ciudad» porque
ofrecen un espacio para que la gente respire, lejos del ruido y la polución
del tráfico pesado. ¿Refleja tu sueño alguna preocupación respecto a los
espacios verdes y los problemas medioambientales?*

Piel LA PIEL PROTEGE DEL MUNDO EXTERNO. Cuando nos hacemos un corte, un desgarro o una herida podemos sentir dolor y podríamos sufrir una infección. Antes de que una herida pueda sanar, tenemos que limpiarla. ¿Has sufrido alguna herida psicológica? ¿Se ha creado alguna brecha en tus defensas?

Poco después se forma una postilla, y eso es parte del proceso curativo. Si tocas la postilla en el sueño, podría significar que te estás entremetiendo y no dejas las heridas en paz. Cuando la piel se cura, también pueden quedar cicatrices. Si sueñas con una cicatriz, ¿es sólo una marca corporal o es el recordatorio de una herida emocional?

Es un remanente del saco amniótico con el que nacen algunos bebés. En muchas tradiciones, esto se considera muy afortunado, y se cree que protege a la persona de ahogarse. Si sueñas con una membrana parecida a un velo o máscara, ¿guarda relación con la falta de visión o de claridad, o te ofrece protección de algún tipo?

La tribu africana de los sántalos cree que el alma se va del cuerpo en forma de lagartija, y que tocar la piel seca de una lagartija o serpiente les protegerá de las enfermedades.

CONEXIONES

◎ Escapar «por los pelos» significa huir o evitar un suceso dañino en el último momento. ¿Has evitado un desastre recientemente?

◎ «Dejarse la piel» es trabajar arduamente. ¿Tienes un duro trabajo por delante?

Útero

El oráculo más antiguo de Grecia, el más sagrado, dedicado a la gran madre de la Tierra, del mar y del cielo, llevaba el nombre de Delphi, nombre que proviene de delphos, «útero». BARBARA WALKER

EL ÚTERO ES LA FUENTE DE CREATIVIDAD Y TAMBIÉN DE TODA VIDA. Está asociado con el embarazo y la fertilidad, así como con la creación de una nueva vida para el soñante.

Después de que Julia fuera sometida a una histerectomía, tuvo un sueño en el que un hombre y una mujer le atacaban y le tiraban al suelo. Mientras permanecía tumbada, vio un diseño en las baldosas, y al despertar se dijo: «Tengo que examinar ese diseño». Percibió una clara sensación que le animaba a cambiar el diseño de su vida y dejar atrás viejas pautas. Vio que el hombre y la mujer eran sus lados masculino y femenino, respectivamente, que estaban enfadados por la operación, y lo consideró como una señal de decepción hacia su cuerpo. Después de someterse a operaciones de este tipo, muchas mujeres sueñan que son asaltadas. El asalto simboliza el sentimiento de sentirse invadida y «robada» después de esta experiencia.

CONEXIONES

◎ *Cuando una mujer está embarazada, se dice que «tiene un pan en el horno». El horno representa el útero.*

◎ *«Parir una idea» significa que la creación, asociada al útero, nos obliga a utilizar todas nuestras fuerzas.*

Vagina

SOÑAR CON UNA VAGINA SIMBOLIZA SEXUALIDAD, reproducción y potencial oculto. Como la vagina está oculta dentro del cuerpo, a menudo queda simbolizada por una caja, el cajón de un armario o un cofre de joyas.

Los sueños más vívidos parecen coincidir con la ovulación, y creo que esto guarda conexión con el hecho de que soy más creativa en mi vida de vigilia durante este periodo.

Esta soñante asocia la ovulación con el tipo y calidad de sus sueños.

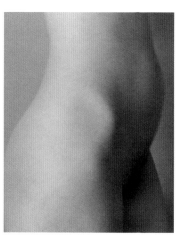

Cuando ovulo, suelo tener ciclos de sueños en los que estoy embarazada, doy a luz, o ya tengo un hijo. Esto parece reflejar mi preocupación en ese momento del mes. Estos sueños son muy intensos, y el despertar es inquietante.

Cuando anotes tus sueños, incluye también los detalles de tu ciclo menstrual. Con posterioridad, repasa el diario de sueños y analiza si los temas de los sueños reflejan los cambios hormonales de la ovulación.

CONEXIÓN

La vagina dentada hace referencia a la conexión simbólica entre la boca y la vagina. Los dientes están asociados con el miedo masculino a ser «mordido» durante la penetración.

Pene EL PENE ESTÁ VINCULADO CON LA ELIMINACIÓN de residuos corporales y con el acto sexual. Las sociedades patriarcales han adorado el falo, unas veces de forma abierta y, en otras, en secreto. El pene, a menudo, representa el poder de penetración.

Las primeras tradiciones gnósticas cristianas llamaron al pene el «árbol de la vida» y lo adoraron.

Los «sueños húmedos», con eyaculación de semen, se producen antes de que el adolescente realice el coito sexual completo. Estos sueños ayudan al cuerpo a «prepararse» y forman parte del desarrollo sexual. Asimismo, las niñas pueden experimentar el orgasmo o tener sueños sexualmente excitantes antes de tener relaciones sexuales.

El semen es la semilla de la nueva vida. Si aparece en tus sueños, ¿simboliza un nuevo comienzo para ti? También puede estar relacionado con preocupaciones respecto a la fertilidad y el embarazo. «Derramar la semilla» simboliza desperdicio y pérdida.

El «gallo» es un animal que suele estar asociado con la energía masculina y penetrante del pene. Si sueñas con un gallo (*véase* página 285), ¿te conecta el sueño con algo sexual?

Algunas mujeres asumen un papel masculino en sus sueños, como puedes ver en este extracto:

Soñé que tenía un pene, y no me sorprendía.

La soñadora se sintió muy cómoda con este cambio de sexo y disfrutó la sensación.

CONEXIÓN

🌑 *Si sueñas que algo o alguien «te da un pinchazo», ¿podrías asociarlo con el pene?*

Sangre

LA SANGRE ES EL PRINCIPIO DE LA VIDA, lo que nos mantiene en marcha. Sin sangre carecemos de vitalidad. En los sueños, la sangre puede derramarse de los cuerpos heridos y teñir la tierra. Si sueñas que sangras, pregúntate si sientes que tus actuales circunstancias reducen tu fuerza vital.

Los gladiadores ostentaban un lugar especial en la sociedad romana, y no sólo por su sed de sangre en las luchas. Se creía que la sangre de un gladiador tenía cualidades curativas o afrodisíacas. Las mujeres gladiadores vestían de amazonas cuando luchaban.

En Oriente Medio, las novias pisaban sangre —de un cordero sacrificado, por ejemplo— para asegurarse la fertilidad. Muchas mujeres sueñan con sangre antes de tener el periodo; a menudo los sueños son violentos, y en ellos aparecen cuchillos y objetos afilados. Cuando la mujer tiene calambres uterinos, a veces se reflejan en el sueño como heridas.

Justo antes del periodo, siempre sueño con sangre que fluye de un corte. Uno o dos días después tengo el periodo.

Soñar con una transfusión de sangre puede reflejar la realidad de vigilia; por ejemplo, para la gente que tiene que someterse a diálisis. Pero también puede significar que necesitas un nuevo impulso de energía; que necesitas cambiar tu vida.

Esqueleto NUESTRO ESQUELETO NOS SOSTIENE;

es nuestra estructura. En los sueños, el esqueleto suele relacionarse con nuestra condición mortal. Su presencia representa la muerte y la decadencia, y en las salas de meditación budistas, a veces, se cuelgan esqueletos para que el meditador recuerde la fragilidad de la vida.

Ankou, el genio bretón que anunciaba la muerte, tomaba la forma de un hombre alto y delgado, o de un esqueleto que portaba una guadaña y se cubría el rostro con un sombrero de ala ancha. Llevaba piedras en su carruaje y se deshacía de ellas cada vez que cosechaba una nueva alma. El rechinar de las piedras indicaba que la muerte estaba cerca.

Los esqueletos también están asociados con el dios maya de la muerte y el submundo.

En Gran Bretaña, el osario era el lugar donde se depositaban los huesos. Esta práctica acabó, en 1650, con la introducción de las «tumbas perpetuas».

Los sueños con huesos pueden ser un símbolo de «quedarse en los huesos», o de llegar al fondo de una cuestión, más allá de las señales superficiales. Si alguien dice: «Este profesor es duro de roer», significa que es difícil que apruebe a sus alumnos.

CONEXIONES

◎ *Cuando algo nos impresiona decimos que «nos ha calado hasta los huesos».*

◎ *«Mover el esqueleto» indica acción.*

◎ *«El hueso de la discordia» es algo que causa disputas y discusiones.*

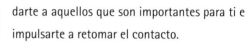
LAS RELACIONES CON LAS PERSONAS QUE COLMAN TU VIDA son cruciales. Familia, amigos, amantes y compañeros de trabajo, todos ellos tienen un papel que desempeñar en tu experiencia vital, dándote expectativas y profundidad. Los sueños revelan lo que está ocurriendo bajo la superficie y te permiten ir más allá de los vínculos superficiales hasta la raíz de tu conexión con los demás. Los sueños también pueden recordarte a aquellos que son importantes para ti e impulsarte a retomar el contacto.

Las relaciones nos llevan hasta el límite de nuestra emoción, desde la completa alegría hasta la desesperación total, y pueden ponernos en contacto con el final indicado por la muerte:

Sueño que la gente cercana a mí muere y me deja solo para resolver las cosas pendientes.

Aunque este tipo de sueños pueden ser inquietantes, también nos sirven de preparación. Nos adelantan la pena que sentiremos en el futuro y pueden incitarnos a decir a nuestros seres queridos cuánto les queremos antes de que sea demasiado tarde.

Después de un divorcio, un miembro de la pareja puede soñar que el otro ha fallecido. Esto simboliza la «muerte» del matrimonio o de la relación. Cualquiera que sea el contenido del sueño, puedes usarlo para medir tu proceso de aceptación y recuperación. Los sueños te revelarán maneras de aliviar el dolor.

La gente
de tu vida

La gente de tu vida

Voy caminando por el corredor de la escuela. Veo a dos limpiadoras que se afanan con las paredes. Me siento confusa y les digo que sólo limpien hasta la altura de sus cabezas. «Bien —me contestan—, ya sabes que no puedes ascender por encima de las cabezas.»

Cada uno de nosotros tiene un conjunto de símbolos personales que han surgido de nuestra experiencia de vida. La esencia de nuestros sueños surge en gran medida de estas experiencias personales irrepetibles.

Hace muchos años, en Inglaterra, dirigía a un equipo de profesores que intentaban impedir, o por lo menos apaciguar, los altercados escolares. Uno de los directores se negaba a reconocer que tenía un problema serio en su escuela y no podía, o no quería,

cambiar algunas prácticas ineficaces. Tuve que escribir un informe para una reunión crucial donde estas dificultades iban a ser aireadas. Hice circular mi informe antes de la reunión y a las pocas horas me llamó el supervisor de educación del distrito. Me dijo que retirara el informe.

—Pero —repliqué, absolutamente anonadada— todo lo que allí se dice es verdad.

—Ésa no es la cuestión —replicó—. No dudo de que sea verdad, pero no puedes estar por encima de la dirección.

Aquí se ve el simbolismo que tuvo «la cabeza» para mí en aquella ocasión. Soñar es un fenómeno universal y es inseparable de la vida, porque el único estado sin sueños es la muerte. Cada uno de nosotros descubrirá que las personas y escenarios oníricos nos hablan de nuestra cultura y de nuestro entorno. Los soldados que participan en un conflicto sueñan con la guerra; los niños acosados por abusadores sueñan con monstruos que les persiguen; las madres sueñan con sus hijos, y los escritores sueñan sus guiones.

En el proceso de soñar se reviven, asimilan y dominan las experiencias del pasado, y llegamos a entender a aquellos que han formado parte de nuestra vida. Al hacer esto nos enriquecemos, especialmente si intentamos entender por qué la gente aparece en nuestros sueños. Pregúntate por qué la persona soñada aparece en tu sueño. ¿Qué es lo que él o ella representa en tu vida en este momento?

Los sueños son la llave que abre la puerta al almacén de tus recuerdos y experiencias, empezando desde la infancia. Todas las personas que han significado algo para ti pueden aparecer en tus sueños, y debes establecer las conexiones para entender por qué están allí. Como verás en las capítulos siguientes, los papeles que desempeñan las personas te ayudarán a descifrar el mensaje de tu sueño.

DEBAJO. *Soñar con un profesor puede indicar un nuevo aprendizaje.*

Madre

El niño, pequeño y solo,
crea la madre.

ANNE STEVENSON: POEMA PARA UNA HIJA

LAS MUJERES REPRESENTAN EL ASPECTO femenino del soñante y el aspecto maternal; el arquetipo de la madre. La madre arquetípica tiene mucho poder, un vigor de vida y muerte. Sin su protección y cuidados, el niño es vulnerable y podría morir. En un sentido muy real, la relación con la madre tiene que ver con la vida y con la muerte, de modo que en los sueños solemos ver gran variedad de imágenes maternales. Entre éstas se incluyen la bruja malvada o la madrastra, el alma triste y perdida, y la protectora desafiante. Tanto si en tus sueños aparece la madre Tierra, tu madre, o tú como madre, úsalos para explorar esta relación crucial. Esta soñadora tuvo que asumir responsabilidad por todos los niños del mundo, además de los propios:

Tengo que llevar a los niños —todos los niños— a un lugar seguro antes de que el mundo estalle; sé que esto va a ocurrir, pero nadie me cree.

CONEXIONES

◉ *¿Necesitas cuidados maternales? ¿Necesitas que te atiendan y cuiden de ti?*

◉ *¿Sientes que eres supercontroladora o sobreprotectora?*

◉ *¿Te sientes sobrecargada por tus responsabilidades maternales?*

◉ *¿Muestran tus sueños la libertad de divertirte con los niños además de cuidar de ellos?*

Padre

LA RELACIÓN CON EL PADRE ES ALTAMENTE SIGNIFICATIVA. El padre simboliza la autoridad y la protección. Tanto si creciste con tu padre biológico como con un padre adoptivo o con una figura paterna, la naturaleza de este vínculo habrá influido en ti. A medida que maduramos aprendemos que los padres no son perfectos y, en sueños, esta comprensión puede darnos una sacudida.

En su infancia, después de que su querido padre muriera, la ilustradora de libros infantiles Kate Greenaway tuvo un sueño recurrente y muy desagradable. Su padre aparecía en el sueño; pero, cuando ella le miraba, su cara cambiaba por la de otra persona. Ella intentaba retirar el falso rostro con desesperación, pero aparecía otro, y otro más, hasta que se despertaba llorando. Estaba intentando recuperar a su padre en sueños.

Algunos sueños pueden traernos compensación después de una pérdida, como en este caso:

Soñé que mi padre volvía a casa para vivir con nosotros, que sonreía y siempre se mostraba feliz.

Este sueño compensa algo de lo que el soñante carece. Otros sueños nos permiten encontrarnos con los demás y con nosotros mismos tal como éramos:

A mi padre le amputaron la pierna porque tenía gangrena, pero cuando sueño con él aparece tal como era antes de su operación.

Hermana

EN SUEÑOS, LAS HERMANAS PUEDEN hacer referencia también a amigas femeninas. La rivalidad entre hermanas puede causar sueños de competición o agresión:

Cuando monté en el coche, también subió mi hermana y empezó a discutir conmigo y a tirarme del pelo. Ella podía hacerme lo que quería, pero yo no podía hacerle nada porque mis padres no me dejaban, aunque a ella no le detenían.

En los sueños donde se nos ignora o no se nos protege resurgen nuestros deseos infantiles de atención, protección y reconocimiento.

Cuando era joven soñé que mi hermana estaba en mi clase de la escuela y me enfadé mucho.

Si tienes sueños similares, podría significar que aún estás intentando resolver asuntos de tu pasado o que hay una relación actual en la que tienes conflictos similares.

Solía soñar que estaba en la cama con mi hermana mayor en casa, en Belfast. Una gran apisonadora, tal como la que utilizan para aplanar las carreteras, venía hacia nosotras y yo no podía levantarla de la cama.

Aquí aparece un fuerte sentido de responsabilidad. Sin embargo, este tipo de sueños también pueden enmascarar el sentimiento de que no sería mala idea aplastar a las hermanas de vez en cuando. En otros sueños, las hermanas se unen contra los padres o se apoyan unas a otras en situaciones conflictivas fuera del hogar.

Hermano

ADEMÁS DE LA RIVALIDAD, SOÑAR CON UN HERMANO a menudo está relacionado con cuidarlo, con asumir un papel paternal y de responsabilidad, con la posibilidad de fracasar y de ser culpado si algo sale mal. Esto puede producir sueños extraños:

Soñé que mi hermano se transformaba en un pollito rojo y yo le perseguía por el camino.

Esto es una vuelta a la infancia, en la que John y su hermano vivían en una granja. Como era el mayor, John siempre tenía que cuidar de su inquieto e imprevisible hermano.

Las peleas entre hermanos, del mismo o de distinto sexo, suelen ser muy habituales. La ambivalencia de la relación amor-odio se muestra en sueños de peleas, acosos y discusiones. A veces puede resultar opresivo, como muestra este sueño:

Tuve un sueño en el que mis hermanos me encierran en el salón toda la noche y tanto el interruptor de la luz como la puerta desaparecen, dejándome encerrada en una total oscuridad.

Otros sueños con hermanos se relacionan con recibir protección e indican la cercanía de la experiencia compartida:

A mi hermano y a mí nos perseguían en una montaña rocosa. Al final me caía y, mientras descendía, lo único que hacía era rezar para poder ir al cielo.

tío

LOS TÍOS PUEDEN TENER LA MISMA AUTORIDAD QUE EL PADRE, pero la distancia añadida permite más flexibilidad. Los vínculos de lealtad familiar siguen siendo aplicables y los sueños pueden destacar este aspecto de tu relación.

Percibo que los sueños tienen la clave de lo que siento con respecto a mi familia, pero ojalá fueran más agradables y no tan inquietantes.

Si tienes sueños inquietantes con algún miembro de tu familia, pregúntate qué va mal en esa relación. ¿Qué te gustaría cambiar? ¿Qué necesitas abordar?

Los personajes masculinos de los sueños a menudo representan la energía masculina de una soñante, de modo que reflexiona sobre cómo actúa el tío en el sueño, cuáles son sus puntos fuertes y qué podría tener que tú necesitas. ¿Qué cualidades tiene que podrías usar para conseguir una vida más equilibrada?

CONEXIÓN

● *«El tío Sam»: Un símbolo del gobierno en los Estados Unidos.*

tía COMO HERMANA DE TU PADRE O DE TU MADRE, o esposa de tu tío, tu tía representa conexiones familiares que podrían influir en tu vida. Asimismo, las tías suelen representar la figura de la segunda madre, pudiendo ser menos estrictas que ella. El sueño siguiente se desarrollaba en casa de la tía de la soñante:

De adolescente tuve distintos sueños sexuales. En uno de ellos estaba en casa de mi tía, intentando tener una relación sexual con un hombre o, a veces, con una mujer.

O bien conseguía hacerlo mientras mi tía comía pastas y bebía té, o me sentía insatisfecha por la interrupción.

La soñante se siente inhibida en su casa, de modo que el sueño le ofrece un marco diferente para explorar su sexualidad.

CONEXIÓN

◎ *«Tía Sally» es la figura de la cabeza de una anciana que solía hacer de diana en las atracciones de feria. En la actualidad, hace referencia a cualquier crítica injustificada, en especial si ha sido programada por otros.*

Abuelo

LOS ABUELOS DAN CONTINUIDAD A LA VIDA FAMILIAR. Son parte de la línea que nos conecta con el pasado, y en algunos casos en que los padres no pueden prestar mucha atención a sus hijos el abuelo se convierte en la figura que sustituye al padre. Como las abuelas, los abuelos suelen considerarse protectores, cuidadores y suelen ser más indulgentes que los progenitores.

Los abuelos acostumbran a ser los guardianes de las tradiciones familiares y, en este sentido, es posible que les disgusten los nuevos estilos y costumbres. Si tu sueño es de desacuerdo, decide si es personal o si simboliza un conflicto intergeneracional.

La adoración de los ancestros es parte importante de las religiones chinas. La población visita con regularidad las tumbas para presentar sus respetos a los muertos. Las familias también tienen pequeños altares en casa para honrar a sus parientes fallecidos, y a los abuelos se les venera de manera especial. Por tanto, los sueños en los que aparecen son especialmente auspiciosos.

Cuando murió mi abuelo, soñé que vino a decirme buenas noches y adiós.

CONEXIONES

◎ *¿Necesitas la sabiduría de un anciano que te guíe en tu camino?*

◎ *Si tu abuelo está vivo, ¿podría tu sueño ser un recordatorio para visitarle?*

Abuela

LA LÍNEA MATRIARCAL PUEDE REVELAR un sentido de responsabilidad compartida hacia los abuelos debilitados, como en este sueño:

Soñé que mi abuela (que tiene ochenta y ocho años) estaba en la cama y mi madre y yo la lavábamos; ella estaba vestida pero tenía la ropa sucia.

La madre y la hija cuidaron de la abuela anciana como han hecho las mujeres desde tiempo inmemorial. Las abuelas son ancianas sabias que, después de la muerte, vuelven a nosotros en sueños para guiarnos y acompañarnos en momentos de dificultad. A menudo nos ofrecen paz y consuelo, como en el caso de este sueño recurrente:

Estoy embarazada de siete meses. En cuanto me enteré de que iba a tener un bebé, soñé con mi abuela. Había muerto tres años antes y habíamos mantenido una relación muy estrecha. En mi sueño, ella era joven y me sonreía, aunque no decía nada.

Los abuelos aportan la sabiduría de su experiencia y, simbólicamente, dan seguridad al soñante, como en este caso:

Tras la muerte de mi abuela, yo solía llamarla para que viniera conmigo: ella se sentaba y me acariciaba el cabello, y me decía cosas reconfortantes.

Hija EL NACIMIENTO DE UNA HIJA PUEDE reactivar la ansiedad relacionada con nuestra propia infancia. Una cliente que tenía seis años de edad cuando su hermana (de cuatro años) murió de leucemia, padecía sueños inquietantes en los que su hija también moría de cáncer. Aunque desagradables, este tipo de sueños nos ayudan a afrontar nuestros miedos respecto a la muerte y a reconocer antiguas penas.

Sueño que deambulo por el distrito del lago, el hogar de mi infancia, con mi hija y hermanas.

La presencia de una hija en un sueño puede indicar el deseo de tener una hija o también puede representar a la soñante cuando era una niña pequeña, tal vez su «niña interior». ¿Y qué hay de la edad de la niña en el sueño? Si tiene siete años, por ejemplo, piensa qué te ocurrió a esa edad. ¿Hubo algún suceso significativo en tu vida? A medida que tus hijas crezcan pueden surgir conexiones y recuerdos olvidados que podrían manifestarse en sueños. Los sueños pueden presentar experiencias muy tempranas, que tal vez tengas que reevaluar a la luz de tu personalidad actual.

CONEXIÓN

◎ *¿Puedes aceptar a la hija que viene a ti en el sueño?*

Hijo LA PARÁBOLA DEL HIJO PRÓDIGO CUENTA QUE UN HIJO rebelde le pide al padre la herencia en vida y se va de casa para volver poco después, una vez ha despilfarrado todo el dinero. El padre, sin embargo, lo recibe con los brazos abiertos y sacrifica el «ternero cebado» en señal de bienvenida. El hijo pródigo y su hermano, que nunca se fue de casa, continuaron con su rivalidad. ¿Están relacionados tus sueños de hijos con este tipo de roces?

Mis sueños de «descuidar» a mi bebé me han hecho entender que tengo que dejar de encargarme de mis hijos conforme se hacen adultos.

Preocuparse por los hijos es natural, y la preocupación a menudo se intensifica cuando hay problemas de salud. Esta soñante tenía un hijo de veinte años que sufría epilepsia, y una noche tuvo este sueño:

Soñé que estaba en la gruta de Lourdes y mi madre, que murió cuatro años antes de que él naciera, le estaba cuidando. Yo sabía que ella quería que él se fuera con ella, pero no sabía a dónde. Le rogué que lo dejara conmigo, ya que yo era la que debía cuidar de él.

La soñante sentía que si hubiera accedido, habría perdido a su hijo. El muchacho murió dos años después, pero para su madre ese tiempo compartido fue una bendición.

Marido LOS SUEÑOS EN LOS QUE APARECE TU MARIDO suelen estar relacionados con los placeres y las penas de la vida cotidiana, además de indicar conflictos ocultos. Como la dicha marital puede tornarse amarga, los sueños dramatizan este cambio:

Cuando mi matrimonio empezó a deshacerse, tenía un sueño recurrente de gusanos que agujereaban patatas.

Los gusanos simbolizaban la invasión del matrimonio por otra mujer, que se estaba comiendo la relación que la soñante tenía con su marido. La patata es un alimento muy común, y la soñante creía que su matrimonio también lo era, pero en realidad estaba podrido.

Antes de conocer a mi marido solía soñar que tenía relaciones sexuales con distintos hombres, pero cuando nos emparejamos dejé de tener esos sueños porque ya no los necesitaba.

El mundo onírico puede llevarte a otra dimensión temporal: puedes ir al pasado o al futuro. Muchas personas que han sufrido enfermedades o accidentes en los que han perdido un miembro, o que tienen limitada la capacidad de movimiento después de un ataque de apoplejía, descubren que en sus sueños vuelven a tener el cuerpo sano y sin amputaciones. Asimismo, la pareja y los familiares también suelen soñar con la persona plenamente capaz.

Si tienes un vínculo íntimo con tu marido o compañero, es posible que soñéis con el mismo tema la misma noche:

En varias ocasiones, mi marido y yo hemos tenido sueños idénticos la misma noche.

Esposa

LAS RELACIONES PRÓXIMAS SON UN TEMA PRESENTE en los sueños de la mayoría de las mujeres, y como tal solemos soñar con nuestros maridos e hijos. A veces, las mujeres sueñan con casarse, con la boda y la ceremonia, y con menor frecuencia sueñan con su condición de «esposa». No obstante, cuando eres la «otra mujer», los sueños pueden cambiar:

Cuando tuve un romance con un hombre casado soñaba que conocía a su esposa.

Estos sueños, que revelan ansiedad respecto a la relación clandestina, hicieron aún más difícil para la soñante continuar el contacto con su amante.

En la antigüedad también se usaba la palabra *esposa* para cualquier mujer, de modo que si en tu sueño aparece el término *deberes maritales* hace referencia al papel tradicional de la mujer.

Los sueños de «intercambiar esposas», en los que los miembros de una pareja se intercambian con los de otra para obtener sexo, pueden reflejar un anhelo de estar con otra persona o un deseo de animar tu vida sexual. Si el sueño incumbe a una pareja que conoces, piensa si te sientes atraído por uno de sus miembros. En cualquier caso, recuerda que en los sueños no hay censura, así que en ellos puedes tener fantasías salvajes sin tener que llevarlas a la práctica en tu vida de vigilia.

Amigo HAY UN PROVERBIO QUE DICE QUE LOS AMIGOS son lo que Dios nos da para compensarnos por nuestra familia. Aunque esto puede no ser verdad para muchos, reconoce la importancia de la amistad. Los amigos están ahí para apoyarnos en los malos momentos y para celebrar los buenos. Sin embargo, es posible que no nos sinceremos por completo con ellos. Una de mis clientes soñó que estaba con un grupo de amigos. Ella estaba llorando sin que nadie se percatara de ello, y los amigos seguían hablándole con normalidad. Después pensó en el sueño y se dio cuenta de que necesitaba contar a sus amigos cómo se sentía en lugar de ocultar su tristeza cuando estaba despierta. Tenía que dejar de hacerse la valiente y ser honesta con aquellas personas cuya amistad valoraba.

Tus sueños te indicarán qué hacer cuando discutas con tus amigos, como ocurrió en éste:

Recientemente he tenido un sueño molesto relacionado con alguien de quien ya no soy amigo. En el sueño hablábamos de las cosas que nos habían separado, y al despertar me sentí aliviado.

CONEXIONES

◎ *«Amigo de conveniencia»:* ¿Está uno de tus amigos a tu lado cuando la vida te sonríe, pero no cuando estás más necesitado?

◎ *«Un amigo necesitado es un amigo»:* ¿Hay algún amigo que necesite tu ayuda? ¿Eres capaz de dársela?

Amante

EN SUEÑOS, TU AMANTE PUEDE SER TU PAREJA en la vida real, pero también puede ser tu amante ideal, o una pareja que colma tus deseos, e incluso podría compensarte por una situación insatisfactoria en tu vida cotidiana.

Soñé que fui al parque de atracciones Mundo Marino con mi ex novio. Estábamos dentro de una piscina y teníamos que contener la respiración mientras nos sumergíamos bajo el agua y seguir nadando hacia delante para salir de allí. Después nos encontrábamos en un café de la ciudad, secándonos frente a mucha gente. Mi ex dijo que estaban siendo unas vacaciones horribles y yo contesté que nos habían obligado a contener la respiración demasiado tiempo.

El sueño revela que la relación con su novio había durado demasiado. Metafóricamente habían contenido la respiración, esperando que se produjera alguna mejoría. La relación acabó cuando el novio se fue a «ver mundo», lo que indica una conexión con el nombre del parque. Se puede reconocer cierta vulnerabilidad en el hecho de estar «expuestos» en un lugar público. Cuando las relaciones acaban, nos sentimos vulnerables. Compartir un sueño con tu amante puede ser muy beneficioso.

Hace poco tiempo me sentía inquieta por la relación con mi amante y tuve un sueño en el que él aparecía, de modo que hablamos sobre ello. La discusión sacó a la luz las inseguridades que ambos teníamos y nos ayudó a recuperar la intimidad.

Vecino

DICEN QUE LAS VALLAS HACEN BUENOS VECINOS. En otras palabras, cuando todo el mundo sabe dónde están los límites, las relaciones funcionan bien. Unos buenos vecinos pueden ayudarte a sentirte seguro en tu casa y prestarte ayuda cuando las cosas se tuerzan.

Soñé que alguien vino a mi puerta y me dijo que yo no debía tener mi casa. Él me amenazó y yo salí corriendo a la casa de mi vecino.

Este sueño llegó en un momento en que la soñante se estaba separando de su marido. Él la había amenazado diciéndole que, si se divorciaban, tendrían que vender la casa. El vecino de la soñante le había ayudado en ese momento difícil, de modo que el sueño refleja con precisión dónde podía acudir en caso de emergencia.

Las disputas con los vecinos pueden producir sueños de ansiedad y, a veces, de conflictos agresivos. Si sueñas regularmente que un vecino habla mal de ti, por ejemplo, o que te muestras pasivo y no defiendes tus derechos, considera si necesitas encontrar un modo de abordar el problema, tal vez por medio de la meditación. También podrías intentar actuar de otro modo en el sueño, cambiando de actitud y actuando con mayor asertividad.

Compañero de trabajo cuando sueñas

CON TUS COMPAÑEROS de trabajo, tu sueño puede estar vinculado con un día rutinario. Sin embargo, cuando se produce un giro inesperado, mantente alerta a otros significados más profundos. Esta soñadora se encontró en una situación inusual y divertida:

Era como una mezcla del Kamasutra, La alegría del sexo y la reunión de los lunes por la mañana en la empresa. Todos mis compañeros de trabajo estaban vestidos al estilo oriental y preparándose para una verdadera orgía. El final fue un fracaso, incluso en el sueño: no pude unirme a su diversión porque sus caras me recordaban que no tenía que tocarles.

Este tipo de sueño, en el que un compañero de trabajo asume una actitud sexual hacia el soñante, puede indicar que hay tensiones sexuales en el trabajo: que alguien se siente atraído sexualmente por ti, o viceversa. No obstante, también puede reforzar la frontera que mantiene negocios y placer separados.

Trabajo en una fábrica por las tardes y no acabo hasta las veintidós horas. Cuando voy a la cama, dependiendo del tipo de tarde que haya tenido en la faena, a veces sueño que sigo trabajando. Mi mente permanece hiperactiva. A veces me siento en la cama y puedo ver a la gente con la que he trabajado, y pienso para mí: «¿Estoy en la cama o en el trabajo? Simplemente no sé dónde estoy».

Tal confusión puede ser resultado del estrés. Es cierto que trabajar por turnos altera el sueño y el tipo de sueños que podamos tener. Si sueñas con esta clase de imágenes, anótalas para poder comprobar si siguen un patrón repetitivo.

jefe EL JEFE, LA PERSONA CON AUTORIDAD, puede representar el liderazgo, aunque depende mucho de lo que haga en el sueño. En algunos sueños, el director de la organización puede estar representado por figuras como la de un rey, una reina, un presidente o primer ministro.

Si sueñas con tu jefe en el trabajo, el sueño puede estar conectado con la resolución de algún problema o relación, de modo que piensa en la situación y en lo que podría simbolizar. Si sueñas que tienes grandes discusiones con tu jefe o que le golpeas con brutalidad, eso indica un alto nivel de estrés o de conflicto laboral. Si estos sueños son recurrentes, reflexiona sobre qué es lo que te altera tanto y procura abordarlo; de otro modo, tu situación podría seguir deteriorándose.

Anotar y analizar mis sueños me ha ayudado a tener una perspectiva mucho más amplia de los problemas con los que me enfrento en el trabajo y me ha demostrado que puedo hacer algo a nivel práctico para resolverlos.

Si eres tú el jefe, es posible que tengas cierta ambivalencia respecto a delegar trabajo. Una mujer tuvo una serie de sueños en los que asignaba tareas a sus subordinados con excelentes resultados, de modo que estableció un nuevo protocolo para delegar trabajo.

CONEXIONES

◎ *«Ser un mandón»: ¿Sueles dar órdenes a otras personas sin mostrar mucha consideración por ellas?*

◎ *«Ser un mandado»: ¿Eres un subordinado y te sientes mal por ello?*

Médicos y enfermeras

LOS MÉDICOS Y LAS ENFERMERAS suelen estar asociados con la curación de enfermedades y con recibir atenciones. La enfermera acompaña al paciente durante la enfermedad, tanto si sólo le venda una herida como si le ofrece cuidados paliativos en un proceso terminal. Los sueños pueden simbolizar un anhelo de recibir cuidados; también suelen representar al soñador en el papel de cuidador.

Los sueños de las enfermeras pueden reflejar su práctica cotidiana o las preocupaciones del pasado, cuando eran estudiantes. Esta enfermera me contó un sueño que había tenido justo antes del examen final:

Estaba en un cementerio y todas las tumbas se levantaron; los cuerpos empezaron a perseguirme.

Este sueño revela el temor de que no todas las medicinas son benéficas.

Soñé que el médico me recetaba algo, pero estaba convencida de que era veneno. No quería tomarlo, aunque simulé que lo hacía.

Tal vez haya que buscar otro médico.

CONEXIONES

- ¿Indica tu sueño que necesitas una revisión médica?
- ¿Te ha dado algún consejo el médico en el sueño? Si es así, ¿con qué guarda relación en tu vida actual?

Policía

LA POLICÍA SIMBOLIZA EL PODER y el control. Éstos imponen la ley, obligan a cumplir las reglas y representan los límites de nuestra de sociedad. Las acciones de los policías de tus sueños te dirán dónde está el énfasis. ¿Cuál es la situación: un arresto, un interrogatorio, una revisión rutinaria? ¿Está dirigiendo el tráfico? ¿Indica cuál es el mejor camino? ¿Se comporta con actitud apremiante, acosadora o atenta?

En el sueño siguiente vemos el declinar de la autoridad del padre. Su simbólico uniforme ya no tiene el apresto y la presencia que tuvo en el pasado:

Soñé que veía a mi padre vestido con uniforme de policía. Estaba cubierto de polvo y parecía cansado, como si hubiera perdido toda su energía.

En China, los magistrados novatos dormían en el templo para recibir instrucciones sobre cómo ser correctos. Esta incubación de sueños (véase página 25) muestra el respeto que merecían y cómo se usaban para mejorar el funcionamiento social.

CONEXIONES

⊚ *¿Te preocupa alguna situación que podría ser problemática si la «policía» la descubriera?*

⊚ *¿Necesitas hacer de policía y mantener bajo vigilancia a alguien cercano a ti?*

Bombero

DESDE EL 11 DE SEPTIEMBRE DE 2001, cuando se destruyeron las Torres Gemelas de Nueva York, los bomberos parecen haber asumido un papel mítico. Sus intentos de rescatar a personas atrapadas en circunstancias horribles les convirtieron en verdaderos héroes. Si sueñas con un bombero, ¿está presente en el sueño esta cualidad heroica?

Soñar con fuego puede indicar un sentimiento de «estar quemándose» o de «estar quemado», y posiblemente indica la existencia de una tensión subyacente. Si eres tú quien prende fuego o si te prendes fuego a ti mismo, esto implica una alteración grave, y es importante que te preguntes qué quieres destruir. Si un bombero viene a apagar el fuego o a rescatarte, ¿a qué persona de tu vida representa? ¿Dónde puedes buscar apoyo en momentos difíciles?

Los bomberos representan a quienes han afrontado los mayores peligros, a los que han «atravesado el fuego» y han sobrevivido. A nivel simbólico, puede tratarse de alguien que haya tenido que afrontar una tragedia, verdadera o potencial, pero que ha conservado la esperanza.

CONEXIONES

- *¿Estás ante tiempos difíciles por padecer una enfermedad o a causa de relaciones «fogosas»?*
- *¿Tienes que «enfriar» alguna situación para que no se inflame?*

Tendero

TANTO EN UN SUPERMERCADO COMO EN UNA TIENDA, los tenderos intercambian bienes por dinero en sus transacciones. La interpretación de sueños en los que aparece un tendero depende mucho del tipo de tienda donde trabaje.

Soñé con una tienda en la que podía adquirir cualquier cosa que quisiera y en la que el dinero no parecía ser un obstáculo.

Cuando escasea el dinero, este tipo de sueño satisface nuestros deseos.

CONEXIONES

◎ *Tienda de equipamiento: ¿Se te está ofreciendo consejo respecto a construir o reparar algo? ¿Te vincula esto con algún proyecto?*

◎ *Tienda de ropa: ¿Te estás confeccionando una nueva imagen? ¿La deseas?*

◎ *Tienda de frutas y verduras: ¿Qué tipos de frutas y verduras se ofrecen? ¿Tendrías que incluirlas en tu compra para equilibrar tu dieta?*

◎ *Agentes de la propiedad inmobiliaria: ¿Estás pensando en comprarte una casa o apartamento? ¿Ha llegado el momento de trasladarte?*

◎ *Licor: ¿Estás comprando para una celebración? ¿Crees que abusas del alcohol?*

Profesor

PROFESORES, INSTRUCTORES, CONFERENCIANTES y mentores aparecen en sueños cuando necesitamos una guía. Puede tratarse de personas reales que han sido nuestros profesores en la escuela o en la universidad, o pueden ser simbólicos.

Puedes usar las técnicas de incubación de sueños para recibir la guía de un profesor, aunque posiblemente tendrás que ser paciente. No tienes que ir a un lugar especial, como ocurría en Grecia; puedes hacerlo en tu propia habitación. Cuando estés en una situación compleja, antes de acostarte solicita ayuda. Sé específico respecto a lo que necesitas saber y escribe la pregunta en tu diario de sueños. Al despertar, anota tu sueño de inmediato y descubrirás que te aporta comprensiones de tu guía interno o profesor. A este proceso se le denomina *incubación de sueños*.

Si eres profesor, con probabilidad soñarás con tus alumnos y también con tu escuela o facultad. Al comienzo de un trimestre no es inusual tener sueños inquietantes y preguntarte cómo será ese periodo al que te enfrentas y si has perdido tu capacidad pedagógica:

Sueño que la gente de mi clase se ha vuelto completamente loca y no consigo calmarlos.

CONEXIONES

- *«Dar una lección a alguien»: ¿Estás a punto de hacer que alguien «se lo pase mal», estás a punto de complicarle la vida?*
- *«Enseñar a coser al sastre»: ¿Estás intentando enseñar a alguien lo que ya sabe, predicando a los conversos?*

Soldado

ALGUNAS MUJERES SUEÑAN QUE SON SOLDADOS y acuden a zonas en guerra. Una soñó que salía de un bosque de pinos y se sintió aliviada al saber que el enemigo estaba detrás. A continuación, sintió una zona húmeda en su pecho y supo que le habían disparado, pero no tuvo miedo. Este sueño puede estar relacionado con una situación en la que la soñante piensa que está a salvo o «fuera, en el bosque»; pero a otro nivel sabe que aún es vulnerable. Sus emociones están bajo control, pero es posible que aún «anhele» algo o a alguien.

Estaba en mi casa y el ambiente era muy tenso. Las calles estaban desiertas. Yo estaba solo y me escondía de un ejército. Ellos entraron y nuestra casa se convirtió en un campo de batalla. Corrí a mi habitación y apareció mi hermano. Él cerró la puerta para que no pudieran entrar, pero ellos eran demasiado fuertes. Yo abrí la ventana y salté —mi hermano no me siguió—, y corrí calle abajo intentando esconderme.

El campo de batalla puede representar relaciones difíciles en el hogar. ¿Estás librando alguna batalla personal en este momento?

Guardia

LOS GUARDIAS SUELEN ESTAR ASOCIADOS CON PRISIONES, pero también con guardaespaldas y guardias de seguridad en los comercios. Un guardia de honor militar también podría ser significativo.

Estoy en una colina oscura vigilada por carceleros y unos perros guardianes muy fieros, que parecen osos. Algunas mujeres me dicen que puedo escaparme si cojo la piedra que me hace invisible.

La soñadora se sentía atrapada en una situación hogareña; estaba «a oscuras» respecto a su futuro. En el sueño finalmente se escapó, y al despertar sintió que había superado una dura prueba y había sobrevivido. Esto le dio confianza para afrontar la situación y seguir adelante.

Cuando sueñes con un guardia, piensa qué es lo que protege. ¿Se trata de un tesoro, dinero, un secreto o una fiesta privada? ¿Qué simboliza el guardia en tu vida? Los guardias protegen las entradas y salidas, de modo que cuando se presentan en sueños podrían indicar un impedimento para acceder a algo. ¿Quién o qué te está reteniendo? ¿Te impides moverte tú mismo?

CONEXIONES

◉ *¿Necesitas estar «en guardia» ahora mismo?*

◉ *¿Tal vez tengas que «guardarte» tus juicios?*

La gente de tu vida

CONEXIÓN

*¿Sientes que te
hallas prisionero
en tus actuales
circunstancias?*

Prisionero

SER UN PRISIONERO IMPLICA CONFINAMIENTO, pérdida de privilegios y de libertad, y falta de poder. El encarcelamiento puede ser legal, después de ser condenado por un jurado y un juez, pero también puede ser ilegal, siendo producto de un secuestro. Ten en cuenta estos factores a la hora de evaluar el mensaje del sueño, tanto si el prisionero eres tú mismo como cualquier otra persona.

Durante años soñé con mi padre. Esperaba que se abrieran las enormes puertas de una prisión y entonces saldría mi padre, que estaría en una fila con otros hombres, y yo los ametrallaría a todos.

Como a esta soñante, es posible que te sorprenda o te choque tu propia conducta en sueños. Esta mujer estaba horrorizada de su sueño, ya que en la vigilia se sentía muy cerca de su padre. El sueño se repitió hasta que su padre murió de cáncer dos años más tarde, después de grandes padecimientos. Con toda probabilidad, en su sueño ella quería liberar a su padre de la prisión del dolor. En realidad esta liberación habría sido un gesto amable, pero la soñante no podía admitir ese pensamiento en su conciencia de vigilia.

Estudiante

EL ESTUDIANTE REPRESENTA AL APRENDIZ, AL INICIADO o a la persona que emprende un camino de aprendizaje. Se pueden entender muchas cosas viendo el tipo de estudiante, lo que estudia y su actitud hacia el curso. El estudiante puede representar a alguien que conoces o un aspecto de ti mismo que necesita entender cosas nuevas.

Un joven soñaba que estaba dando vueltas y no llegaba a ninguna parte, y que en todo momento le perseguía el jugador de fútbol británico Ian Rush. Estaba en su primer año universitario y reconoció que «corría» tanto de aquí para allá que no estaba alcanzando sus objetivos. Tenía que calmarse y readaptarse a esta primera sensación de independencia.

Después de hacer un taller para estudiantes universitarios, descubrí (y no me sorprendió) que un tema recurrente eran los encuentros románticos:

Alguien a quien no conozco entra en el sueño. Cuando despierto, no recuerdo su cara, pero sé que es muy guapo y que tiene todo lo que yo deseo de la pareja ideal.

Éste es un sueño de realización de deseos, puesto que la soñante anhelaba una relación y encontró consuelo y seguridad en la sensación positiva que le produjo esta experiencia onírica.

Si sueñas que eres un estudiante, ¿indica esto un deseo de aprender y obtener títulos? ¿Te ayudarían esos títulos a mejorar profesionalmente? Si es así, ¿qué puedes hacer para convertir el sueño en realidad?

Figura histórica

SOÑAR CON HITLER ES ALGO COMÚN, puesto que es un símbolo de opresión y de la destrucción de la vida humana. El suyo es un poder absolutamente controlador y manipulador. ¿Hay un elemento controlador en tu vida que te parezca insoportable? ¿Te sientes deshumanizado, temeroso e impotente?

El presidente Abraham Lincoln tuvo un sueño unos días antes de morir. El sueño empezaba con una quietud de muerte y, a continuación, escuchaba llantos que provenían de la habitación contigua. Su búsqueda del origen del llanto le llevó a la sala Este. Esto es lo que anotó:

Entonces descubrí una horrible sorpresa. Ante mí había un catafalco, sobre el que descansaba un cadáver..., que tenía el rostro cubierto.

—¿Quién ha muerto en la Casa Blanca? —pregunté a uno de los soldados.

—El presidente —respondió él—. Ha sido asesinado.

Entonces hubo una repentina expresión de pena procedente de la multitud, que me despertó del sueño.

El presidente se sintió profundamente conmovido por el sueño y se lo contó a sus colaboradores, pero eso no impidió su asesinato, que ocurrió cuando visitaba un teatro.

Soñé con Diana, la princesa de Gales. Ella sonreía y miraba todas las flores que la gente había depositado para ella a las puertas del palacio de Kensington.

La muerte de la princesa Diana produjo una gran expresión de dolor en todo el mundo y provocó muchos sueños de muerte y renovación. La muerte de una mujer joven con dos hijos, también muy jóvenes, hizo que las mujeres se identificaran con ella de manera especial, y los sueños reflejan el impacto de estas figuras históricas y míticas en las vidas del ciudadano de a pie.

La gente de tu vida

Político SI BIEN LOS POLÍTICOS SE OCUPAN DE DIRIGIR un país y de promulgar las leyes, también están asociados negativamente con el uso de su cargo para obtener beneficios personales. La prevaricación indica un uso poco escrupuloso de sus talentos. Si el político de tus sueños realiza tratos poco transparentes, ¿te preocupa que alguien con poder influya en tu vida?

Tus sueños con figuras políticas pueden reflejar un interés en los asuntos nacionales o internacionales y pueden estar provocados por los sucesos de las noticias. Si tu sueño se enfoca en personas concretas, considera sus cualidades, tanto positivas como negativas, y comprueba si compartes alguno de sus rasgos. Aceptar tu lado luminoso y tu lado oscuro, tu lado divino y tu sombra, es parte del proceso que te conduce a sentirte completo.

Después de que el sueño de Calpurnia avisara del asesinato de Julio César, su sucesor, Augusto (que murió en el año 14), prestó mucha atención a las advertencias y portentos de los sueños. Incluso aprobó una ley que obligaba a la gente que tuviera sueños relacionados con el bien común a anunciarlos en público.

CONEXIONES

◎ *¿Estás «haciendo política», buscando los votos o el apoyo de otros?*

◎ *¿Necesitas ser «político» —astuto e ingenioso— en algún proyecto en el que participas?*

Miembros de la realeza

CUAN-
DO EN TU SUEÑO APARECE UN MIEMBRO DE LA FAMILIA REAL, puede representar a esa persona o a la autoridad. En su papel de líderes son símbolo de fuerza política o espiritual; también del abuso de poder por derecho de nacimiento, que es lo opuesto de la democracia.

La reina es una mujer con poder e influencia, la majestad absoluta de lo femenino. La gente recurre a ella en momentos de necesidad, como ocurre en este sueño:

Fui a ver a la reina Isabel y al príncipe Eduardo. Yo tenía miedo, y ella estaba un poco molesta porque se acababa de ir un grupo de visitantes y quería relajarse.

Yo pretendía pedirle que enviara un médico rico para ayudar a mi hermana, que estaba muy enferma.

En la historia y en la leyenda abundan las figuras de reinas poderosas. Isis, la diosa egipcia, tenía el título de Reina del Cielo, el lugar de donde surge toda vida. La reina representa la fecundidad, la plenitud humana y el poder de la naturaleza para proveer.

El rey representa el poder, la energía masculina, la creación y la procreación. En los sueños, él puede aconsejar o mandar, de modo que si pronuncia algunas palabras, registra su mensaje.

CONEXIÓN

◉ *Si sueñas con un rey, pregúntate qué cualidades reales posees o deseas poseer.*

Extraños

LOS EXTRAÑOS SIMBOLIZAN LO DESCONOCIDO Y LO QUE VIENE DEL EXTRANJERO. Suelen suponer una amenaza o presentar nuevas maneras de mirar el mundo. También pueden traer variedad a tu vida. En tus sueños, tú también puedes ser un extraño para ti mismo o puedes conocer a otros extraños.

En un sueño me presentaron a dos personas, ambas con el mismo nombre, que eran distintas partes de la misma persona. Yo presenté una a la otra. Desperté viendo las dos mitades de la misma persona, y diciendo: «Confróntate contigo mismo».

Los extraños pueden ser personas anónimas, personas a las que el soñante tiene que cuidar:

Sueño que camino con extraños y que tenemos que escalar una montaña. Cuando estábamos a mitad de la ascensión, me doy cuenta de que ya no podemos volver atrás, de modo que seguimos subiendo. Estoy ayudando a los demás a llegar a la cumbre, y entonces me doy cuenta de que si no me doy prisa me caeré. Realizo un esfuerzo desesperado y llego a la cima.

La soñante tiene miedo de «deslizarse hacia atrás» —de resbalar y caer—; sin embargo, cuida de los demás y los pone por delante de sí misma.

Charles Dickens dormía una siesta cada tarde que le ayudaba a escribir. Decía que, en sueños, personajes nuevos se le presentaban para ofrecerle ideas innovadoras con las que continuar su trabajo. Tus sueños también pueden inspirarte.

LOS SUEÑOS CON TEMAS UNIVERSALES nos conectan con quienes nos han precedido y con las generaciones venideras. Estos sueños —entre los que se incluyen los de caer, ser perseguido y perder los dientes— suceden en todo el mundo y nos muestran que compartimos los mismos patrones de sueño, aunque nuestras culturas y medio ambiente sean diferentes. Los temas universales suelen estar asociados con el entorno natural, con

el tiempo, con los animales, con situaciones humanas básicas y con los procesos de la vida.

Carl Jung creía que los sueños podían ponernos en contacto con nuestro potencial emocional, intelectual o espiritual, y mostró que los temas universales provienen de lo que él denominó el «inconsciente colectivo». A medida que leas este capítulo descubrirás que otras personas comparten los temas de tus sueños. Por ejemplo, los cruces de caminos son un arquetipo universal en los sueños. Tanto si estás en la ciudad como en un pueblo o en la jungla, encontrarás un cruce de caminos. Éste representa una intersección donde hay que tomar decisiones respecto al viaje. La figura de la cruz suele hallarse en las tumbas y en las banderas, y está relacionada con el matrimonio de lo físico y lo espiritual, la síntesis de lo activo y lo pasivo.

A medida que exploras estos sueños, recuerda que eres parte de la humanidad y que compartes tus sueños con los demás.

sueños
universales

Sueños universales

Las pesadillas siempre son de ayuda porque, a veces, cuando las cosas o las situaciones me deprimen, me niego a pensar de forma consciente en mis problemas. Las pesadillas me obligan a evaluarlo todo, y no terminan hasta que hago algo al respecto.

Las experiencias comunes que compartimos con otros seres se muestran y manifiestan en todo tipo de situaciones. En sus dibujos, los niños suelen pintar imágenes que no pueden explicar y que es poco probable que hayan visto; sin embargo, otro niño, aunque viviera a tres mil kilómetros, también podría haberlas pintado. Estas imágenes, que pueden aparecer en los dibujos o en los sueños, refuerzan la idea del inconsciente colectivo. Por ejemplo, cuando investigaba para mi libro *Children Dreaming*, Viki me contó:

Mi sueño más feliz transcurrió en un jardín. Brillaba el Sol. Vi una puerta y la atravesé, y allí había un hombre muy anciano, que me dijo: «Vuelve atrás, tienes toda una vida antes de venir aquí».

Dondequiera que estuviera, la soñante se resistía a volver atrás, y lo mismo les ha ocurrido a cientos de personas de todas las culturas que han tenido sueños parecidos o experiencias cercanas a la muerte. Parece que todos somos capaces de sintonizar con un nivel de conexión universal, puesto que el símbolo arquetípico del anciano sabio es muy conocido en todas las culturas. Una ver-

IZQUIERDA. *Las pesadillas terroríficas son llamadas para que despertemos. Nos alertan de preocupaciones que posiblemente negamos cuando estamos despiertos.*

dad universal es que los traumas afectan profundamente a los sueños. Un síntoma significativo del desorden de estrés postraumático son las pesadillas recurrentes, que obligan al soñante a revivir lo sucedido. Las pesadillas son intensas, terroríficas y provocan múltiples respuestas físicas, como aceleración del pulso cardíaco y sudor. Los soñantes describen que los sueños inducidos por el desorden de estrés postraumático son diferentes de todo lo que experimentan cuando están despiertos. El temor despierta repentinamente al soñante, aún abrumado por el terror de la pesadilla.

El capitán W. H. Rivers (1864-1922), que fue médico militar británico durante la Primera Guerra Mundial, también era un destacado antropólogo. Durante la guerra, Rivers comprobó que la interpretación de los sueños ayudaba en la recuperación de los soldados afectados por lo que se denominaba el «*shock* causado por los proyectiles», y actualmente se conoce como desorden de estrés postraumático. En aquel tiempo, él protestaba porque «no se cree que la psicología de los sueños merezca incluirse en un curso de psicología académica».

El doctor Rivers indicó que los sueños nos confrontan con las dificultades que hallamos en nuestra vida de vigilia, pero traducidas a los términos del sueño. En el hospital mental de Craiglockhart (Escocia) trató a pacientes afectados por dicho *shock*, cuyos sueños eran tan inquietantes que se despertaban vomitando. Las pesadillas del poeta Siegfried Sassoon disminuyeron drásticamente con el «tratamiento» creado por Sigmund Freud y usado por Rivers. En este tratamiento el paciente describió su sueño y los sentimientos asociados con él, y tal descripción le ayudó a superar las dificultades que tanto le molestaban e incapacitaban.

Caza

EN INGLATERRA, «LA CAZA» HACE REFERENCIA al acto de cazar un animal, generalmente un zorro. Muchos nombres de poblaciones inglesas hacen referencia a esta actividad. Si sueñas con una cacería, plantéate si estás siendo «cazado». ¿Eres el perseguidor o el perseguido? Si te sientes como una víctima en tu vida es posible que sueñes con estar sometido a las atenciones no deseadas de otras personas y que te sientas vulnerable. Cuando esta soñante sueña de forma recurrente con una cacería, siempre es la presa:

En el sueño, la caza termina cuando me hundo en arenas movedizas. No puedo escapar, por más que lo intente.

Las arenas movedizas ofrecen un final rápido. Sin embargo, el sueño indica que ella necesita encontrar remedio a sus dificultades. Es posible que tenga que buscar ayuda externa, puesto que no puede superar lo que le persigue por sí sola.

CONEXIONES

- *Cazar está asociado con la acción directa, «ir directo al grano». Si sueñas con cazar podría significar que necesitas actuar de inmediato.*
- *La persecución y la caza están relacionadas con las armas. ¿Podría tu sueño significar que estás a punto de «ir a por alguien»?*

Perseguir

SER PERSEGUIDO, O SER PILLADO, evoca nuestros primeros miedos de que algo o alguien nos asalte por detrás. En estos sueños a menudo nos persigue un varón no identificado, un grupo o un animal. Tanto hombres como mujeres pueden soñar que les persigue un hombre, pero el agresor raras veces es una mujer. Sin embargo, en los grupos tribales, donde la caza para comer es la norma, es más frecuente verse perseguido por animales.

En el sueño siguiente, ubicado en un entorno urbano, al soñante le acecha un miedo generalizado. Muchos jóvenes son conscientes de los delitos que se producen en las calles y temen ser atacados, lo que se refleja en sueños como éste. Sin embargo, este soñante reconoce que otra persona le ofrece ayuda, de modo que en el sueño hay un rescatador, aunque ambos deben «ir bajo tierra» —hacerse invisibles— para escapar.

Estaba en un club con un amigo, y a continuación me detienen por alguna razón y me van a matar. Escapo, y entonces me persiguen. Continúan persiguiéndome y huyo hasta que llega un niño y me salva, y juntos nos alejamos por un túnel subterráneo.

A veces, los sueños de persecución pueden indicar la aparición de una enfermedad, como en este caso:

Cuando estoy desganado o enfermo, se me repite un sueño infantil en el que las gigantescas letras del alfabeto me persiguen hasta un muro bajo de ladrillos. Nunca consigo escalarlo. A menudo, este sueño viene acompañado por una sensación de papel de lija frotando mi piel.

La sensación seca y raspante del papel de lija refleja los cambios producidos en la piel por la fiebre o el aumento de temperatura.

CONEXIÓN

🌀 *¿Podría este sueño de ser perseguida estar relacionado con la «castidad»?*

Conflicto y ataque

EN SUEÑOS, EL CONFLICTO SUELE SER MUY REVELADOR. ¿Se trata de un conflicto entre tú y otros, de un conflicto con familiares y amigos, o estás en guerra contigo mismo? El conflicto puede ser positivo cuando permite airear dificultades y, mediante la discusión, conduce a una resolución. Pero también puede ser negativo; por ejemplo, el conflicto puede alimentar el descontento cuando nuestras actitudes o creencias fijas nos impiden negociar o ceder.

Soñé que un amigo me invitaba a salir. Yo no quería ir, pero fui, y al final me emborraché. Estábamos rodeados de edificios y no había nadie más a nuestro alrededor; entonces, mi amigo se puso violento y empezó a romper botellas de cerveza. Él iba a atacarme, cuando me desperté.

Harry Bosma, investigador en este campo, ha escrito mucho sobre la agresión en los sueños. Experimentó personalmente el síndrome de fatiga crónica, y describe que ciertos sueños y terribles pesadillas le abrumaban noche tras noche. Aunque la medicación le ayudaba a dormir, los sueños agresivos continuaron alterándole. Su consejo para quienes sufren el mismo mal es que afronten sus miedos y consideren que el sueño representa su enfermedad. La aceptación de tu enfermedad te permite emprender el proceso de recuperación.

CONEXIONES

◎ *¿Estás a punto de «atacar» un nuevo proyecto?*

◎ *¿Representa el conflicto de tus sueños un desacuerdo que no quieres abordar cuando estás despierto?*

Ser tomado como rehén

SER TOMADO COMO REHÉN EN UN SUEÑO puede indicar que crees que alguien tiene dominio sobre ti, algún poder que te impide hacer lo que quieres o necesitas. En casi todos los casos, los secuestradores tienen exigencias: quieren un rescate, un reconocimiento o un intercambio de algún tipo. ¿Puedes relacionar esto con tu vida actual?

A veces, la relación con el secuestrador del sueño cambia. Por ejemplo, es posible que se desarrolle cierta empatía que haga que el secuestrado sienta un vínculo de conexión.

Me quedé totalmente clavado en el sitio. Sabía que podía escapar, pero no quería hacerlo.

Este sueño simboliza la relación de amor-odio en la que participa el soñante.

Además de permanecer prisionero, también podrías ser rehén de tus miedos, tal y como ilustra este sueño con toda claridad:

Mi hermana acercaba una gran araña a mi cara. Yo estaba aterrorizada. Aunque estaba llorando, ella no paraba.

La soñante tenía algo que le daba miedo, literalmente, debajo de la nariz, o «en su cara», y eso hacía de ella una rehén emocional.

CONEXIÓN

◉ *¿Sientes que alguien está manipulando tus emociones? ¿Podría estar haciendo que te sintieras culpable para conseguir algo de ti?*

Amor

Los sueños me han ayudado a avanzar cuando hablar no servía de nada. Todos los sueños son actos de amor, en el sentido de que unen las energías... Siempre me siento muy agradecida por ellos. DWAYNE.

EL AMOR ES PARTE ESENCIAL DE LA VIDA y encuentra el modo de expresarse en todos los aspectos de nuestro mundo onírico, tanto en las relaciones como en las acciones creativas o en la pura dicha que nos producen los increíbles paisajes por los que viajamos. Los sueños nos ayudan a apreciar nuestro mundo en cuanto nos permitimos un mínimo de tiempo para inspirar su fuerza.

El amor nos produce agonía y éxtasis. Tus sueños pueden revelar tus deseos inconscientes, tus pasiones secretas y tu anhelo por las distintas dimensiones de la existencia. Escucha los mensajes que los sueños traen sobre el amor y estudia la manera de transformar tu vida. Si sueñas que alguien a quien amas está herido, piensa en el origen de su sufrimiento. ¿Estás tú o alguien de tu círculo produciéndole algún daño? A veces ver sufrir a alguien que amas es peor que sufrir tú mismo, especialmente en el caso de un hijo.

CONEXIÓN

◎ *Si las flores pueden crecer a través del hormigón, puedes encontrar el amor en cualquier momento. El espíritu del amor es imposible de contener.*

traición

CUANDO ALGUIEN EN QUIEN CONFIÁBAMOS NOS DECEPCIO-
NA, o cuando traicionamos a otros, los sueños de ira y decepción vienen a visitarnos.

El adulterio produce sueños iracundos y también de pérdida. Si estás en una relación que parece estable pero sueñas que te engañan, si ves a tu pareja con otro amante
o presientes una infidelidad, sería conveniente explorar tus sentimientos de inseguridad.
¿Te advierte el sueño de cosas que ignoras o no reconoces cuando estás despierto? En lugar
de indicar que la pareja está con otra persona a nivel físico, el sueño puede ser una metáfora de la ansiedad que sientes porque te presta menos atención o no te muestra su afecto.

Si sueñas que estás en una relación adúltera, pregúntate si es eso lo que deseas. ¿Simboliza este sueño el deseo de expresar más creatividad? ¿Puedes encontrar modos de
expresar y satisfacer todas las pasiones de tu vida?

Cuando estoy deprimida sueño que me siento atraída por alguien en quien confío.

La traición llevada a cabo por otra persona puede representar un desplazamiento. Pro-
yectas en otra persona lo que sientes de manera inconsciente. Tal vez aceptar que nos traicionamos a nosotros mismos sea demasiado duro, de modo que trasladamos o despla-
zamos el sentimiento a otra persona.

Sentimientos de culpa LA CULPA ES

UNA EMOCIÓN PODEROSA que se presenta en sueños relacionados con nuestros familiares o amigos cercanos. Lisa tuvo este sueño cuando sus hijos eran pequeños y estaba atravesando una crisis:

Estoy en Canadá junto a un río con una fuerte corriente que arrastra troncos de árboles. Mis hijos van caminando sobre los troncos. Yo los observo, consciente del peligro, pero no hago nada para detenerlos. Ellos caen al agua y yo sigo sin hacer nada. Entonces me siento culpable. Doy un salto, corro por los troncos y los busco frenéticamente. Han desaparecido y me pongo a llorar.

Esta escena de los troncos, en la que Lisa y sus hijos aparecen amenazados, representa los peligros que afrontó en un momento de su vida en que se sentía deprimida e incapaz de cuidar de sus hijos.

En este sueño mi padre es muy anciano y está enfermo. Posteriormente muere. Yo me siento culpable, como si su muerte la hubiera producido yo misma, y me encuentro muy perturbada.

Muchos nos sentimos culpables cuando mueren nuestros padres porque una parte de nosotros piensa que deberíamos haber sido capaces de salvarles. El sueño anterior refleja esta reacción, que es común después de un fallecimiento. Los sueños en los que eres acusado de un delito —como un robo o asesinato— pueden estar asociados con deseos inconscientes de robar o matar a alguien con quien estás enfadado. En la vida de vigilia reprimimos estas emociones intensas, y en los sueños seguimos sintiéndonos culpables o extraños aunque no hayamos cometido ningún delito.

Vulnerabilidad SER ABANDONADO EN SUEÑOS PUEDE

REFLEJAR sentimientos de pérdida o separación, o el temor a ser dejados atrás a nivel físico o emocional en la vida de vigilia. Estos sueños suelen producirse cuando nos divorciamos o cuando muere un ser querido. Los sueños de abandono pueden ayudarte a tomar conciencia de cuáles son tus miedos. ¿Tienes miedo de que te deje tu amante o de que tu hijo se marche de casa o a estudiar lejos del hogar? El recuerdo de estos sueños puede ayudarte a reconocer las emociones que evitas en tu vida de vigilia, como la vulnerabilidad.

Mi padre murió cuando yo tenía seis años. Nos fuimos de Alemania, donde vivíamos, y yo tenía sueños recurrentes de soledad completa, en los que todos estaban muertos excepto yo.

En un sentido más positivo, este tipo de sueños indican que estás preparado para abandonar tus antiguos hábitos y actitudes, y ansioso por tomar una nueva dirección en la vida.

En los sueños de vulnerabilidad puede aparecer el cristal, que es transparente y está asociado con las ventanas. «Caminar sobre cristal» en un sueño puede evocar el dolor causado por un corte en la vida de vigilia. Un cristal roto indica que todo «está hecho pedazos». Estos sueños pueden reflejar tu estado emocional.

CONEXIONES

◎ *¿Te sientes «cortado» respecto a algo?*
◎ *¿Te sientes amenazado o no completo?*

Miedo

Las cosas que han ocupado los pensamientos y los afectos de un hombre cuando está despierto vuelven a su imaginación cuando duerme. TOMÁS DE AQUINO.

LOS SUEÑOS A MENUDO REFLEJAN MIEDOS relacionados con aspectos de nuestra vida de vigilia. Es posible que durante el día neguemos nuestros miedos, pero cuando dormimos bajamos las defensas y los miramos directamente. Los sueños de ser violada pueden estar relacionados con un área de tu vida en la que te sientas forzada a hacer algo en contra de tu voluntad y buen juicio. Si has sufrido un asalto sexual o has escapado por poco en la vida de vigilia, tus sueños podrían recrear este trauma. Éste es el caso típico del síndrome de estrés postraumático y es posible que necesites ayuda profesional para recuperarte de esa prueba. Amira tuvo el sueño siguiente después de que en el barrio donde vive hubiera una serie de incendios causados por pirómanos:

> *Soñé que estaba sentada en un sofá y surgían pequeñas llamas a mi alrededor. Surgían de los muebles, de mí y sobre la alfombra. La puerta estaba al otro lado de la habitación, y me sentí aterrorizada.*

Coraje

SE NECESITA CORAJE PARA TRABAJAR con los sueños, explorarlos y estar dispuesto a ver aspectos de ti que se han mantenido ocultos durante años. La recompensa del coraje es el descubrimiento de una mina potencial, de nuevas comprensiones, del conocimiento que te permite hacer frente a los monstruos de tus sueños, y sobrevivir. En sueños, el sentimiento de coraje tiene un papel esencial para fortalecer al soñante.

Con toda probabilidad, las preguntas más importantes que puedes plantearte son: «¿Por qué estoy teniendo este sueño ahora?» y «¿Cómo puede contribuir este sueño a mejorar mi salud e integridad?».

A veces, demostrar coraje en un sueño exige darse la vuelta y afrontar directamente la amenaza, defender a un ser querido o demostrar más inteligencia que quienes tratan de hacernos daño. En algunos casos, para escapar, es posible que el sueño sea lúcido (es decir, que sepas que estás soñando), lo que te permite tener el coraje de hacer lo necesario para dirigir el resultado del sueño.

He tenido sueños en los que afrontaba peligros personales. En un momento dado fui capaz de encontrar una manera de salir de ellos porque sabía que era un sueño.

CONEXIONES

◎ *¿Cómo se revela tu coraje en sueños?*

◎ *¿Te indican tus sueños algo que no reconoces en tu vida de vigilia?*

◎ *¿Está relacionado el sueño con defender tus convicciones?*

Triunfo CONSEGUIR EL ÉXITO EN UNA TAREA o en una competición en la que creías que ibas a fracasar produce una sensación de bienestar. Si tienes este tipo de sueño, ¿se debe a que no valoras suficientemente tus habilidades? ¿Se trata de un sueño que cumple tus deseos para compensar tus recientes fracasos? El simple hecho de estar vivo puede ser un gran triunfo:

Se produce una pugna con un «ser» horrible. Me clava palos por el cuerpo, aunque en un principio los dirige hacia mis ojos. Trato de controlar mis ojos y, por tanto, mis pensamientos. Libro una intensa batalla para liberarme y consigo mover un miembro, con lo que se rompe el hechizo.

Este sueño estaba presidido por el miedo, pero el hecho de vencer a esta fuerza abrumadora dio al soñante mucha confianza en su propio éxito en la vida de vigilia.

Salir victorioso de un conflicto soñado a veces requiere un gran sacrificio, como en las batallas de la vida cotidiana. Si has estado en una situación así, tus sueños te recordarán los triunfos y los errores. Cuando despiertes, reconoce tu victoria y el papel que has desempeñado en la consecución de una paz justa. Si no has experimentado una situación conflictiva, pregúntate con qué se relaciona tu sueño de victoria en la vida de cada día.

Máquinas

LAS FUNCIONES DE LOS OBJETOS MECÁNICOS que aparecen en tus sueños son muy significativas. Pueden relacionarse directamente con el estado de la maquinaria que usas en el hogar o en el trabajo, o pueden simbolizar aspectos mecánicos y rutinarios de tu vida. En primer lugar, piensa en las máquinas y si te preocupa que tengan algún fallo o que puedan romperse. De no ser así, considera si la máquina del sueño es un símbolo de tu vida emocional.

Aspiradora. ¿Quieres limpiar tus relaciones? ¿Tienes que absorber parte de esa molesta «suciedad»?

Batidora eléctrica. ¿Tienes sentimientos ambivalentes respecto a algo? ¿Quieres combinar aspectos de tu vida que en este momento están separados?

Exprimidor de zumo. ¿Necesitas más «jugo» o energía?

Lavadora. ¿Qué tienes que limpiar en este momento? ¿Quieres sentirte fresco y empezar de nuevo?

Secadora. ¿Te sientes seco física o emocionalmente?

Grúa. ¿Necesitas elevarte y ver las cosas desde arriba?

Excavadora. ¿Necesita tu camino de vida una puesta a punto o una reparación general?

Apisonadora. ¿Sientes que te estás aplastando? ¿Sientes una pesada carga?

Experiencia técnica SER EXPERTOS EN ALGO

REAFIRMA NUESTRA confianza y autoestima. La naturaleza de la experiencia nos da la clave de su significado. Por ejemplo, si en tus sueños fabricas relojes, éstos se relacionan con el tiempo y la gestión que haces de él. Si sueñas que escribes en un programa de ordenador, puede estar relacionado con el uso que haces de él en la vida de vigilia.

Ser un experto en algo también puede estar relacionado con la destreza física. Por ejemplo, si sueñas con un acróbata o artista de circo —como caminar por la cuerda floja—, ¿qué tiene esto que ver con tu situación actual? ¿Estás intentando mantenerte en un «nivel alto», tal vez en tu trabajo? ¿Cómo actúa el acróbata, con confianza o con ansiedad? ¿Refleja esta situación tus sentimientos respecto a una tarea emprendida recientemente? Los acróbatas entrenan para refinar sus habilidades, tener éxito y evitar el peligro. ¿Necesitas algún estudio o formación para prepararte para un proyecto futuro? Los acróbatas se alzan sobre las manos, y de este modo invierten la posición humana habitual. ¿Podría esto estar relacionado con una inversión ocurrida en tu vida? ¿Hay algún aspecto que esté «cabeza abajo»? Considera cualquier revés emocional que te pueda estar ocurriendo.

Muerte

LA MUERTE ES EL FINAL DE UNA ETAPA de la existencia y el comienzo de otra. Puede representar el final de una aventura romántica. Con frecuencia, cuando uno se está divorciando o se ha divorciado hace poco, los sueños con la muerte marcan el final del matrimonio y el comienzo de una nueva fase de la vida. Según la tradición espiritual tibetana, es esencial reconocer la muerte para potenciar la vida.

En sueños aparecen muchos símbolos de muerte. Si alguien toca el arpa se suele considerar que trae noticias de muerte. Asimismo, un reloj de arena simboliza que el tiempo se acaba. A menudo se suele pintar la muerte sosteniendo un reloj de arena y una guadaña, que simboliza la cosecha del cereal al final de la estación.

En algunas culturas se hace una máscara del difunto para conservar su imagen. En la cultura azteca existía una triple máscara que representaba el ciclo de la vida: retrataba la ancianidad y la muerte que ensombrecía a la vida.

En 1827, el asesinato de Maria Marten por su marido, en Inglaterra, fue descubierto por su madre, que soñó tres veces con el «granero rojo» donde fue hallado el cadáver.

CONEXIÓN

Banshee es un espíritu celta muy vinculado con las familias irlandesas. Se dice que llora para avisar que la muerte se acerca y también cuando se produce un deceso en la familia. En sueños, Banshee puede aparecer como una mujer de largos cabellos volando por el cielo nocturno.

Renacimiento

EL RENACIMIENTO ESTÁ RELACIONADO CON
nuevos comienzos y oportunidades. A veces
tenemos que adaptarnos para sobrevivir.

En las historias y mitos encontramos la
leyenda del héroe que tiene que afrontar un
viaje extenuante para encontrar alguna verdad o salvar el mundo. En el proceso, el héroe o la heroína sufre una transformación
que simboliza el renacimiento. Luke Sky-
walker, el héroe de *La guerra de las galaxias*,
y Clark Kent, que se convirtió en Superman,
son dos buenos ejemplos. Afrontaron la muerte y sobrevivieron contra todo pronóstico.
En sueños puedes ser testigo de un renacimiento, ver que alguien regresa de la muerte o
renacer tú mismo.

Según el hinduismo, el ciclo de nacimiento, muerte y renacimiento —*samsara*— está
gobernado por el karma, la ley moral del universo. La reencarnación puede ocurrir mientras el alma progresa, hasta que se libera de todo apego a los placeres mundanos.

CONEXIONES

◎ *¿Sientes que tienes que empezar de nuevo?*

◎ *«Los cristianos renacidos» pierden su fe cristiana pero después vuelven
a ella con un renovado compromiso evangélico.*

◎ *Los Ushabti, figuras talladas en piedra, eran los guardianes de los muertos.
Realizaban simbólicamente el trabajo de su maestro en el más allá, donde
él renacía.*

Caer

LOS SUEÑOS DE CAÍDA CAPTAN una emoción primaria. Cuando somos bebés tenemos que aprender a andar y caernos forma parte del proceso, aunque podemos hacernos daño. Aprender a ponernos de pie y a caminar de forma autónoma representa el comienzo de nuestra independencia. Cuando soñamos que caemos, retomamos este sentimiento de estar fuera de control o de que no tenemos suelo bajo los pies.

Cuando tengas sueños de caídas, piensa cuál es el soporte de tu vida que parece inestable. Es posible que te estés enamorando de alguien, «cayendo en sus brazos», o su opuesto, que estés «dejando caer su compañía». La caída también puede estar relacionada con la sensación de estar obligado a saltar:

Estoy en una gran habitación que es como un almacén. Es muy alta. Hay grandes arcos y la luz brilla a través de ellos. Los arcos no tienen cristales y me aterroriza la posibilidad de caerme a través de ellos, aunque estoy bastante alejado. Además del miedo a caer, parece que siento que podría saltar.

Las sensaciones que nos despiertan están producidas por sueños vívidos:

Estábamos atravesando un túnel en un coche. Íbamos muy rápido; de repente, la carretera se cortó y caímos. Sentía un nudo en el estómago, y eso me despertó.

CONEXIONES

◎ *¿Te sientes inseguro respecto a una decisión que tienes que tomar? Busca más información que te haga sentir confianza.*

◎ *¿Has experimentado algún trauma que te haya hecho sentir que tu mundo se «despedaza»?*

Volar

Como no pesa nada,
hasta el soñador más fornido
puede volar sin alas.

W. H. AUDEN: THANKSGIVING FOR A HABITAT

LOS SUEÑOS DE VOLAR A MENUDO ESTÁN relacionados con escapar, elevarse sobre las dificultades o con sentimientos de fortaleza.

Todas las paredes estaban cubiertas de insectos. Traté de descender al piso de abajo para alejarme de ellos. Me tropecé y eché a volar. Volé alrededor de mi casa.

Muchos de los primeros sueños infantiles de volar hasta el piso de abajo se transforman en el sueño adulto de despegar y de elevarse por el cielo. Se puede volar de muchas maneras: con los brazos extendidos como un superhéroe, pedaleando por el aire, moviendo los brazos como un pájaro o dejándose llevar por las corrientes de aire. En algunos casos, volar incluye cambiar de forma.

Era capaz de transformarme en mariposa y volar hasta un lugar seguro cuando me sentía amenazado. El sueño acababa con un sentimiento de terror extremo por

no poder vivir la metamorfosis requerida cuando se me acercó una presencia malvada en forma de anciana.

Aunque los sueños de volar producen una sensación de poder y alegría, también pueden simbolizar la necesidad de tener una visión global o un punto de referencia elevado.

Mis sueños de volar sin ayuda me producen una alegría total, casi de euforia. Siento que controlo mi vida por completo.

Vehículo

TOME LA FORMA QUE TOME, EL VEHÍCULO suele simbolizar el estado personal del soñante y su camino de vida. Piensa en qué dirección va el vehículo, si está en el camino adecuado o atascado en un callejón sin salida. En cualquier caso, ¿representa tu vida en este momento?

Cuando sueñas con accidentes, pregúntate qué está fuera de control en tu vida. A menudo los accidentes son provocados por la falta de concentración, por descuidos o imprudencias, o por no darte suficiente tiempo para sopesar los riesgos. Es típico en estos sueños que uno pierda el control del coche, que éste caiga, o que se encuentre en el lugar equivocado en el momento inoportuno, viéndose involucrado en un desastre como un terremoto o inundación, o destruido por maquinaria manejada de forma incorrecta.

Si sueñas que sufres un accidente en un vehículo, comprueba la causa al despertar. Si en el sueño te fallan los frenos, asegúrate de que están en buen estado; a veces, los sueños nos advierten de cosas que hemos percibido a nivel subliminal en la vida de vigilia. Si el estado de los frenos no es el activador del sueño, indaga cuál puede ser su significado en tu vida emocional. Tal vez necesites ir más despacio o tomarte un descanso para no «colapsar».

Pilotaje de competición

CUANDO REALIZAS UNA EXCELENTE CONDUCCIÓN en un sueño, o cuando compites en carreras muy rápidas y te emocionas con el resultado, disfruta el placer que produce el éxito. Es posible que tengas este tipo de sueño después de haber «conducido a buen término» una negociación compleja.

Tener una actuación estelar en un sueño indica que te sientes fortalecido, o que tienes potencial para mejorar. Antes de realizar entrevistas o exámenes, muchas personas sueñan que les han salido mejor de lo que esperaban. El sueño deja un residuo de confianza que influye en tus acciones de vigilia.

Conducir coches suele estar vinculado con la actuación sexual, de modo que si conduces de forma excelente, ¿está relacionado con tus proezas sexuales del momento? Asimismo, examina el estado del coche que conduces en tu sueño. Si el coche es un modelo «deportivo» la connotación es diferente de si es un «utilitario».

CONEXIONES

◎ *¿Sientes mucha confianza en ti mismo?*

◎ *¿Has estado entrenando y sientes que ahora puedes rendir al máximo?*

Perder un enlace cuando viajas

ESTE TIPO DE SUEÑO PUEDE ESTAR CAUSADO por haberte salido de tu camino o por sentirte atascado e incapaz de progresar. Cualquiera que sea la causa, estos sueños suelen estar relacionados con sentimientos de frustración y hasta cierto punto suelen reprimirse. Cuando viajas, el lugar donde realizas la conexión es significativo:

Aeropuerto. Está conectado con las llegadas y salidas, y puede simbolizar la muerte y el nacimiento. Asimismo, los aeropuertos son puntos de transición. Si pierdes una conexión, ¿representa eso una interrupción de los planes para poder introducir cambios?

Estaciones de ferrocarril. ¿Se ha salido alguien del carril? ¿Se han descarrilado tus planes de manera que no puedes realizar las conexiones que deseas?

Una conexión conecta lugares con personas; perderla indica algún tipo de fracaso. Esto puede deberse a un error por tu parte, a la falta de información de otros o a que un factor externo, como el mal tiempo, ha desbaratado la conexión. Si has perdido el enlace por tu culpa, pregúntate si te das tiempo suficiente para hacer las cosas en tu vida de vigilia. ¿Dejas las cosas para el último minuto o no haces los preparativos adecuados?

CONEXIONES

◎ *¿Te sientes desconectado o alienado?*

◎ *¿Echas de menos a alguien con quien estuviste conectado en el pasado?*

Viajes

EL VIAJE ES UNA IMAGEN PODEROSA. Piensa en Adán y Eva expulsados del Paraíso y condenados a viajar eternamente fuera del lugar al que anhelaban regresar. En cierto sentido, toda vida es un viaje: de una edad a otra, de lo conocido a lo desconocido, del nacimiento a la muerte.

El viaje indica algún movimiento en tu vida, que puede ser físico, emocional o espiritual. Puede ser colectivo —en grupo o en transporte público, como un tren o autobús— y también puede hacerse en solitario, a pie o en automóvil. La clase de viaje, el medio de transporte y el tipo de terreno ofrecen claves para la interpretación. Los compañeros pueden tomar la forma de pájaros, animales o guías. El ambiente —seguro o amenazante— te hablará de lo que sientes por dentro.

En algún momento del largo viaje, uno es asaltado por los recuerdos del hogar. El escritor sobre viajes Pico Iyer pasó su infancia en Inglaterra. En su libro *Global Soul* describe que cuando llegó a Kioto, se quedó dormido. En su sueño profundo, soñó con Inglaterra y sus «verdes, verdes colinas». Sus poéticas palabras expresan la verdad de sus sentimientos de añoranza al final de su viaje. Aunque reparte su tiempo entre Japón y California, sus sueños siempre le remiten al hogar de su infancia.

Descubrimiento
de nuevos lugares

Soñé que estaba en un centro de conferencias con un grupo, esperando que el ora-
dor (Jeannie) llegara. De algún modo, supe que tenía que «entretener» a la
gente hasta que ella llegara, y los llevé a una sala que nunca había visto
antes. Había retratos en las paredes, pero también espacios vacíos. Em-
pezamos a pintar retratos para completar el interior de la sala.

TUVE ESTE SUEÑO JUSTO ANTES DE DESPERTARME, de modo que se mantuvo fresco en mi memoria. Para mí, simboliza los descubrimientos que voy haciendo a medida que escribo este libro y la gente nueva que conozco
en mis indagaciones. Yo lo describiría como un sueño de auto-
afirmación, y me preparó para un inspirado día de escritura.

Cuando descubres lugares nuevos, pregúntate si estás dispuesto a expandirte a nuevos proyectos o a nuevas dimensiones de relación. Considera el clima que
hace en ese lugar —la luz y todos los elementos que
conforman el escenario— y relaciónalos con tus
deseos o necesidades actuales. Si se trata de un
lugar en particular, tal vez un paisaje que no te
es familiar, pregúntate qué tiene que tú necesitas.
Si sueñas con un desierto (*véase* página 174),
podrías necesitar mucho espacio
abierto, o tal vez pasar tiempo
en soledad. O quizá estés
deshidratado y necesites
beber agua.

Encontrar nuevas habitaciones en tu casa

ESTO ESTÁ RELACIONADO CON DESCUBRIR nuevos aspectos de ti, porque habitualmente las casas representan al soñante.

Tengo el sueño recurrente de que estoy en una casa enorme, a veces una casa que conozco del pasado, pero no siempre. Voy mirando, o buscando, por todas las habitaciones de la casa. Siempre me sorprende, agradablemente debo añadir, el infinito número de habitaciones —son demasiadas para mirarlas todas— y lo que contienen. A menudo son dormitorios, y la luz es de color anaranjado.

El soñante tiene un gran potencial inexplorado y reconoce que tiene que descubrirlo. Lo que encuentra es agradable, y los contenidos presagian cosas buenas. El color naranja también es significativo. El naranja está asociado con la energía. Es una combinación de amarillo y rojo, el color del sol vivificante, y también el color de la pasión, y es un color adecuado para un dormitorio.

CONEXIONES

Si descubres una nueva habitación, piensa en sus funciones:

- *Dormitorio: descanso, relación sexual y dormir.*
- *Baño: lavarse, bañarse, higiene y eliminación.*
- *Comedor: alimentarse, interacción con los demás, compartir el ritual de partir el pan y comunicarse.*

Daños sufridos en edificios

EL 21 DE OCTUBRE DE 1966, Eryl Mai Jones, de nueve años, contó a su madre un sueño que había tenido aquella noche. En el sueño ella había ido a la escuela, pero ya no estaba allí porque «algo negro le había sobrevenido». El sueño le inquietó y trató de persuadir a su madre para no ir a la escuela. Pero asistió a la escuela y fue una de las que murieron en Aberfan (Gales) cuando toneladas de carbón anegaron la escuela. Otros sueños de daños causados a bienes y propiedades pueden no ser tan dramáticos como el de Eryl, pero siempre merecen que se les preste atención.

Si sueñas con que tu propiedad está dañada, en primer lugar considera si te preocupa el estado de tu casa y, después, analiza su significado simbólico.

- Las paredes dañadas permiten que se infiltren elementos externos, reduciendo la estabilidad del tejado. Si las paredes están dañadas, esto podría significar que te sientes consumido e incapaz de ayudarte a ti mismo, y es muy posible que necesites apoyo externo.

- Las puertas rotas no pueden mantener a la gente fuera de la casa; por tanto, pueden indicar vulnerabilidad o incapacidad de mantener los límites en las relaciones personales.

- Las ventanas rotas dejan tu espacio abierto a intrusos y pueden afectar tu visión de las cosas.

El daño accidental es diferente del intencional; por tanto, considera la causa y quién es responsable.

Mejoras en la vivienda

LOS SUEÑOS EN LOS QUE HACES CAMBIOS en tu hogar a menudo están relacionados con cambios físicos, o con mejoras que te gustaría llevar a cabo en tu casa. A veces, los concursos televisivos de la casa ideal activan este tipo de sueños en que cumples tus deseos.

Al principio pensé que la casa era un completo desorden, pero cuando entré era como un palacio: todo era precioso. Mi amiga dijo: «Bueno, ¿qué esperabas? Acabamos de trasladarnos».

Este sueño reflejaba los desacuerdos de la soñante con su marido respecto a una casa que ella quería comprar, pero él no. El conflicto en el sueño representa los dos puntos de vista respecto a la casa, que en último término se resuelven cuando la soñante tiene la oportunidad de introducir cambios. El sueño afirma su visión de que podía dejar la casa preciosa, y eso es lo que ocurrió.

La casa puede ser un símbolo de ti. ¿Tienes que mejorar algo de ti mismo?

CONEXIONES

◎ *¿Te iría bien «una puesta a punto» para mejorar tu aspecto y proyectar una imagen más fresca?*

◎ *Si sueñas con una ampliación, ¿representa esto tu necesidad de expandir horizontes?*

◎ *Poner un nuevo tejado puede estar relacionado con elevar tu punto de vista y alcanzar niveles de conciencia superiores a los actuales.*

◎ *Limpiar o hacer un camino nuevo puede estar relacionado con formas de abrirte paso en la vida.*

Robo con allanamiento

EL ROBO CON ALLANAMIENTO SUPONE siempre una invasión de tu espacio personal.

Siempre estoy sola y dormida en mi habitación. En mi sueño, me despierto en completa oscuridad, y en el piso inferior hay un ladrón. Puedo oír al intruso revolviendo nuestras pertenencias. A veces hay dos de ellos, porque soy consciente de que se comunican, aunque no puedo oírles hablar. Tengo tanto miedo que no puedo gritar, ni siquiera moverme de la cama. Mis piernas son como plomo, y no puedo moverme para avisar a mi familia...

Los sueños en los que se produce pérdida de posesiones u objetos de valor a menudo se generan después de haber sufrido un robo en la vida de vigilia. No obstante, pueden estar ocasionados por un trastorno importante, como el cambio a una nueva casa o de trabajo, una enfermedad o el abandono del hogar por parte de un miembro de la familia. Simbólicamente, algo que valoras ha sido alejado de ti y lo sientes como una violación.

CONEXIONES

◉ *¿Sientes o sufres que tu casa corre riesgos de algún tipo?*

◉ *¿Estás cuidando de los «objetos de valor» de tu vida, incluyéndote a ti mismo?*

Capítulo cinco

Retretes

LOS RETRETES SIMBOLIZAN ASUNTOS relacionados con los residuos, tanto físicos como emocionales. A nivel práctico, un sueño así puede estar provocado por una vejiga llena y actúa para que te levantes y vayas al baño.

Los sueños que presentan problemas con los retretes —retretes demasiado sucios para poder usarlos, retretes rebosantes, retretes sin puertas o con paredes de cristal— pueden indicar que el soñante quiere eliminar material de desecho, pero de algún modo se siente frustrado. Este «bloqueo» puede estar relacionado con la incapacidad psicológica del soñante de «soltar», de dejar atrás los sentimientos negativos y tóxicos. Cuando esto ocurre, la retención de sentimientos negativos daña el bienestar del soñante, y tales sueños pueden ser una llamada de aviso para limpiarse emocionalmente.

Sueño que debo encontrar un retrete para limpiarme o cambiarme la ropa interior sucia. Antes sabía dónde estaba el baño en este edificio, pero todo ha cambiado...

Este sueño puede representar una parte oculta de la soñante, que según piensa ella está «sucia». Puede ser algo de lo que se siente avergonzada, y es posible que lo que limpió las «manchas» en el pasado ya no sea eficaz ahora. La soñante tiene que encontrar nuevos modos de limpiarse.

CONEXIONES

◉ *Si te observan usando el retrete, ¿quién te ve? ¿Puedes establecer alguna conexión con un sentimiento de estar demasiado expuesto a esa persona?*

◉ *¿Necesitas ordenar y hacer limpieza, deshacerte de lo que ya no es útil?*

◉ *Los sueños placenteros de usar el retrete representan una autoexpresión saludable y la liberación simbólica de aspectos de tu vida que se han completado.*

Encuentros con famosos

LOS PERSONAJES FAMOSOS aparecen en nuestros sueños del mismo modo que en los medios de comunicación. Cuando murió Diana, princesa de Gales, cientos de personas dijeron que habían soñado con ella. Cuando se produce un suceso importante con relación a un personaje célebre o una figura pública, se puede esperar una oleada de este tipo de sueños. Por lo general, suele tratarse de sueños de realización de deseos en los que los soñantes conocen a sus héroes. En otros, el héroe aparece como un amigo y ofrece consejos útiles.

Soñé que estaba deambulando por una casa abandonada con Kate Moss. Le pregunté qué había querido ser antes de ser modelo. Me dijo que había querido ser médico.

Si sueñas con una «modelo», quizá quieras «tomarla como modelo», ser como ella. Las casas vacías o abandonadas pueden hacer referencia a algo que has dejado atrás. En este ejemplo, podría significar que tu belleza empieza a marchitarse. El médico puede revelar los primeros deseos del soñante, que quedaron insatisfechos.

CONEXIONES

◎ *¿Deseas fama y fortuna?*

◎ *¿Anhelas más reconocimiento de tus cualidades «estelares»?*

Perder vista

PERDER VISTA EN UN SUEÑO puede estar relacionado con problemas de visión en la vida de vigilia, o con el miedo a que la visita al óptico traiga malas noticias. Si después de un sueño así te sientes preocupado, reserva hora para un examen ocular.

Perder vista puede indicar que has perdido la dirección o que estás ciego a tu potencial.

Estaba jugando al tenis, pero me quedé ciego y no pude continuar.

Es posible que necesites una excusa para abandonar una actividad, y estar ciego te ofrece un camino de salida.

Otro aspecto de la incapacidad de ver está relacionado con la existencia de presencias espirituales invisibles. A los cristianos se les enseña que aunque no pueden ver a Dios, Él puede verlos a ellos, y que Jesús siempre está presente.

En irlandés, la palabra poeta —*file*— tiene su origen en una raíz indoeuropea que significa «ver», y está asociada con el concepto de «videncia». Los sueños pueden permitirte ver el futuro, en el sentido de que los poetas pueden conectar con ideas de otra dimensión.

Si alguna otra persona ha perdido vista es posible que te haya «pasado por alto». ¿Es este «ser pasado por alto» un modo de sentirse menospreciado? ¿Te ha ocurrido recientemente?

CONEXIONES

◎ *¿Has perdido de vista el camino hacia delante?*

◎ *¿Estás ciego a las oportunidades que se te presentan?*

◎ *¿Has quedado «cegado» por un suceso inesperado que ha puesto tu vida «patas arriba»?*

Pérdida de audición

UN SUEÑO EN EL QUE

SE HAYA detenido todo sonido puede indicar problemas de oídos o con la audición. Si estos sueños no tienen una causa física, considera su significado simbólico. ¿Has oído algo que te haya molestado? ¿Hay ahora mismo palabras que preferirías no oír? La sordera selectiva, o elegir no oír, es una forma de autodefensa. Nos protege, al menos de forma temporal, de aquello que nos resulta potencialmente abrumador.

Los oídos representan nuestra apertura, nuestra receptividad y la voluntad de escuchar nuestro ser interior, así como a los demás.

En mi sueño, todos parecían hablar entre ellos, pero para mí reinaba un silencio total. Nadie lo notaba, y me sentía aterrorizado.

CONEXIÓN

◎ *¿Está relacionada tu pérdida de audición con evitar críticas desagradables?*

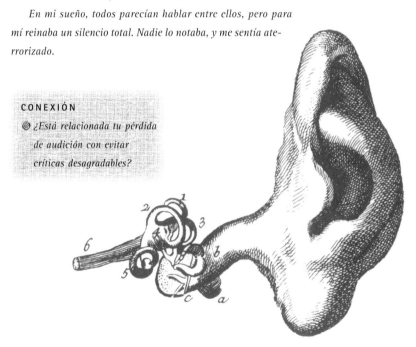

Pérdida de voz CUANDO SE SUEÑA ALGO RELACIONA-

DO con la voz, el enfoque está en la comunicación. Algunos de los sueños más inquietantes son aquellos en los que no puedes pedir ayuda: cuando abres la boca para gritar pero no emites ningún sonido.

Yo estaba en un ataúd, supuestamente muerto, pero podía oír todo lo que ocurría a mi alrededor. Podía oír a mi madre decir que ya era hora de poner la tapa del ataúd. Pero yo no me podía mover ni hablar. Por suerte, este sueño acabó rápido.

Observa quién más está en el sueño. ¿Quién no puede oírte? ¿Tienes dificultades para comunicarte con esa persona en la vida de vigilia? En el ejemplo anterior y en el siguiente, la madre de uno de los soñantes y los colegas del otro reflejan distintas preocupaciones de los soñantes.

En mi sueño estaba discutiendo con otros profesores. Estaba gritando tanto, intentando ser oído, que perdí la voz.

CONEXIÓN

◎ *¿Tienes que dar descanso a tu voz? ¿Deberías escuchar más y decir menos?*

Caída de dientes

PERDER DIENTES EN EL SUEÑO

PUEDE REFLEJAR problemas en la vida de vigilia, pero también puede simbolizar pérdidas, rotura de vínculos, traslados o alejamientos. Estos sueños también pueden estar relacionados con la imagen que presentas al mundo en general.

Este breve sueño parece ocurrir dentro de otros sueños. Me doy cuenta que mis dientes se deshacen, como si fueran de tiza. Me llevo la mano al mentón, y los dientes se me caen a la mano en migajas blanco-amarronadas.

En algunos sueños los dientes se aflojan pero siguen estando en la boca del soñante y empiezan a ahogarle. Si te ocurre esto, ¿significa que estás ahogando algún sentimiento, que estás conteniendo tus pensamientos y sentimientos a riesgo de dañarte a ti mismo?

Los sueños de perder dientes ocurren cuando se producen cambios importantes en tu vida; por ejemplo, cuando te vas de casa, tomas una nueva dirección o te separas de tu pareja.

CONEXIONES

◉ *Si se te caen los dientes en el sueño, ¿representa esto que algo se está rompiendo y está siendo aplastado de modo que ya no tiene ninguna forma ni fuerza? ¿Sientes que tienes el espíritu aplastado?*

◉ *Si te han trabajado las raíces, ¿asocias esto con la causa raíz de un problema de tu vida?*

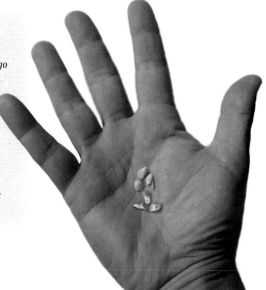

Pérdida de pertenencias

INVERTIMOS EN LO QUE NOS PERTENECE. De modo que nuestras pertenencias son importantes para nosotros, tanto si se trata de un coche como de una cartera, un bolso o una prenda de ropa. La manera de perderlas es importante. ¿Han sido robadas? ¿Las has perdido después de una inundación u otro desastre natural? ¿Las has perdido en un enlace cuando estabas de viaje? ¿Te han sido arrebatadas para castigarte? Explora las circunstancias y estudia cómo encajan en tu vida de vigilia.

Cualquier contenedor, como un bolso, «guarda» los documentos que nos identifican, como las tarjetas de crédito o el permiso de conducir. Esto puede estar relacionado con el secretismo. Al perder el bolso, nuestros datos personales se transforman en dominio público, permitiendo que otros se aprovechen de nosotros. Asimismo, perder nuestras pertenencias puede simbolizar una pérdida de identidad.

CONEXIONES

◎ *¿Has cambiado de apariencia o te has sometido a una cirugía que afecta tu sentido de identidad?*

◎ *¿Has «perdido» a algún miembro de tu familia en algún roce o desacuerdo?*

◎ *¿Ya no sientes que «perteneces» a un lugar?*

Recuperar pertenencias perdidas

ENCONTRAR COSAS PERDIDAS nos produce alivio y alegría. Las propiedades recuperadas indican la dirección a seguir. Considera las siguientes asociaciones:

Bolso. Está asociado con la identidad, puesto que contiene muchas posesiones personales. Recuperar un bolso perdido puede indicar un nuevo sentido de identidad y seguridad en uno mismo.

Cartera. La cartera puede contener dinero, el permiso de conducir y las tarjetas de crédito. ¿Has estado preocupado por tu economía y ahora te sientes en una posición mejor?

Cámara. Sacar fotografías nos permite recordar nuestras experiencias, pero no son auténticas, y puede indicar un intento de aferrarnos al statu quo, o de buscar un falso sentido de seguridad.

Ropa. Recuperar ropa perdida indica seguridad renovada, puesto que la ropa nos proporciona protección.

Zapatos. Encontrar zapatos perdidos significa que estás recuperando el suelo bajo los pies.

Llaves. La pérdida de llaves significa que no puedes entrar en tu casa o en tu coche. Recuperarlas significa que puedes «volver a entrar» en ti mismo.

Teléfonos móviles. Recuperar un teléfono indica reconexión y comunicación renovada.

Curación

CUANDO A ZENA LE DIAGNOSTICARON un cáncer, se le ofrecieron dos opciones quirúrgicas. Tenía que decidirse entre que «le quitaran todo» o someterse a una operación menor y ver cómo le iba.

Antes de tomar la decisión, Zena soñó que estaba en un avión que se dirigía a la pista de despegue. Miró por la ventana y vio a una mujer corriendo al lado del avión, que gritaba: «No puedes despegar, está en el vientre del avión. ¡Sácalo todo!». Para Zena esto significaba que tenía que optar por la operación radical; de otro modo su recuperación no «despegaría». Cuando se llevó a cabo la operación, el cirujano descubrió que el cáncer se había extendido mucho más allá de lo esperado, y dijo a Zena que su decisión, con toda probabilidad, le salvó la vida.

Clarissa Pinkola Estes describió un sueño curativo en el que una mujer sometida a una operación a corazón abierto se dio cuenta de que no había tejado y que le estaban operando con luz solar. El Sol tocó el corazón de la mujer, y el cirujano le dijo que ya no necesitaba más cirugía. Al despertar, la soñante sintió que estaba curada y que su operación, cuando se la hicieran, tendría tanto éxito como la que había vivido en sueños.

Cuando no se sentía bien, John tenía una imagen recurrente. Decía que, en medio de un sueño común, aparecía de repente un hombre chino y le ofrecía un vaso de líquido blanco. Siempre que tenía este sueño, se sentía mejor al despertar por la mañana.

Estar paralizado

LAS PESADILLAS PUEDEN SER TAN INQUIETANTES, y pueden obligarte a despertar tan rápido, que el cerebro no tenga tiempo de cambiar a la modalidad de vigilia. Esto da lugar a la sensación de sentirse paralizado: no puedes gritar pidiendo ayuda, pero puedes abrir los ojos y ver. Esto produce miedo e inquietud —puesto que estás afectado por el terror del sueño—, pero no es inusual. En cualquier caso, si esto te ocurre con frecuencia, podrías dedicar más tiempo a intentar identificar la causa subyacente de tus pesadillas para reducir su impacto.

Estar paralizado en un sueño puede indicar que estás atascado en algún aspecto de tu vida. La incapacidad de moverte hace que te sientas vulnerable e inútil.

La gente que se queda paralítica después de un accidente suele soñar que vuelve a tener pleno uso de sus facultades motoras. Los sueños compensan al soñante devolviéndole sus capacidades previas. Robert Haskell, un investigador de sueños, describe a una mujer que tenía el brazo paralizado. En el sueño, un animal atacaba a su perro y ella le golpeaba con su brazo, que ya no estaba paralizado. Cuando despertó, su brazo se había curado por completo.

Enfermedad

LOS SUEÑOS PRODRÓMICOS SON LOS QUE OCURREN antes de una enfermedad. Pueden servir de aviso o ser una llamada a despertar para el soñante. Si estás recibiendo tratamiento para alguna enfermedad, estos sueños pueden reflejar tus preocupaciones. En los grupos de trabajo con sueños para pacientes de cáncer, los participantes hablaron de una serie de sueños de ansiedad que tenían justo antes de las revisiones rutinarias o de la quimioterapia. Tales sueños nos ayudan a reconocer la ansiedad y dejarle una vía de salida.

Porque había perdido el buen camino...

DANTE

Dante describió como «humor oscuro» lo que nosotros llamamos depresión: una enfermedad que asuela a mucha gente. Los depresivos tienen sueños con un alto contenido masoquista, y los colores son más grises y apagados que en los sueños de otras personas. Dichos colores reflejan el abatimiento de su vida de vigilia.

Los chamanes, o *kahunas*, de los mares del Sur recurren habitualmente a los sueños cuando trabajan con personas enfermas o alteradas.

Comunicación con los muertos

LA APARICIÓN DE UNA PERSONA MUERTA en un sueño puede causar terror o alegría, dependiendo de la perspectiva del soñante. ¿Viene la persona muerta a amenazarte o a aconsejarte, a reconfortarte o a recordarte el malestar de la muerte?

Después de la muerte de mi padre tuve una serie de sueños con él. En primer lugar, soñé que en realidad no estaba muerto. A continuación, soñé que él no aceptaba estar muerto. Seguidamente, soñé que se estaba curando en el otro mundo. Por último, tuve un sueño maravilloso en el que me reencontré con él. Aparecía más joven que cuando se estaba muriendo de cáncer. Me rodeó con sus brazos y me dijo que ahora estaba bien, y que me quería, y que no me preocupara más por él. Me sentí bien al despertar, y desde entonces me he reconciliado con él.

Este sueño está en claro contraste con el primero.

Después de que mi amigo se suicidara, soñé que estaba dentro de una puerta giratoria. Él no salía y la puerta seguía dando vueltas, aunque su rostro tenía una mirada horrible y perturbada: como torturada, burlona, con media sonrisa. Con cada giro de la puerta, su cara tenía peor aspecto.

Tus sueños repetirán la acción, en especial después de una «revolución» emocional como el suicidio de un amigo, que pone «patas arriba» tu mundo antes seguro.

Comunicación

LA COMUNICACIÓN INVOLUCRA LA VISTA, el oído y el discurso. Las dificultades en la comunicación indican frustración.

Sueño que estoy en casa y que alguien está intentando entrar. Descuelgo el teléfono para pedir ayuda; pero por más que marco el número, no consigo conectar.

El cartero, que nos trae noticias, es el equivalente moderno de Mercurio, el dios mensajero. Cuando el correo se pierde o el mal tiempo impide al cartero completar su ronda, por ejemplo, puede indicar sentimientos de aislamiento, de no recibir el mensaje o de sentirse marginado. Esto también ocurre en la comunicación por correo electrónico cuando pierdes la conexión con la red o se estropea el ordenador. Si esto sucede, pregúntate por la eficacia de tu comunicación.

Me encuentro con un antiguo novio. Llegamos al acuerdo de intercambiar nuestros números de teléfono. Empiezo a escribir su número, pero después de unos cuantos dígitos él dice que se ha olvidado del resto. En el sueño, pienso: «No quiere darme el resto».

Los problemas de comunicación de esta relación previa de la soñante siguen evidenciándose en este sueño.

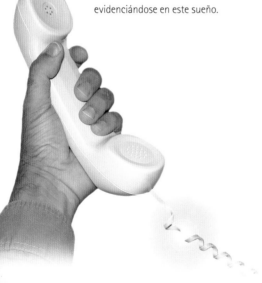

CONEXIÓN

◎ *¿Te sientes bloqueado, inhibido o incapaz de transmitir tu mensaje?*

Olvidar

LOS SUEÑOS EN LOS QUE OLVIDAMOS dónde vivimos, o dónde hemos dejado el coche o a nuestro bebé, son bastante comunes. Al nivel más simple refuerzan nuestro sentido de responsabilidad e indican la tensión que soportamos en nuestra vida. Por ejemplo, si sueñas que has olvidado completar un informe laboral, esto podría indicar ansiedad respecto al trabajo. Tal vez sientas que la tarea es demasiado complicada para ti o que los demás te considerarán incompetente.

A otro nivel, estos sueños simbolizan un deseo inconsciente por dejar algo atrás. Es posible que nos olvidemos de dónde vivimos porque, a nivel inconsciente, no queremos ir a casa. O es posible que olvidemos al bebé porque estamos cansados de la responsabilidad de cuidar de otros. El bebé puede ser un símbolo de cualquier persona que dependa de nosotros.

Estoy lejos de mi hogar y, de repente, me doy cuenta de que he dejado al bebé solo en casa. Corro hacia allá, con miedo de lo que me pueda encontrar, pero el bebé está bien, jugando y gateando muy feliz. Entonces me doy cuenta de que había dejado a alguien a su cuidado. Me siento aliviada.

Este sueño expresa ansiedad y, sin embargo, refuerza la sensación de la soñante de ser una persona responsable y maternal.

Examen  SOÑAR CON UN

EXAMEN INDICA que hay algo que te está causando ansiedad. La tensión de los exámenes escolares subsiste en nosotros y puede volver en aquellos momentos en los que somos «puestos a prueba». Por ejemplo, una mujer me contó un sueño en el que se presentaba a un examen de latín y se daba cuenta de que había olvidado un tema importante. Si tienes este sueño, piensa en cómo se relaciona con las situaciones y pruebas de tu vida actual.

Estoy en una gran sala haciendo una prueba para representar un personaje importante. Tengo miedo, pero estoy muy animada. Cuando tengo que actuar, me equivoco y lo digo todo mal. Me siento avergonzada y humillada. Todos los demás, incluyendo los jueces, empiezan a reírse de mí.

Este sueño expresa miedo a sentirte estúpido o a ser motivo de risa para los demás. Cuando realizas la transición de un estado de conciencia a otro, puedes esperar soñar con superar pruebas rituales o un examen de algún tipo.

juicio LA SALA DEL TRIBUNAL ES DONDE SE CELE-

BRAN JUICIOS. Este tipo de sueño puede estar asociado con juzgarte a ti mismo, con sentimientos de cohibición o con sentirte juzgado por los demás. Si no está relacionado con una situación de vigilia —por ejemplo, con la asistencia a un tribunal de justicia—, ¿es posible que te sientas expuesto y obligado a defenderte?

Cuando se nos juzga, bien sea en una competición, en un examen o en un tribunal de justicia, aprobamos o suspendemos, somos aceptados o rechazados. ¿Existe en este momento alguna situación en la que estés siendo puesto a prueba? El tránsito de una etapa de la vida a otra a menudo incluye pruebas de aceptación y adaptación.

Se representa a la justicia como una mujer ciega que sostiene una espada y una balanza. A la Virgen María también se le conoce como Madre de Justicia. Soñar con una figura femenina que sostiene una balanza podría representar tu propia búsqueda de justicia o podría estar relacionado con una decisión que debes tomar.

CONEXIÓN

Si sueñas con un abogado, ¿te preocupa una situación legal, o refleja este sueño un interrogante de algún tipo?

Casa ardiendo

EL HECHO DE QUE LOS SUEÑOS RECU-
RRENTES comenzaran en la infancia a menudo indican que el origen del sueño también
empezó durante este periodo. Esta soñadora se ha sentido insegura la mayor parte de su
vida, aunque ya no tiene aquel sueño infantil con tanta frecuencia.

*Estoy en una casa ardiendo; siempre es la casa de mi madre. Me encuentro en
lo alto de las escaleras y el fuego crepita detrás de mí. En la base de las escaleras
tengo que enfrentarme con unos perros rabiosos. No sé adonde ir. El sueño siempre
acaba igual: me muero; cuando despierto tengo mucho calor y estoy agotada.*

De niña, cuando sus padres se separaron, la soñante sintió su lealtad dividida y no sabía de qué lado quedarse. El sueño retrata escénicamente esta sensación de estar atrapada en medio de dos partes. El fuego del sueño puede representar la ira que reprimimos cuando estamos despiertos.

El fuego también puede estar asociado con el desorden por estrés postraumático. El
día 2 de septiembre de 1666, Samuel Pepys describió en su diario el terror que le produjo el gran incendio de Londres y su intento de salvar sus pertenencias. Posteriormente empezó a soñar «con incendios y casas que se venían abajo». Seis meses después, aún tenía
problemas para dormir a causa del terror causado por el fuego.

Ahogarse

SI VIVES JUNTO AL MAR, o cerca de una extensión de agua, es muy natural soñar con agua, puesto que es un rasgo destacado de tu entorno. Los avisos repetidos del peligro que supone el agua podrían hacer que sueñes con ahogarte, como le ocurrió a esta mujer:

Acostumbraba a soñar que mis hermanos y yo estábamos en el mar; ellos se estaban ahogando y yo intentaba desesperadamente mantener sus cabezas encima del agua.

Este sueño también podría reflejar el sentimiento de responsabilidad de la soñante hacia sus hermanos. Los sueños de sentirse sumergido e incapaz de respirar pueden indicar que te sientes sofocado o que estás en un lugar que no te corresponde.

Si sueñas que algún ser querido se ahoga, quizá reconozcas que está haciendo algo en lo que podría «quedarse empantanado», perder el equilibrio y, en el peor de los casos, «hundirse» o «desaparecer».

Ahogarse también puede estar relacionado con las inundaciones, de modo que considera si te sientes «inundado» o abrumado.

CONEXIÓN

☯ *¿Te sientes «sumergido» por lo que está ocurriendo en tu vida? ¿Cómo puedes llegar a la superficie para tomar aire?*

Estar perdido

EXTRAVIARTE Y ENCONTRARTE EN UN

LUGAR EXTRAÑO, saber que eres incapaz de hallar el camino a casa, es un sueño de ansiedad muy común. El padre de la siguiente soñante murió cuando ella tenía seis años; desde entonces, esta mujer ha vivido muchas otras separaciones, circunstancias que le han hecho sentirse insegura.

Siempre parezco estar perdida y sola, aunque esté rodeada de gente. Con frecuencia acabo preguntándome dónde estoy, y nunca soy capaz de encontrar el camino a casa.

Soñar que no puedes entrar en tu casa indica un sentimiento de rechazo y exclusión.

Mi amiga, mi hogar y toda referencia han desaparecido. Deambulo intentando encontrar a alguien conocido para sentirme segura. Siento pánico, pero intento parecer calmada para que nadie sepa lo tensa que estoy.

Simbólicamente, la casa o el hogar pueden representar al yo; ser incapaz de entrar puede indicar sentimientos de pérdida de identidad o de alienación e inseguridad.

La experiencia de estar perdido también puede acabar con una nota positiva. Una leyenda irlandesa habla del héroe Cormac, que se perdió en la niebla, y cuando ésta se disipó se dio cuenta de que estaba junto a un pozo. Dentro del pozo vio cinco salmones que sobrevivían comiendo los frutos de nueve avellanos que rodeaban el pozo. Desde aquí fluían cinco ríos hacia cinco regiones de Irlanda, que representan los cinco sentidos de los que procede el conocimiento. Cormac se dio cuenta de que haberse perdido era una bendición porque había encontrado el pozo del Conocimiento.

Estar atrapado

Sueño que estoy en una habitación y las paredes se me vienen encima. No tengo miedo porque están hechas de esponja.

LA ENFERMERA QUE TUVO ESTE SUEÑO dijo que solía venirle cuando se sentía estresada. La esponja simbolizaba la sensación de que no podía «absorber» más, literal o emocionalmente. Las paredes parecían «acolchar» el impacto, pero ella sabía que si el sueño continuaba, moriría.

Cuando sueñes que estás atrapado en un pequeño espacio, pregúntate si te sientes confinado en tu vida de vigilia. ¿Qué necesitas hacer para salir de tu «cajita»? A veces nos sentimos atrapados por nuestras circunstancias, y los sueños ponen de relieve este hecho.

En los sueños en los que otros te tienen atrapado, piensa por qué ocurre esto y qué quieren de ti. Por ejemplo, ¿refleja el sueño una situación de vigilia en la que te sientes atrapado en un matrimonio sin amor o en un trabajo sin posibilidad de promoción?

Tenía un sueño recurrente en el que tanto mis amigos como yo nos quedábamos atrapados en la parte de atrás de un camión. Estábamos siendo secuestrados. De cuando en cuando liberaban a dos personas, pero yo siempre era el último en salir.

Ser retenido contra tu voluntad indica que temes el poder de otros para controlar tu vida.

Escapar de un peligro

Soñé que estaba conduciendo un coche e iba muy rápido. Estaba en un lugar parecido a una jungla. De repente, un elefante se dirigió hacia mí. Yo estaba aterrorizado, pero seguía tocando la bocina y, en el último momento, el elefante cambió de dirección.

LOS DISTINTOS ELEMENTOS DE CUALQUIER sueño en el que estés escapando de un peligro son significativos. Si consideramos los elementos de este sueño, tenemos:

Coche. Si estás conduciendo muy deprisa, ¿estás fuera de control?

Jungla. Puede reflejar el sentimiento que su entorno produce en el soñante, como si pensara: «En mi mundo impera la ley de la jungla».

Elefante. Es un animal salvaje, pero puede ser domesticado. El elefante es grande, lo que indica poder; tiene mucha memoria, y está asociado con una libido intensa.

Esta soñante tiene que «esquivar» una amenaza, y lo consigue:

Sueño que no puedo salir de la casa. Después, cuando lo consigo, me persigue un gigante. Él puede ir el doble de rápido que yo. Siempre despierto antes de que me atrape.

La amenaza viene de una persona «extraordinariamente grande», con el doble de poder. El único modo de escapar es «despertar». Si éste es el modo en que escapas en tus sueños, ¿para qué necesitas despertar? ¿Qué es lo que no estás haciendo o qué estás evitando cuando estás despierto? Las cosas no mejorarán hasta que les plantes cara.

Sobrevivir

DESPUÉS DE UNA CIRCUNSTANCIA TRAUMÁTICA, los sue-
ños suelen repetir el suceso perturbador. Aunque la persona ha sobrevivido, su sueño le
recuerda que le ha quedado una cicatriz emocional que tiene que ser curada. El escritor
norteamericano Russell Banks todavía sueña con su padre, violento y alcohólico, que aban-
donó a la familia cuando él tenía doce años. Su padre murió en 1979, pero Russell sigue
soñando con él dos o tres veces por semana, especialmente si se siente traicionado, inquieto o abandonado. Aquella primera experiencia de violencia ha dejado huella en sus
sueños. Pero por más inquietantes que sean los sueños, en definitiva refuerzan el hecho
de que el soñante ha sobrevivido.

Antoine tenía diecisiete años cuando me contó el sueño siguiente, el cual le produjo
una profunda inquietud:

Lo único que puedo recordar es que mi padre murió. Creo que le dispararon.
Yo estaba tan perturbado que puse la culata del rifle contra mi hombro y apreté
el gatillo. Sentí que me quedaba sin vida. Estaba a punto de morir, o posiblemente
un poco más allá, cuando empecé a recupe-
rarme. Sentía un inmenso dolor, y me di cuen-
ta de que estaba muy mal; tenía toda la ca-
beza desfigurada.

Los miedos inexpresados respecto a la muerte, el suicidio y las pérdidas en general quedan re-
tratados en pesadillas como la de Antoine, que
nos dan acceso a sentimientos escondidos en
nuestra vida de vigilia y nos permiten hacer frente a lo que más nos inquieta.

Cualquiera que sea el origen de tu sueño, la
supervivencia es de vital importancia.

Desastres producidos por el ser humano

EN UNA ENTREVISTA RADIOFÓNICA, la novelista Nina Bawden explicó sus recuerdos del horrible choque de trenes de Potter's Bay (Inglaterra), en 2002. Ella estuvo en la unidad de cuidados intensivos durante una semana, e ignoraba que se había visto envuelta en un accidente en el que murieron siete personas y setenta resultaron heridas. Tuvo la primera pista de su participación cuando soñó que su marido había fallecido. Al despertar, sus familiares estaban alrededor de su cama y les preguntó si su sueño era cierto. Lo era.

Nuestros sueños nos dan información que nuestra mente consciente rechaza. Los supervivientes de desastres se dan cuenta de que sus sueños les ofrecen detalles y les permiten hacer las paces con lo ocurrido. El autor británico Graham Greene describió un sueño que había tenido a la edad de cinco años, ocurrido la noche del desastre del *Titanic*:

Soñé que una nave naufragaba. Hay una imagen que ha permanecido conmigo más de sesenta años: un hombre envuelto en una tela impermeable inclinado sobre un compañero bajo el arco de una gran ola.

Greene dijo que había tenido sueños similares en noches que otros barcos naufragaron.

Guerra HAY MUCHOS TIPOS DE GUERRAS DIFERENTES, desde la guerra mundial, que se proclama oficialmente y se lucha de acuerdo con las reglas internacionales, hasta la guerra santa, como la *jihad*, en la que la gente se defiende o ataca en nombre de su fe. Soñar con una guerra puede reflejar lo que ocurre en el mundo o un conflicto interno que te está alterando.

Las alteraciones ocurridas en tu vecindario también pueden provocar sueños de conflicto, como le ocurrió a este soñante musulmán:

Tenía la sensación de que se iba a producir una «guerra» inminente entre mi familia y diablos con forma humana. Sentía que la derrota era inevitable, pero el sueño acababa con una nota positiva cuando, con la ayuda de un grupo de ángeles, ganamos la guerra.

En la guerra, el reconocimiento de que amigo y enemigo no son muy diferentes puede dar lugar a este tipo de sueños:

Soñé que estaba en un país balcánico, en un gran castillo. Lo recorría de arriba abajo tratando de encontrar ropa vieja para abrigarme. Se estaba librando una batalla, y me dieron un enorme bazuca *que disparaba granadas. Continué disparándolas en el terreno intermedio, cerca de «mi gente», y no al enemigo.*

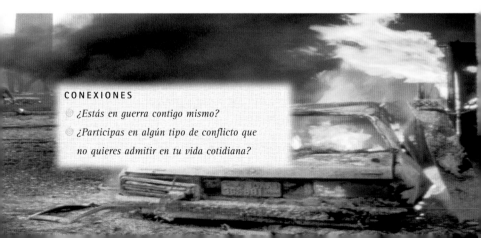

CONEXIONES

◎ *¿Estás en guerra contigo mismo?*

◎ *¿Participas en algún tipo de conflicto que no quieres admitir en tu vida cotidiana?*

Desastres naturales

CUANDO OCURREN TERREMOTOS, inundaciones o huracanes, los implicados suelen tener pesadillas que recrean sus miedos. En el desastre de Aberfan (sur de Gales), una montaña de carbón anegó una escuela de pueblo y murieron muchos niños. Los supervivientes sufrían pesadillas recurrentes. Jeff Edwards, uno de los alumnos, recordaba: «Yo estaba enterrado muy cerca de una niña pequeña y tuve pesadillas mucho tiempo después». Muchos de los que se vieron involucrados siguen teniendo pesadillas años después del desastre:

Tengo un sueño recurrente en el que me veo anegado por una ola gigante. Unas veces estoy en la playa y, en otras, camino por una de las calles de mi infancia. Sé que la ola viene y tengo que prepararme para su llegada. A veces consigo que el agua pase por encima de mí. Sé que estoy debajo, pero me encuentro tranquilo. Otras veces me muero, y entonces despierto.

Después de un suceso traumático, las pesadillas recurrentes acaban transformándose en repeticiones menos directas del suceso real. Después del 11 de septiembre de 2001 la gente empezó a soñar con olas gigantes en lugar de torres ardiendo. La ola gigante es un suceso igualmente amenazador que surge de forma inesperada.

Criaturas mágicas

Solía soñar que estaba en mi jardín, buscando algo. Muchas hadas me ayudaban.

LAS CRIATURAS MÁGICAS APARECEN en sueños a lo largo de la vida. Revelan miedos y te conectan con leyendas o mitos que poseen un fuerte impacto sobre ti. A los siete años, Sally soñó que llegaba a casa de la escuela y llamaba a la puerta:

Vino un dragón a la puerta y me dijo muy educadamente que mis padres se habían trasladado y ya no vivían allí. Me enfadé con el dragón.

Estos sueños reflejan miedos infantiles al abandono.

Los gigantes pueden representar poderes espirituales, pero también poderes físicos. Un «gigante entre los hombres» puede ser un guía que venga a ofrecerte una comprensión superior.

En la antigüedad, se creía que el cuerno del unicornio podía detectar o neutralizar venenos y curar muchas enfermedades. Los colmillos del narval se hacían pasar por cuernos de unicornio.

Muchos soñantes dicen que sienten una gran opresión en el pecho y una sensación de gran maldad. A veces el soñante ve una figura sexualmente agresiva. A estas figuras se les denomina íncubos y súcubos, y son demonios que toman la forma de diablillos. A menudo aparecen en pinturas de la Edad Media como símbolos del mundo descontrolado de los sueños y deseos.

Llevar puesta ropa especial

SI SUEÑAS QUE LLEVAS ROPA QUE NO USAS DE FORMA HABITUAL, considera qué representa. Con frecuencia, los distintos atuendos representan la ausencia de las restricciones cotidianas, la oportunidad de exhibir una parte escondida de ti.

Estar vestido como un chamán puede indicar una dimensión mística y de curación. Un traje de payaso puede indicar la necesidad de vivir con más humor y diversión.

Estar vestido como un nativo americano indica un vínculo con la existencia natural, en la que se valoraba y respetaba la tierra y los animales.

Estar disfrazado, como para asistir a una fiesta de carnaval, puede darte licencia para hacer travesuras; las reglas habituales se dejan atrás y todo es posible.

Estar vestido con ropa de un periodo histórico puede revelar cierto interés por esa época o conectarte con algún antepasado que vivió en ese periodo.

Las máscaras te permiten actuar de otra manera; pueden enmascarar los sentimientos.

Llevar un uniforme de algún tipo —como de policía o enfermera— puede simbolizar un deseo de autoridad o conocimiento.

Llevar puestos disfraces de animales, como pieles de leopardo o cuernos, puede indicar que necesitas la fuerza y las características de dichos animales.

Estar desnudo

LA DESNUDEZ EN SUEÑOS NO ES INU-
SUAL. La clave reside en reconocer lo que sientes respecto a tu situación. Si te sientes
cómodo, eso refleja que tienes confianza en ti mismo cuando te relacionas con los demás.
Si te sientes avergonzado o expuesto, puede indicar que te consideras en desventaja.

Un sueño molesto que se da con mucha frecuencia es ése en el que vas por la calle
vestido de forma inapropiada, lo que te expone al resto.

*Soñé que iba a la escuela únicamente con una pequeña falda. Traté de cu-
brirme, pero no lo conseguí.*

Estar desnudo puede permitirte descubrir dimensiones completamente nuevas, como
le ocurrió a esta soñante:

*En mis sueños no siempre era mujer, ni siquiera humana, aunque soy «yo»
en diferentes cuerpos: masculino, niño, distintos tipos de cuerpos femeninos, animal, etc. Puedo ser un hombre después de cambiarme a mujer, y viceversa.*

La soñante descubre que ella encarna todos estos aspectos; lo mismo nos ocurre a todos. Para encontrar equilibrio y sentirnos completos, tenemos que integrar las distintas
facetas de nosotros mismos.

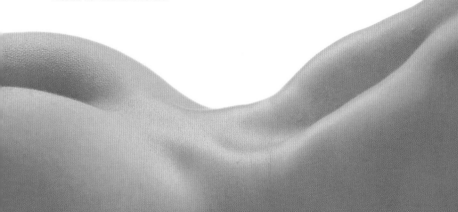

Encuentros eróticos

LOS SUEÑOS ERÓTICOS PUEDEN EMPEZAR al comienzo de la adolescencia, como en el caso de este soñante:

Desde la edad de once años solía tener sueños sexuales masoquistas en los que era un esclavo en el antiguo Egipto.

Siendo un «esclavo», el soñante se siente liberado de la responsabilidad de las experiencias sexuales y, de esta manera, evita los sentimientos de culpa que podrían surgir.

Darte placer sexual en sueños puede estar relacionado con el acto real o puede indicar un área de tu vida en la que te concentras en tu propio deseo. ¿Está relacionado con sentirte egoísta por un proyecto personal de tu vida de vigilia que excluye a otros? ¿Cómo te sientes en el sueño: feliz, frustrado, orgásmico? Puede tratarse de un sueño en el que cumples tus deseos, puesto que los sueños pueden ser simbólicos y literales. En sueños es posible explorar las fantasías sexuales de manera segura.

Los hombres que aparecen en mis sueños eróticos son desconocidos, en vez de mi novio. En un sueño, iba a hacer una entrevista para un puesto de profesora. Después de la entrevista, tenía que buscar a un joven que me enseñaría las dependencias. Le encontré en la biblioteca. Pensé que era guapo, y él me sonrió. Mientras me enseñaba las instalaciones, empezó a rodearme con su brazo. Acabamos olvidando la visita y pasamos la tarde en su habitación haciendo el amor.

CONEXIONES

◦ *¿Compensan tus sueños eróticos la ausencia de vida sexual en tu vida de vigilia?*

◦ *¿Te permiten expresar tu sexualidad más libremente?*

Embarazo

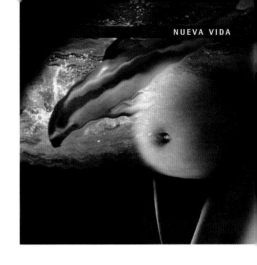

DURANTE EL EMBARAZO, A MEDIDA QUE EL FETO SE DESARROLLA, las mujeres suelen tener sueños ricos en imágenes de cambio. Para muchas mujeres, la primera indicación de que están embarazadas es un sueño intenso. Robert Van de Castle, un investigador de sueños americano, describió que su esposa, Susana, soñó que estaba buscando un termómetro para bebés en un gran centro comercial. De repente, vio una piscina circular cubierta en la que nadaban una mujer y un delfín, y Susana se echó al agua para unirse a ellos. Los símbolos de la concepción —el pez y la piscina circular— fueron evidentes para Van de Castle. La prueba de embarazo realizada tras este sueño confirmó que había un bebé en camino. Durante el embarazo los sueños pueden ser muy útiles para liberar el miedo:

Soñé que me encontraba en el momento del parto, y me quejaba dirigiéndome a mi familia y amigos porque me dolía mucho; y no quería tenerlo. Estaba aterrorizada; pero cuando tuve el bebé, vino de repente y no me hizo ningún daño.

Un obstetra americano descubrió que el porcentaje de bebés prematuros cayó del 6,5 al 2,8 % cuando empezó a prestar atención a los sueños de ansiedad de las mujeres embarazadas. Si estás embarazada y tienes sueños ansiosos, habla con tu médico, con tu pareja o con la comadrona. Ellos deberían darte seguridad y ayudarte a afrontar tu preocupación natural.

Mi madre siempre sueña con peces cuando alguien va a tener un bebé.

Muchas mujeres sueñan con peces cuando quedan embarazadas. Esto encaja con la idea del embrión que nada en el fluido amniótico, su mundo acuoso, como un pez.

Nacimiento

SOÑAR CON UN NACIMIENTO PUEDE SER el resultado de ver a una mujer embarazada, de que tú misma estés embarazada o puede estar relacionado con el proceso general de la fertilidad.

Soñé que paría un bebé flaco de pelo negro, frágil y extraordinariamente guapo. Era tan hermoso que fue uno de los sueños más bellos que he tenido nunca. Cuando lo parí, era exactamente como el de mi sueño.

A nivel simbólico, el nacimiento está relacionado con el emerger de un nuevo yo, con la manifestación de una nueva conciencia y nuevos talentos.

CONEXIONES

◎ *¿Han sido las labores del parto fáciles o difíciles? ¿Tienes que «laborar» en un proyecto para concluirlo con éxito?*

◎ *Certificado de nacimiento: Estos sueños están relacionados con la identidad y con los derechos que uno disfruta en sociedad.*

◎ *Anticonceptivos: ¿Te preocupa tu fertilidad? ¿Te preocupa quedarte embarazada accidentalmente?*

◎ *«No he nacido ayer»: Alguien que sabe del mundo, que no es estúpido.*

◎ *«Nacido con un pan bajo el brazo»: Cuando el bebé genera circunstancias favorables.*

Bebés

Durante el embarazo tenía el sueño recurrente de que había tenido un bebé, pero me olvidaba de él por unos días. Cuando volvía, el bebé había muerto de hambre por no haberle prestado atención.

UN NUEVO NACIMIENTO PUEDE IR SEGUIDO de sueños con bebés en los que se liberan ansiedades. Sin embargo, estos sueños a menudo están vinculados con un nuevo despliegue en la vida del soñante: la liberación del potencial dormido o el descubrimiento de nuevos talentos y capacidades.

De repente soy consciente de que he perdido a mi bebé. Se lo han llevado unos desconocidos. No puedo creer que yo lo haya entregado. El remordimiento y el miedo son terribles.

Los sueños en los que descuidas un bebé o dejas de protegerle de algún modo, pueden estar relacionados con miedos respecto a tus hijos, o pueden reflejar el hecho de que no estás prestándole suficiente atención. También puede indicar una negación del potencial. Lo opuesto se indica en los sueños de encontrar un bebé, en los que conectas con habilidades o potenciales personales antes ocultos. Los nuevos bebés simbolizan un nuevo comienzo, nuevas oportunidades o aprender cosas nuevas.

Si sueñas que la gente te deja bebés para que los cuides, sin preguntarte ni dejar el alimento y la ropa adecuados, puede indicar que se te están transfiriendo las responsabilidades de otros.

A veces, los bebés de los sueños sorprenden y alteran porque actúan de maneras inusuales, diferentes a las de los bebés normales:

Sueño con bebés que son capaces de hablar y se comportan como adultos: una sensación no muy agradable.

Ser invisible

EN SUEÑOS, LA INVISIBILIDAD puede ofrecer protección de los perseguidores; por ejemplo, cuando tienes una capa mágica o posees el poder de desaparecer de forma repentina. Por otra parte, cuando eres invisible en un sueño, puede indicar que te sientes ignorado, que tú y tu vida son insignificantes para otros a quienes supuestamente importas.

A veces sueño que estoy en una habitación donde nadie me recuerda. Es como si fuera invisible, y se me ignora por completo.

Soñar con ser invisible puede indicar que estás escondiéndote de otros o de ti mismo. Al ocultar tus visiones, esperanzas y deseos es imposible que los demás «vean» realmente el auténtico tú. Si tienes este tipo de sueño, es posible que haya llegado el momento de ver cómo te presentas ante los demás y de hacer cambios para asumir tu lugar en el mundo.

CONEXIONES

◎ *¿Sientes que te pasan por alto y te dejan de lado?*

◎ *¿Mantienes ocultos tus sentimientos para que nadie pueda ver tu verdadero yo?*

El que cambia de forma LOS SUE-

ÑOS EN LOS QUE LA GENTE QUE CONOCEMOS se metamorfosea pueden ser muy inquietantes. Casi siempre se producen cambios en la cara: por ejemplo, alguien afable puede tener repentinamente un aspecto amenazador. En otros sueños quien cambia es el «monstruo»:

Tuve un sueño en el que era capturada por un «monstruo» que era capaz de metamorfosearse. A continuación, cuando pensaba que ya era libre, volvió a aparecer ante mí con diferentes disfraces. Era una mancha malvada, pero con personalidad.

A veces estos cambiadores de forma representan personas imprevisibles con las que tenemos una relación íntima; tanto el vínculo como la amenaza quedan representados de forma simbólica. El soñante no tiene escapatoria, por más que lo intente. Cuando se tiene un sueño de este tipo, resulta útil pensar quién es la persona de tu vida que tiene diversas facetas que te inquietan, que en un minuto es amable y al siguiente hiriente. Por ejemplo, alguien podría ser amoroso y, sin embargo, cambiar bajo la influencia del alcohol. Procura establecer una conexión con tu vida de vigilia.

Como en el cuento de *La bella y la bestia*, el amor puede transformar a una bestia. En tal caso, el cambio de forma es una especie de prueba moral: ¿Puede la heroína descubrir la belleza que está detrás de la monstruosa apariencia de la bestia?

CONEXIONES

◉ *¿Qué está debajo de la superficie externa de la bestia de tu sueño?*

◉ *¿Está relacionada con una «bestia de carga»?*

TODOS VIVIMOS EN EL MUNDO NATURAL: el cielo sobre nosotros y el suelo bajo los pies. Tanto si el cielo es gris o azul como si el suelo es natural o está pavimentado, nos rodeamos en un entorno que nos llena de imágenes y sensaciones. Los elementos influyen en nosotros: dependemos de ellos y nuestros sueños reflejan esta relación.

En tus sueños con el mundo natural busca conexiones entre la Tierra

y tú. Consciente o inconscientemente almacenamos conocimientos que tienen significados físicos, emocionales o espirituales, pero la sabiduría profunda que nos llega a través de nuestra conexión con el mundo natural a menudo pasa inadvertida. En este capítulo verás lo importantes que son estos vínculos simbólicos.

En Nueva Zelanda hay una historia de la creación maorí que capta el poder de la naturaleza y refleja nuestra necesidad humana de comprender y explicar el mundo. Según la historia, el Padre Cielo y la Madre Tierra se abrazaron en profunda oscuridad. De ellos nacieron sus hijos, los dioses del mar, del viento, del bosque y del alimento, y otro dios llamado *el fiero*. Para llegar a la luz estos niños tenían que separar a sus padres. Aunque esta separación era necesaria para el nacimiento de la humanidad, entristeció a todos, y del cielo cayeron lágrimas en forma de gotas de lluvia.

Fenómenos naturales

Fenómenos naturales

Quiero conservar mis sueños, incluso los malos, porque sin ellos posiblemente no tendría nada en toda la noche.

JOSEPH HELLER: SOMETHING HAPPENED

La filosofía taoísta resalta la importancia de ser respetuosos con la naturaleza, particularmente con las montañas, los árboles, las cascadas y los lagos. Puedes ver reflejada esta actitud en los cuadros clásicos chinos, cuyos paisajes tienen una belleza intemporal, y cuando incluyen personas son figuras diminutas frente a la majestad de las montañas.

A lo largo de los milenios los objetos naturales han ido adquiriendo significados simbólicos: en los sueños es importante considerar este significado, además del superficial. Por ejemplo, si sueñas con una piña, tal vez sea porque comiste piña antes de ir a dormir, pero también hay otros aspectos a considerar. Durante los siglos XVII y XVIII, los marineros que regresaban a Inglaterra de los mares del Sur empalaban una piña fresca en la puerta de su casa como señal del regreso. Aún se usan piñas talladas en piedra para decorar las entradas de las casas. De modo que la piña también tiene un significado más profun-

damos la cosecha. Para poder ejercer algún control sobre el mundo natural los humanos hacemos rituales. En las tradiciones africanas, el «tramposo» simboliza el entendimiento de que la vida está sujeta a cambios inesperados, a sucesos fatídicos y a la influencia de la suerte. En Nigeria, Eshu, un dios «tramposo», se asegura de que todo el mundo sea consciente de que la vida es imprevisible. En tus sueños puedes encontrarte con la figura del tramposo simbolizada por el caos de los acontecimientos naturales y de la gente. Los nativos americanos hacen máscaras que pueden abrirse para revelar otra cara. Como el tramposo, las máscaras muestran que hay otra faceta de la que hacernos conscientes.

Honramos el mundo natural celebrando nuestros festivales y cambios de estación. En nuestros sueños descubrimos símbolos como el huevo de Pascua, que indica el comienzo de la primavera, o plantas que conservan sus hojas verdes en lo más crudo del invierno y nos recuerdan que la vida sigue aunque todo crecimiento parezca haberse detenido. Cada vez que sueñes con el mundo natural, reflexiona sobre cómo te relacionas con él.

ARRIBA. *Soñar con desastres naturales nos recuerda el asombroso poder de la naturaleza, del cual dependemos.*

do: representa el retorno del viajero. En la América colonial las piñas eran consideradas un símbolo de hospitalidad.

El mundo no es un lugar previsible: puede suceder todo tipo de acontecimientos. En cualquier momento, una tormenta inesperada o un terremoto pueden cambiarnos la vida. Es posible que no llueva y que per-

Ámbar

EL ÁMBAR, QUE ES RESINA FOSILIZADA de pinos primitivos, es un símbolo del Sol, de la iluminación y de la inmortalidad. Los vikingos adoraban las cualidades mágicas del ámbar. Su nombre proviene del latín *electrum*, y de él se deriva la palabra *electricidad*. El ámbar es portador de una carga estática y, si lo frotas, hará que los vellos de tu piel se ericen. Los alquimistas consideraban que el ámbar era un símbolo del Sol. Estaba vinculado con la sanación, y solía frotarse sobre los ojos doloridos y los esguinces de las articulaciones. El ámbar puede contener vida. La película *Parque jurásico* está basada en la idea de clonar dinosaurios a partir del ADN atrapado en el ámbar. En el filme, un insecto atrapado en la resina contenía sangre de dinosaurio en su trompa, y de ahí pudo extraerse el ADN con el que se resucitó una forma de vida extinguida. En China, al ámbar se le llama «alma de tigre» por sus colores anaranjado y negro-marrón, que nos recuerdan a dicho animal.

En los países bálticos se decía que las cuentas de ámbar eran «las lágrimas de la diosa Freya» y se usaban para curar la artritis.

En la antigua Grecia se creía que el ámbar estaba formado por lágrimas de unas ninfas solares llamadas Helíades, posiblemente porque el ámbar parece captar y condensar el color del Sol. Al ámbar también se le llama la «piedra lince», pues antiguamente se creía que se formaba con orina de lince, como describe Barbara G. Walter en su libro *The Woman's Dictionary of Symbols as Sacred Objects*.

CONEXIONES

- *¿Soñar con ámbar está relacionado con la necesidad de que se produzca un cambio de energías en tu vida?*
- *¿Sientes que parte de tu esencia está fosilizada, como las pequeñas criaturas atrapadas dentro de piezas de ámbar?*

Fenómenos naturales

Cristal

TAL COMO OCURRE CON OTRAS PIEDRAS PRECIOSAS, el cristal es un símbolo del espíritu, como lo describe la Biblia: se refiere a Jesucristo como la «piedra viva». El cristal también representa al yo superior.

En la actualidad se utilizan elementos cristalinos en los aparatos electrónicos, como en los sistemas de detección sónar de los submarinos y en los relojes. Sin embargo, en la antigüedad se usaban bolas de cristal para adivinar sucesos futuros; a los cristales se les llamaba «piedras de poder» porque se creía que, mirando en su interior, podía adivinarse el futuro. Este arte de mirar en la bola de cristal es anterior a las civilizaciones griega y romana. También se dice que fijar la vista en una bola de cristal vacía la mente y genera visiones.

En Japón, los cristales, llamados *tama*, se consideran símbolos de la eternidad. Otras tradiciones, como la chamánica, los usan en el trabajo de sanación porque están asociados con la pureza y la claridad.

CONEXIONES

- *¿Indica la aparición de cristales en tus sueños que las cosas están «claras como el cristal»?*
- *Los candelabros de cristal a menudo simbolizan riqueza.*
- *Una bola de cristal puede indicar que te preocupa el futuro y un deseo de saber qué ocurrirá.*

Gemas

A LO LARGO DE LA HISTORIA, LAS GEMAS han sido moneda de cambio para los poderosos. Las joyas existen desde el origen de los tiempos: junto a las momias egipcias se han encontrado tesoros formados por preciosos brazaletes y pendientes. En los mitos, las gemas y piedras son protegidas por dragones, serpientes y monstruos. Las joyas simbolizan tesoros ocultos de sabiduría, amor y riqueza.

Las piedras en estado natural se cortan y pulen para incrementar su belleza antes de insertarlas en anillos y collares que la gente llevará puestos. En España, se conocen las gemas cortadas como «piedras de rayo». En la sanación con cristales se usan gemas y diamantes. El sueño con gemas puede estar asociado con sus particulares cualidades simbólicas:

Diamante. El más duro que se conoce. Simboliza la luz, la vida, el Sol y la constancia.

Esmeralda. Verde, transparente y muy valorada; las esmeraldas simbolizan la inmortalidad, la esperanza y la fe.

Azabache. Negro y brillante, el azabache simboliza el duelo, la pena y el viaje seguro.

Lapislázuli. La gema azul profundo, con flecos blancos y dorados, simboliza el poder divino, el éxito y la habilidad.

Ópalo. Los ópalos pueden ser de muchos colores y se consideran poco afortunados. Simbolizan la viudedad y las lágrimas.

Amatista. De lavanda pálido a violeta profundo, se dice que las amatistas impiden emborracharse; se conocen como «piedras de obispo» porque las llevan cardenales y obispos.

Rubí. Los rubíes rojo profundo, así como otras piedras rojas, están asociados con la sangre. Simbolizan la realeza, la dignidad, la pasión y la invulnerabilidad.

Zafiro. El azul profundo de esta piedra estaba vinculado con el cielo; los zafiros eran considerados piedras protectoras, además de una cura para la ira y la estupidez.

Topacio. El topacio puede tener una gran variedad de tonos. Simboliza la amistad, la calidez y la fidelidad.

Metales

LOS METALES SIMBOLIZAN LA ENERGÍA cósmica solidificada y están asociados con la libido. Sobre esta base, Jung afirmó que los metales viles simbolizan la lujuria y el «deseo de la carne». Extraer la esencia de estos metales y transmutarlos en metales superiores equivale a liberar energía creativa de las preocupaciones cotidianas de cada día. El metal con el que sueñes puede indicar qué es lo más importante para ti en este momento.

Oro. El metal del Sol simboliza la realeza, y ésa es la razón por la que los Reyes Magos lo llevaron a Belén cuando nació Jesús, el nuevo rey. Representa la iluminación y la espiritualidad. En la antigüedad, se creía que poseía propiedades curativas y se frotaba sobre los ojos para curar los orzuelos.

Plata. Es el metal de la Luna y del aspecto femenino de la humanidad.

Hierro. El metal de Marte, dios de la guerra.

Mercurio. Es el metal del dios Mercurio.

Cobre. El metal de la diosa Venus, cuyo mayor templo estuvo en Chipre, la isla del Cobre. Se emplea para proteger del reumatismo.

Plomo. Este metal es pesado, de color gris y está vinculado con estados «plomizos». Estaba asociado con Saturno, un planeta con reputación de ejercer una influencia negativa. Los romanos usaban plomo maleable para forrar los ataúdes y hacerlos impermeables al agua. También inscribían maldiciones en hojas de plomo y las llevaban a los templos.

Aire SEGÚN UNA ANTIGUA CREENCIA, EL AIRE es uno de los cuatro elementos naturales básicos. Simboliza la creatividad, el pensamiento y la inteligencia. No podemos vivir sin aire, de modo que cuando aparezca en tus sueños considera qué nivel de calidad tiene. ¿Está nublado, neblinoso, fresco, claro o contaminado? La respuesta te dará una idea de la atmósfera que te rodea en tu vida de vigilia. ¿Puedes respirar con facilidad en el sueño? Los asmáticos se sienten constreñidos y es posible que traten de encontrar aire en sus sueños. En algunos sueños es otra criatura la que tiene problemas para respirar.

Soñé que había un pez en el césped del jardín que de algún modo había saltado fuera del agua. Sabía que no podría vivir si no lo devolvía al agua; boqueaba y se esforzaba por respirar.

Trabajar con sueños puede darnos comprensión y esperanza. En el sueño siguiente, la «salida del sol» señala un punto de inflexión para el soñante:

Tuve un sueño en el que estaba en el límite de un bosque oscuro y tenía miedo de entrar, y fue la primera indicación de una aguda crisis de ansiedad. Cuando mi consejero espiritual rezó conmigo con relación a este sueño atemorizante, antes de que la enfermedad tomara fuerza, «vi» la luz del sol entrando en el bosque para iluminar el camino. Esto me dio esperanza durante una época muy difícil de mi vida.

CONEXIONES

◎ *«Aire» también puede indicar cómo se comporta la persona. Darse «aires de grandeza» es comportarse como si uno fuera superior y los demás inferiores.*

◎ *¿Necesitas «limpiar el aire», decir lo que piensas para que otra persona comprenda tu posición?*

Tierra

LA TIERRA ES NUESTRA BASE Y FUNDAMENTO, y uno de los cuatro elementos de las antiguas creencias. Nos estabiliza y es la fuente que nos sustenta. La «madre Tierra» simboliza el cuidado y la nutrición, el útero en el que crece la vida.

Cuando la tierra se abre, como en este sueño, considera dónde temes caer o qué podría abrirse de repente y exponerse a la vista de todos.

Sueño que estoy en un jardín corriendo detrás de mi hermano. Siempre que estoy a punto de ganarle, el suelo se abre ante mis pies. Me caigo en un agujero sobre una pila de hojas. Hay túneles que salen de allí.

La competición entre este soñante y su hermano genera problemas. El soñante podría considerar si su ansiedad le obliga a conformarse con menos en la vida de vigilia. Este sueño muestra sus sentimientos: cuando compite con su hermano, algo sale mal y él «cae»; el suelo no puede sostenerle.

Todo es parte del universo y, por tanto, está conectado energéticamente con el resto, desde la superficie de la Tierra sobre la que vivimos hasta la atmósfera que nos envuelve. En sueños, esta interconexión puede estar simbolizada por la tierra.

CONEXIÓN

◎ *¿Cuál es la cualidad de la tierra en tu sueño? ¿Es rica y fértil o es un páramo desierto? ¿Refleja tu estado emocional?*

Fuego

EL FUEGO SIMBOLIZA LA MENTE RACIONAL, la chispa divina que condujo a los seres humanos a elevarse por encima del resto del mundo animal. Es uno de los cuatro elementos básicos que sustenta la vida. También representa el calor, la energía y la ira. La prueba de fuego, usada contra las brujas en la Edad Media, era una tortura impulsada por la cólera y la ignorancia.

El fuego está asociado con la purificación. *Beltane* es el nombre del festival celta que se celebra a primeros de mayo, y significa «fuego brillante». En el festival de Beltane se encendían hogueras para señalar la llegada de la primavera. Los celtas acercaban una antorcha de fuego a sus animales para purificarlos.

En la cultura azteca, al dios del fuego, Huehueteotl, se le ofrecían sacrificios humanos para apaciguarlo.

La chimenea es el núcleo del hogar y el centro que genera calidez. A veces nos referimos al corazón como el fuego que sustenta nuestro cuerpo. Si sueñas con fuego, ¿podría referirse a las emociones de tu corazón? El fuego sagrado es el símbolo central para los zoroastrianos, religión surgida en Persia el siglo VI a.C. La llama olímpica, utilizada para abrir los Juegos Olímpicos, continúa simbolizando el espíritu del juego limpio y la armonía entre los competidores.

CONEXIONES

◎ *¿Hay algo que se está acumulando dentro de ti y necesita atención?*

◎ *¿Sueñas con agua hirviendo? Eso podría indicar que necesitas «soltar vapor» o «soltar presión».*

Agua EL AGUA ES LA FUENTE DE LA VIDA y uno de los cuatro elementos básicos. En sueños simboliza nuestra vida emocional. El agua puede esconderse en profundidades lóbregas o revelar una claridad cristalina. Como expresó un soñante:

Ahora que he estado trabajándome los sueños sé que el agua sucia significa un problema, y que el agua aún más sucia significa un problema todavía mayor.

El agua de los lavabos nos da la oportunidad de lavarnos y eliminar impurezas. Si sueñas con lavarte a ti mismo, o con lavar tu ropa, esto podría indicar que es el momento de «hacer limpieza», «empezar de cero» o «aclararte», y tal vez de poner en marcha ese proyecto que has estado posponiendo.

Cuando el agua está contenida en un espacio cerrado, como una piscina, significa control y restricción emocional.

Los pozos y manantiales eran reverenciados de manera especial por muchas tradiciones como fuentes de agua fresca y vivificadora. El agua emergía del suelo como por arte de magia; por tanto, estaba investida de poderes especiales de sanación o revelación.

Desiertos

SOLEMOS ASOCIAR LOS DESIERTOS con lugares no habitados, vacíos de vegetación o vida animal. Sin embargo, muchas plantas crecen en los desiertos, alargando sus raíces para recoger la humedad que se halla muy por debajo de la superficie a fin de almacenarla en sus hojas. Las plantas sólo se abren al comienzo del día o cuando está anocheciendo, una vez que ha disminuido el calor. Ciertas especies de animales también se han adaptado a la supervivencia en este entorno de apariencia hostil.

La arena de los desiertos parece ser interminable, y esta sensación de inagotabilidad está asociada con la creencia de que el universo es infinito y nosotros somos parte de él. A veces la arena puede parecer amenazante, como cuando el soñante se hunde en arenas movedizas. Esto indica falta de solidez; si el mundo que te rodea cambia, pierdes tus puntos de referencia.

Si sueñas que estás en un desierto, podría reflejar sentimientos de aislamiento o de estar en un «desierto cultural»: un lugar que no tiene interés para ti. Si sueñas con una isla desierta, ¿está relacionado con el deseo de irte lejos para poder estar tranquilo?

CONEXIONES

- *«Desertar» a alguien es abandonarle. ¿Podría tu sueño con el desierto estar relacionado con la sensación de haber sido «dejado atrás»?*
- *¿Sientes que tu vida es como un desierto: pobre en la superficie pero rico bajo tierra?*

Abismo EN SUEÑOS, UN PRECIPICIO SIN FONDO puede generar miedo,

tal como ocurre en la vida de vigilia. En la profundidad del abismo es donde más lejos estás de la luz. Esto puede indicar una falta de espiritualidad o un deseo de iluminación. Con frecuencia sólo podemos recuperar la alegría hundiéndonos hasta el fondo y experimentando el pozo de desesperación.

Las historias que escuchamos a menudo generan sueños:

La primera pesadilla que recuerdo la tuve después de que mi padre me leyera Alicia en el País de las Maravillas *antes de dormir. Soñé que estaba atrapada en una caverna angosta, negra y profunda. Sus paredes se cerraban a mi alrededor, y yo gritaba pidiendo que alguien me liberase. Más allá había un pequeño pasadizo, desde donde mi madre y mi abuela, «vestidas con elegancia», me miraban indiferentes.*

En este sueño con un abismo emergen algunos temores primitivos de ser herido:

Estaba ascendiendo por una escalera que tenía precipicios a ambos lados. Acababa de llegar a los últimos escalones cuando alguien se precipitó sobre mí y me lanzó al abismo. Cuando desperté no tenía miedo; sólo estaba decepcionado por no haber llegado a la cima.

Valle

LOS VALLES SON LOS MEJO-RES LUGARES para establecerse. Los valles ofrecen protección por estar menos expuestos que las cumbres montañosas, y ofrecen tierras fértiles en las que cultivar cosechas y criar animales.

En el caso típico hay un río que abastece de agua al valle. Date cuenta de cómo fluye el agua en los valles de tus sueños. ¿Está clara y se mueve deprisa? ¿Refleja esto tu sensación de cómo se mueve tu energía?

Christian, el héroe de la alegoría *The Pilgrim's Progress*, de John Bunyan, tiene que atravesar el valle de la sombra de la muerte para llegar a la ciudad celestial, el cielo. El profeta bíblico Jeremías describió el valle como «la espesura salvaje, una tierra de desiertos y simas, una tierra de sequía y la sombra de la muerte». Es un símbolo de las pruebas que la persona tiene que superar en su camino de vida o en el camino espiritual.

Aunque camine por el valle de la muerte, no temeré ningún mal porque Tú estás conmigo; tu cetro y tu báculo me confortan.

SALMO 23

Fenómenos naturales

Bosques

EN LOS BOSQUES CRECEN ÁRBOLES QUE, en su abundancia, nos ofrecen abrigo, alimento y madera para construir. Los bosques son oscuros y misteriosos. Contienen lo desconocido y simbolizan el inconsciente. Hay muchos mitos y cuentos de hadas que recrean este arquetipo: personajes que se pierden en el bosque y descubren grandes tesoros y sabiduría.

Pan, el antiguo dios griego y guardián de los bosques, está representado por figuras tales como el Hombre Verde, Puck y Robin Hood.

En África, muchas tradiciones reflejan la íntima relación entre la tierra y la gente que depende de ella. En Camerún se practica un baile, llamado juju, en el que los bailarines se visten como espíritus del bosque y cuentan la historia de la destrucción de los bosques y del entorno natural. La destrucción de los bosques tropicales ejemplifica la falta de respeto por la Tierra y augura males para el futuro de nuestro planeta. Si sueñas con este tipo de destrucción, puede reflejar el despertar de tus preocupaciones medioambientales o una sensación personal de sentirte «talado» y sin raíces.

CONEXIONES

◎ *Si «los árboles no te dejan ver el bosque» podrías ser incapaz de ver la totalidad del cuadro debido a que te pierdes en los detalles.*

◎ *«Tocar madera»: Acto supersticioso destinado a ahuyentar la mala suerte.*

Acantilado

EL PUNTO DE VISTA PRIVILEGIADO que nos ofrece el acantilado nos da la oportunidad de tener un panorama más amplio, a vista de pájaro, aunque también puede provocarnos miedo.

Tengo un sueño recurrente en el que escalo un acantilado y llego a un punto donde no tengo nada a qué agarrarme. Está oscuro y no puedo ver. A veces mi madre está allí, pero no me ayuda. Siempre despierto antes de llegar a la cima.

Escalar hasta la cima de un acantilado puede indicar ambición y el deseo de llegar a la posición «más alta» en el trabajo o en alguna otra área de la vida en la que podrías competir con otra gente.

Sueño que caigo de precipicios y trato de despertarme para detener la caída.

Algunas personas tienen esta capacidad de despertarse de un sueño atemorizante de manera natural, pero también puede terminar de desarrollarse, como descubrió este soñante. Generalmente podía despertarse si tenía un sueño inquietante.

Como ocurre en otros sueños de caída, caer desde una gran altura puede resultar terrorífico. Considera si has ido más allá de tu «zona de comodidad». Este tipo de sueños pueden indicar ansiedad y dudas sobre nuestra capacidad de alcanzar el éxito.

CONEXIÓN

◎ *Acantilado: ¿Sientes aprehensión a la hora de tomar una decisión? ¿Hay alguna situación que te pone tenso? ¿Estás esperando que te llegue información, como el resultado de una prueba médica?*

Cueva COMO LAS CUEVAS FUERON LOS PRIMEROS HABITÁCU-

LOS para muchas tribus, se consideran símbolos del universo. Según antiguos mitos griegos y africanos, las cuevas son puntos de encuentro entre nosotros, los humanos, y los dioses; las pinturas rupestres retratan todo tipo de bestias y seres divinos, como hombres voladores y criaturas que se desplazan por el aire. También se dice que todos los dioses y salvadores mortales nacen en cuevas o sus equivalentes.

Los rituales de iniciación suelen realizarse en cuevas. Esto se debe a que las cuevas son lugares secretos, y las entradas pueden ser protegidas para impedir que entren intrusos y detengan la iniciación.

Como un útero, la cueva puede proteger y ocultar. El hecho de estar oculta y cerrada la asocia con el principio femenino. Se trata de un lugar donde ocurren sucesos misteriosos, lejos de la luz del día. Sin embargo, no está libre de peligros:

> *Soñé que estaba en una cueva de hielo. Esa cosa se me acercó por detrás, pero cuando me di la vuelta ya no estaba allí.*

En uno de los famosos mitos sintoístas de Japón, la diosa sol, Amaterasu, sale de su cueva para llevar luz y orden al mundo. Los celtas creían que para entrar en el otro mundo (el cielo) se debía atravesar una cueva.

CONEXIONES

- *¿Alguien que conoces está actuando como un «cavernícola»?*
- *¿Sientes el deseo de aislarte del mundo que te rodea?*

Piedra

SEGÚN LA TRADICIÓN, SE CREÍA QUE UNA PIEDRA AGUJEREADA —un canto rodado con un agujero natural— protegía a su portador de todo tipo de desgracias. Por ejemplo, se colgaba de la cama una piedra de las brujas —otro nombre para la piedra agujereada— para impedir intrusiones de estos seres. Las piedras de bruja también se colgaban cerca de la cama para prevenir pesadillas, y se recogían allá donde se encontrasen por sus propiedades sanadoras. Así, si una de ellas aparece en tu sueño, pregúntate de qué quieres protegerte.

En uno de sus últimos sueños, Carl Jung vio una gran piedra redonda que tenía inscrita la frase: «Como un signo para ti de Totalidad y Unidad». Ésta es la imagen central de la alquimia, la piedra filosofal, algo esencial en la vida del alquimista. Este símbolo representa la plena consecución del objetivo de Jung, que era explorar los símbolos de nuestros sueños, emociones y espiritualidad en el subconsciente personal y en el inconsciente colectivo.

Las muelas o piedras de molino se usan para moler el trigo. Una carga puede pesar como una «piedra de moler atada al cuello». Por tanto, si sueñas con una piedra de moler podría indicar que te sientes «molido».

Tanto los anglosajones como los vikingos usaban runas. Se trataba de piedras con líneas inscritas, o tabletas de madera talladas, que se usaban para lanzar hechizos o adivinar el futuro.

Barro

EL BARRO —LA MEZCLA DE TIERRA Y AGUA— suele estar asociado con un terreno que nos impide progresar y ensucia nuestros cuerpos. En muchos sueños con barro se expresan sentimientos de frustración: el soñante trata de escapar de alguien o de algo pero no puede avanzar porque el lodo le inmoviliza. Y puede, como en este sueño, amenazar con aniquilar al soñante:

Solía tener pesadillas terribles en la que trataba de escaparme corriendo a través del barro, que se hacía cada vez más denso hasta que me cubría, y los gritos no llegaban a salir de mi garganta.

Esta propiedad del barro de ensuciar y manchar está integrada en el lenguaje, como en el dicho: «Embarrar tu buen nombre». Si ocurre esto en un sueño, podría indicar que te preocupa tu reputación.

CONEXIONES

● *¿Eres un «palo clavado en el barro» que no está dispuesto a probar cosas?*

● *«Claro como el barro» significa que algo no está claro en absoluto. ¿Careces de claridad en tu situación actual?*

Pantano LAS TIERRAS PANTANOSAS Y CON MAL DRENAJE a menudo indican un lugar de cambio, donde la tierra y el agua se combinan para crear un terreno diferente. En este lugar, la persona puede hundirse o quedarse «empantanada». ¿Te sientes atascado en la actualidad? ¿Estás atrapado en una situación de la que no puedes salir?

Si sueñas con un pantano, analiza lo que ves. Hay muchas flores que sólo crecen en los pantanos: algunos tipos de orquídeas, caléndulas y hierbas. El malvavisco, que crece en pantanos salados, tiene delicadas flores rosas. Antiguamente sus raíces se usaban para hacer un dulce de textura esponjosa que se tuesta al fuego. ¿Qué puedes asociar con esto? ¿Estás siendo tan «blando» como este dulce esponjoso?

En las últimas dos décadas, buena parte de la tierra pantanosa del norte de Irak ha sido drenada. ¿Tiene tu sueño algún vínculo con este hecho? ¿Te sientes «drenado», como si estuvieras perdiendo tu hogar o las tradiciones que tanto has querido durante toda tu vida?

Montaña

Así como el Sol evapora el rocío matinal
muchos hechos malignos se evaporan al contemplar los Himalayas.

PROVERBIO TRADICIONAL HINDÚ

LAS CUMBRES MONTAÑOSAS SON EL PUNTO de encuentro entre el cielo y la Tierra, y la montaña permite transitar de una al otro. Quienes viven en los Himalayas consideran que el punto más alto de la Tierra es el paraíso, un lugar sagrado que se eleva hacia el creador. Por eso muchas montañas son tomadas por lugares santos y de peregrinación. Simbolizan la aspiración, la renuncia a los deseos mundanos y la búsqueda del potencial superior y la espiritualidad.

Estoy escalando la ladera de una montaña con mi marido y mi madre. Les digo que tengan cuidado porque el suelo resbala, y después pierdo apoyo y caigo al vacío. Me siento horrorizada. Caigo hasta el fondo, donde mi cuerpo se despedaza y sale en distintas direcciones.

Si sueñas que te haces daño de esta manera, cayendo de una gran altura, pregúntate qué te obliga a ascender a alturas peligrosas en la vida de vigilia. Si tu cuerpo se despedaza, eso podría indicar que no tienes una sensación de totalidad; ¿tal vez tu corazón y tu cabeza no funcionan de forma armónica?

Mares y ríos

NEPTUNO ERA EL DIOS ROMANO DE LOS
MARES Y LOS RÍOS. Navegaba en un carro tirado por caballitos de mar, y siempre llevaba
consigo su tridente. Se decía que cuando Neptuno estaba de mal humor causaba las tormentas, las inundaciones, los tsunamis y los terremotos.

Tuve una serie de sueños en los que me sentía amenazada por el mar. Por entonces me sentía deprimida, y los sueños se convirtieron en un punto focal. Siento que me salvaron la vida.

El movimiento regular del mar, en respuesta a los incansables flujos naturales y a las mareas, ofrece una sensación de continuidad y esperanza. El mar le dio a esta soñante una perspectiva más extensa que amplió su punto de vista, permitiéndole salir de sí misma para verse como parte de la totalidad natural.

En el ejemplo siguiente, la soñadora se separa y sigue su camino, recibiendo la recompensa de encontrar un lugar precioso que le permite mirar al mar:

Entro en una casa buscando un apartamento. Me dicen que sólo quedan unos cuantos por alquilar, pero me separo del guía y descubro muchas habitaciones interesantes. Por fin, encuentro una con fantásticas vistas del mar y de la playa.

El sueño indica que necesita seguir su camino personal y descubrir lo que es importante para ella. Cuando lo hace, la vista que ella divisa mejora.

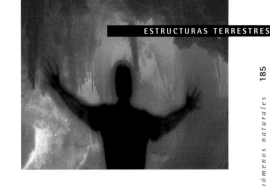

Hielo COMO EL AGUA SIM-
BOLIZA EL INCONSCIENTE, el hielo representa las emociones congeladas. Es rígido e impide el movimiento; sólo cuando se funde puede volver a fluir. Y si el hielo cae y
se rompe en tu sueño indica que
está ocurriendo algo innovador en la emociones, por sorprendente e incómodo que pueda ser.

La punta del iceberg sólo es una pequeña parte de su masa. Por cada metro cúbico de iceberg que aparece sobre la superficie, hay al menos ocho que están debajo. En los sue-ños, un iceberg puede simbolizar la parte visible de un problema mucho mayor, y puede advertir al soñante que necesita una seria reflexión sobre cuáles son los factores significa-tivos. Asimismo, los icebergs son tan hermosos que no podemos pasarlos por alto.

Cuando estamos en relaciones o situaciones que son en apariencia amables, podemos dejarnos seducir por el placer y no ser conscientes de los peligros ocultos, y los sueños pue-den reflejar esta situación. Una gran masa o extensión de hielo puede indicar que las emo-ciones del soñante están congeladas. Escondidas debajo de la superficie, estas emociones, como el agua helada, pueden suponer un desafío.

En Australia, iceberg es el término que se aplica a la persona que nada y hace surf, mientras que en otros países se llama así a quien se muestra frío y distante. Una «reina del hielo» deja helados a los demás con su actitud fría y carente de sentimiento.

CONEXIONES

◉ *¿Has sumergido tus emociones tanto que los que te rodean sólo son conscientes de una parte de ellas? ¿Estás escondiendo tus sentimientos?*

◉ *¿Sientes «frialdad» hacia alguien?*

Isla

MUCHA GENTE ANHELA DESCANSAR y alejarse del estrés y las tensiones de la vida. La solución soñada es perderse en una isla, lejos de todo y de todos. El tipo de isla te ayudará a interpretar el sueño:

• Una isla tropical, con fruta madura, indica relajación y plenitud.

• Una isla azotada por la tempestad y sin refugio revela una sensación de amenaza; no hay nada que te proteja.

• Una isla cubierta de árboles o arbustos indica dificultades para seguir un camino o ser incapaz de superar algo.

• Una isla remota puede revelar la necesidad de alejarse de todo, o puede indicar que uno se siente cortado.

A Irlanda se le conoce como «la isla de los Santos».

¿Es posible que tu sueño esté asociado con la espiritualidad?

Este soñante tiene un deseo abrumador de soledad:

Voy caminando con un caballo por la playa de una isla. Mis amigos me esperan en la cabaña, pero yo quiero seguir caminando con la compañía del caballo.

Aunque estás en una isla de ensueño, es posible que no te encuentres solo y tal vez anheles sentir una conexión con la naturaleza y vivir un periodo de soledad reflexiva.

Polo Sur

EL PUNTO MÁS AL SUR DEL EJE terrestre es un territorio inhóspito que plantea retos a la imaginación humana. Atrae a aquellos que desean poner a prueba su fuerza y su capacidad de soportar penalidades. Simboliza la supervivencia en circunstancias difíciles, como la escalada del monte Everest. Si no participas en este tipo de expediciones, considera cuál es el reto que afrontas en la actualidad. ¿Estás en alguna empresa potencialmente peligrosa? ¿Estás ofreciendo suficiente apoyo y ayuda en una actividad compartida?

Un explorador noruego integrado en la expedición británica al Polo Sur, en 1911, estaba totalmente convencido de que llegaría al polo antes que su paisano Amundsen. Sin embargo, durante la expedición soñó que estaba en una calle de Chicago y abría un telegrama firmado por Amundsen en el que le decía que había llegado al polo. El sueño le ofreció una solución al conflicto interno. Reveló que en el fondo deseaba que Noruega consiguiera el honor.

Muchos de los exploradores que han soportado grandes penalidades, como los que participaron en las expediciones al Polo Sur, soñaban vívidamente con comida. Como escribió Otto Nordenskjold en su libro *Antártida*: «Carne y bebida solían ser los temas en torno a los que giraban nuestros sueños. Uno de nosotros tenía el hábito de ir a banquetes y estaba encantado de contar que "ayer por la noche me comí tres platos"».

Cascada

POR SU FUERZA Y ENERGÍA, LAS CASCADAS suelen estar asociadas con la limpieza. Al descender por la ladera de la montaña, la cascada transporta la frescura del agua helada. Simboliza el agua inmaculada, que no ha sido usada por nadie, y está asociada con rituales de purificación como el bautismo. En la religión sintoísta, practicada principalmente en Japón, se considera que las cascadas son sagradas, y las ceremonias de purificación debajo de ellas son un símbolo de regeneración.

Dejarse empapar por la lluvia o debajo de una cascada puede indicar que algún material inconsciente está saliendo a la superficie. Esto puede ocurrir cuando trabajas con un terapeuta, o cuando se te revelan algunos hechos ocultos.

En la religión hindú el agua tiene un papel importante. La purificación del cuerpo es tan significativa como la de la mente, de modo que el hindú debe bañarse cada día en agua que fluya.

CONEXIONES

◉ *¿Ves un nuevo comienzo?*

◉ *¿Estás a punto de vivir una iniciación; por ejemplo, en una dimensión espiritual de tu vida?*

◉ *¿Qué te gustaría que te impregnara y se deslizara sobre ti para no tener que volver a pensar en ello?*

Fenómenos naturales

Lago

En mi sueño estaba en un mundo acuoso; entonces, literalmente, salí disparado a un mundo luminoso. Fue como un gran despertar.

EL AGUA ENCERRADA DEL LAGO puede representar la emoción restringida y contenida que frena al soñante. La cualidad del agua es muy importante: ¿Es clara o turbia? ¿Es demasiado profunda para sentirse seguro en ella? ¿Está la superficie en calma o azotada por el viento? Como está rodeada de tierra y no conecta de forma directa con el mar, el agua puede indicar la falta de una vía de expresión emocional o espiritual.

Entre las asociaciones mitológicas está «la dama del lago», un personaje de la leyenda artúrica que simboliza cualquier ser femenino sobrenatural. Se dice que el monstruo del lago Ness habita en sus aguas, aunque no se le haya visto nunca. En tu sueño, ¿podría el lago representar las fuerzas misteriosas que operan en el fondo de tu psique?

CONEXIONES

◎ *Si sueñas que nadas en un lago, considera lo fácil o difícil que es avanzar. ¿Se relaciona esto con una situación de vigilia en la que tratas de salir adelante?*

◎ *¿Representa el lago de tu sueño un deseo de seguridad, puesto que está contenido y sus límites son claros?*

Volcán **EL VOLCÁN PUEDE ESTAR DORMIDO,** agotado o activo, o erupcionar con una explosión sobre la región colindante. Si sueñas con volcanes durmientes, esto indica problemas del pasado que se han disuelto. Si sueñas con un volcán activo que sigue echando humo o erupcionando, simboliza una actividad emocional a nivel profundo que podría estallar. Si esto ocurriera, la lava, o la artillería emocional, podría llegar a cualquiera que se encuentre en su camino. ¿Estás enfadado y a punto de explotar? Si es así, ten cuidado para no herir a los inocentes.

Tuve una pesadilla en la que un anciano sabio, con su pelo blanco y su capa negra, me llevaba a un lugar de completa oscuridad. Allí él permanecía con su espalda vuelta hacia mí y las manos elevadas en el aire. En la negrura se distinguían volcanes y fuegos brillantes. El suelo que pisaba era irregular y no podía verlo, pero tenía que seguirle donde el anciano me llevara.

Este sueño indica los peligros del volcán y del terreno peligroso, pero también incluye la promesa del «sabio» arquetípico. El soñante se aferra a su coraje en la oscuridad, y saldrá de ella convertido en una persona más sabia.

Cielo y nubes

POPULARMENTE, EL CIELO SIEMPRE SE HA VISTO como un reino místico y cuna de dioses.

Al dios hindú Vishnú, que controla el destino de los seres humanos, se le representa paseando por el cielo en un águila. Garuda, el pájaro solar hindú de alas doradas, a menudo lleva un disco en su pico que simboliza al Sol. Indra, la deidad más importante del *Rig Veda*, el libro sagrado de los hindúes, es el dios del cielo, responsable del tiempo atmosférico.

Las nubes están conectadas con los asuntos celestiales. A los ángeles se les suele dibujar envueltos en nubes, y en la Capilla Sixtina pintada por Miguel Ángel la mano de Dios, sale de las nubes. La Torah —los cinco libros de Moisés— contiene muchas referencias a Dios, a quien se representa como una nube.

Entonces una nube cubrió la tienda de la congregación,
Y la gloria del Señor llenó el tabernáculo.

ÉXODO 40:34

Para los vikingos, las nubes eran los corceles de las valkirias.

En una ocasión soñé que estaba en lo alto del cielo. Luces brillantes marcaban el perfil de Australia, iluminando todo el continente. Tomé conciencia de lo grande que es el mundo.

De las nubes nace la lluvia y están asociadas con la compasión por la tierra. En muchas tradiciones se realizan rituales para atraer la lluvia que aseguren buenas cosechas.

CONEXIONES

◎ *¿Estás viviendo «bajo una nube», con temor a sufrir algún contratiempo?*

◎ *¿Tener la «cabeza en las nubes» significa que eres incapaz de concentrarte y pensar con claridad?*

Estrellas y constelaciones

LAS CONSTELACIONES SON PRODUCTO de la clasificación humana. En la antigüedad, cuando las personas contemplaban los cielos y sus formas, pintaban lo que veían y nombraron a estos grupos de estrellas. Este acto transformaba los cielos oscuros en lugares más amistosos y daba puntos de referencia a los navegantes. En el año 150 a.C., el astrónomo griego Ptolomeo publicó una lista de cuarenta y ocho constelaciones basada en registros mucho más antiguos. En los mapas estelares encontrarás constelaciones que tienen nombres de animales y criaturas míticas.

Los celtas veneraban las estrellas. Las llamaban «la Corte de Dunn» (el Señor de los Muertos) y las consideraban deidades ancestrales. Hay historias que relatan cómo devinieron en las distintas estrellas y constelaciones. Por ejemplo, se dice que uno de los hijos del dios celta Dunn, Gwydion el Mago, creó mujeres de las flores para que fueran las esposas de sus hijos. Cuando una mujer flor asesinó a su hijo, Gwydion creo la Vía Láctea, un camino en el cielo para poder encontrar al fallecido.

La estrella de David, de seis puntas, fue usada originalmente como símbolo de la identidad judía en el siglo XIV. También se le conoce en Oriente como el «Sello de Salomón» o el «nudo interminable». Se trata de un poderoso símbolo protector, que representa un universo perfecto y a los cuatro elementos (aire, tierra, fuego, agua), además del espíritu. Hallada originalmente en la antigua Grecia, esta estrella es hoy día la marca del mago.

CONEXIONES

◎ *¿Están asociados tus sueños estelares con aspiraciones celestiales?*

◎ *¿Estás a punto de ser la estrella de algo o de algún acontecimiento?*

◎ *¿Sientes que tienes las «estrellas cruzadas»? o ¿te sientes desafortunado?*

◎ *¿Tienes «estrellas en los ojos» con respecto a alguien?*

Planetas

CADA UNO DE LOS PLANETAS DEL sistema solar tiene características diferentes. Las conexiones que explicamos te ayudarán a descifrar tu sueño.

Venus. En astrología, este planeta está asociado con la Luna y con el amor. Venus es la estrella de la mañana o de la noche, y representa la unificación de los opuestos.

Saturno. Originalmente era el regente de la Era Dorada y del Séptimo Cielo; ahora se representa a Saturno como un anciano con una guadaña, una herramienta de destrucción que también puede traer renacimiento.

Neptuno. Este planeta representa la fuente de todas las cosas, el océano primordial del que se formó la vida.

Júpiter. Está asociado con la expansión, la creatividad y la organización energética. A Júpiter se le representa como una figura venerable que, a veces, va montado en un carro.

Marte. Marte es un hombre armado, a veces conocido como el señor de la guerra, y representa la energía masculina, la pasión y el coraje.

Mercurio. En la mitología antigua, Mercurio era el mensajero de los dioses, y actualmente está asociado con la comunicación.

Los cuerpos de los gladiadores muertos en la arena eran arrastrados por esclavos vestidos como Mercurio. Éste era un signo de respeto hacia los gladiadores, que ya eran libres de ir al cielo. Mercurio también es el nombre del metal líquido.

Urano. Símbolo del espacio ilimitado, el planeta Urano representa aquello que aún no está totalmente formado y puede indicar un potencial latente.

Plutón. Desconocido para los antiguos, Plutón simboliza las fuerzas ocultas.

Fenómenos naturales

Luna REPRESENTA EL LADO INTUITIVO, la madre, las emociones, la reflexión y las conexiones psíquicas. Está asociada con la plata y la piedra selenita. La diosa de la Luna se llamaba Selene en la antigua cultura griega.

Las cuatro fases de la luna (nueva, creciente, menguante y llena) influyen en las mareas y en los ciclos menstruales femeninos.

La Luna tenía un papel importante en el calendario celta y los festivales del fuego lunar marcaban las cuatro estaciones del año:

Samhain (1 de noviembre). Era el principio del año celta, cuando se recogían los rebaños para el invierno. Señalaba el momento más duro del año y el periodo en que los celtas se sentían más cerca de sus dioses del «otro mundo». Actualmente celebramos este festival en Halloween o en el Día de Todos los Santos, cuando recordamos a los difuntos.

Imbolc (1 de febrero). Indicaba la primavera adelantada y los nuevos comienzos, simbolizados por los corderos.

Beltane (1 de mayo). Marca el comienzo del verano, cuando los rebaños se dejan libres para pastar. El poste de mayo, símbolo de fertilidad, tiene su origen en este festival. Éste es un momento de renacimiento.

Lughnasa (1 de agosto). Marcaba el final de la cosecha.

CONEXIÓN

⊚ *El árbol lunar era un símbolo de los cultos lunares de Asiria, una deidad femenina. Los cultos lunares reverenciaban el principio femenino.*

Fenómenos naturales

El Sol

Bienvenido, Sol de las estaciones, que viajas en lo alto del cielo;

tus pasos son fuertes en el signo de las alturas,

tú eres la gloriosa madre de las estrellas.

CANCIÓN TRADICIONAL CELTA

EL SOL REPRESENTA EL SUPREMO PODER CÓSMICO. Como para los habitantes de la Tierra es el objeto más brillante e importante que existe en el cielo, lo equiparamos con el poder divino. Ha sido adorado por múltiples culturas de todo el mundo, desde los incas hasta los aborígenes australianos, como Helios por los griegos y como Apolo, dios del sol, en la antigua Roma. Representa la energía masculina y está conectado con el oro.

Según las antiguas culturas, el Sol tenía dos aspectos: el «Sol Negro» y su gemelo, el «Sol Solar». Cuando se ponía el Sol Solar, el Sol Negro viajaba por la oscuridad. La gente creía que el Sol Negro viajaba a las profundidades más oscuras para volver a emerger como la luz solar del día. Éste es un ejemplo de la dualidad, del yin-yang de la vida. El Sol Negro representaba a los dioses del submundo.

CONEXIONES

◉ *¿Podría tu «sol» soñado representar a tu «hijo»?*

◉ *Cuando el Sol de tu sueño está oculto, ¿indica que estás escondiendo tu lado solar, tu brillo y calidez?*

◉ *Si en un sueño te quemas con el Sol, podría ser una advertencia para que te protejas en los baños de sol.*

Arco iris

EL ARCO IRIS ES UN SÍMBOLO DE ESPERANZA, de tomarse un respiro después de un periodo turbulento. Es el puente entre el cielo y la Tierra, entre lo secular y lo divino. En las leyendas nativas americanas, el arco iris es la escalera que lleva a otros mundos. Asimismo, en las tradiciones escandinavas, es *Bilforst*, «el tembloroso camino que conduce hasta Asgard», o cielo. Las mitologías nos dicen que quienes han vivido una buena vida transitan fácilmente de la Tierra al cielo, mientras que los que han tenido una mala vida son consumidos por el fuego.

En Australia, el arco iris está asociado con la Serpiente Divina, una de las fuerzas creativas más poderosas del universo. Para los aborígenes, la Serpiente Arco Iris es tan vital en su comprensión de la creación como lo son Adán y Eva para los cristianos o el Big Bang para los científicos.

Los aborígenes de Arnhem (Australia) creen que la madre Serpiente Arco Iris creó el mundo y a todos los pueblos, con sus distintos colores de piel. En la sociedad occidental el arco iris ha sido adoptado como un símbolo del orgullo homosexual. Tal como el arco iris contiene una variedad de colores, nosotros, los humanos, también tenemos muchos colores de piel, y el arco iris representa la interconexión de todos ellos.

CONEXIONES

◉ *¿Hay una especie de recompensa después de superar tiempos difíciles?*

◉ *Si sueñas con un arco iris podría representar una nueva esperanza.*

Lluvia

La lluvia que cae del cielo impregna la tierra,
haciendo crecer las plantas
y el cereal para hombres y bestias.

ESQUILO

LA LLUVIA ES UNA FUERZA de vida, una fuente de fertilidad, como el Sol. La lluvia es esencial para el crecimiento de toda vida vegetal, de la que en último término dependemos todos, y se le considera una bendición al final de un periodo de sequía. Todos los dioses celestiales fertilizan la tierra con lluvia.

Los aztecas tlaloc usaron la serpiente de doble cabeza como símbolo de la lluvia. Los flecos de la ropa y de los mocasines de los nativos americanos son un símbolo del caer de la lluvia. El agua es un símbolo del inconsciente. El agua de lluvia simboliza el pensamiento o la intención superior. Aunque podemos controlar grandes volúmenes de agua, no podemos controlar los elementos: la lluvia cae cuando quiere. A veces se considera que simbolizan las lágrimas.

CONEXIONES

¿Está relacionada la lluvia de tu sueño con los cultivos? ¿Con la fertilidad?

¿Hay algo que haya aparecido de repente y requiera tu atención?

Fenómenos naturales

CONEXIONES

◈ ¿Te sientes «atronador»?
¿Estás realmente furioso
por algún motivo?

◈ ¿Está tu sueño relacionado
con el ritmo? ¿Necesitas
acelerar para después
«golpear como un rayo»?

◈ ¿Simboliza tu sueño de
rayos y truenos una época
tormentosa de tu vida?

Rayos y truenos

LOS RAYOS Y TRUENOS NOS ADVIERTEN de tormentas inminentes, y pueden llamarnos la atención sobre temporadas «tormentosas» de nuestra vida. El relámpago ilumina el cielo, mientras que el estruendo del trueno nos obliga a prestar atención.

En las culturas nórdicas, el trueno estaba asociado con «la voz de los dioses» y la «ira divina». En la mitología, los rayos son armas arrojadizas que los dioses lanzan sobre la Tierra. Los chamanes creían que ser golpeado por un rayo indicaba que se ha producido la iniciación. Por este motivo, algunos chamanes se pintan un rayo en zigzag sobre la frente cuando participan en ciertas ceremonias.

El relámpago simboliza el destello de inspiración, la revelación espiritual y la conciencia repentina de la verdad. Como los rayos del sol, el relámpago representa tanto los poderes de destrucción como de fertilización.

En el folclore británico existe la creencia de que si cuelgas plumas de águila de un árbol en el jardín, se impedirá que golpee el rayo.

Nieve COMO EL HIELO, LA NIEVE TAMBIÉN ESTÁ RELACIONADA con las emociones congeladas; sin embargo, en la nieve hay movimiento, puesto que cae, cambia de dirección y es más suave. La nieve que se funde puede simbolizar la descongelación de las actitudes rígidas o una liberación de los sentimientos.

La nieve al caer cubre el paisaje y amortigua el sonido. En sueños, esto representa el deseo de un nuevo comienzo: la «nieve virgen» nos da la oportunidad de hacer una nueva marca donde no había señal previa, de hacer la primera impresión en un nuevo paisaje. ¿Estás embarcándote en una empresa innovadora? ¿Quieres dejar tu marca?

También nos gusta jugar en la nieve, tirarnos bolas y construir muñecos. Si sueñas con ello, podría indicar que necesitas aprovechar al máximo las nuevas oportunidades cuando se presentan porque, como la nieve, pueden fundirse y desaparecer antes de sacarles partido.

CONEXIONES

◎ *¿Hay alguien que esté engañándote o abrumándote con comentarios elaborados o no sinceros?*

◎ *«Estar bajo un metro de nieve»: ¿Estás estresado porque tienes que realizar muchas tareas en poco tiempo?*

tormenta

LA TORMENTA PUEDE QUEDARSE en una amenaza, o puede ser destructiva. En tu sueño tienes que considerar si la tormenta sólo ha sido una amenaza o si te ha atrapado en su torbellino. Simbólicamente, la tormenta representa la descarga de emociones acumuladas, o sentimientos que se descontrolan y causan desastres. «El estallido de la tormenta» indica este estado de emoción exaltada.

A veces, otras personas de tu sueño pueden prever la tormenta mientras que tú no te das cuenta:

Mi sueño empezó cuando tomaba un autobús para ir a la ciudad. Cogía el autobús en la dirección opuesta. Era consciente de ello. En el autobús me encontré con dos amigos que no solían estar juntos. Hablaban de una tormenta externa, pero cada vez que yo miraba por la ventana el tiempo aparecía soleado y cálido. Por último, se bajaron del autobús mientras yo continuaba viaje.

CONEXIONES

○ *¿Te «atormenta» algo del pasado? ¿Ese recuerdo no te deja disfrutar del presente?*

○ *«Una tormenta en un vaso de agua»: mucha agitación por algo que se olvida rápidamente.*

Estaciones

Cuatro estaciones completan el año;
hay cuatro estaciones en la mente humana.

JOHN KEATS: LAS ESTACIONES HUMANAS

LOS CAMBIOS DE UNA ESTACIÓN a otra son parte del ciclo de la existencia, y en sueños simbolizan cambios en la vida humana.

Primavera. Juventud, nuevos comienzos, despertares, un potencial por desarrollar. Aporta la suave calidez que aleja el frío del invierno.

Verano. El punto de máxima fecundidad, cuando todo está en pleno florecimiento. Hacer que el verano sea eterno en tu alma significa mantener viva la esperanza. Es el momento de la máxima creatividad y realización en la vida.

Otoño. Es la época de la cosecha, cuando la vida y la naturaleza dan sus frutos. Es el momento de cosechar los beneficios de antiguos esfuerzos.

Invierno. Cae la oscuridad y nos retiramos a la calidez del hogar. Se trata de una época de reflexión y compleción, mientras la rueda de la existencia hace que germine nueva vida.

Los festivales celtas de Samhain, Imbolc, Beltane y Lughnasa marcan las estaciones del año celta. Se celebran con hogueras, comidas y rituales que atraen protección y fertilidad.

El dios celta Dagda, el «dios bueno», tenía un arpa mágica cuya música ayudaba a producir el cambio estacional. Podía tocar tres melodías para hacer que la gente durmiera, riera o penara.

Inundación

LAS INUNDACIONES SON CAPACES DE LLEVARSE por delante estructuras, terrenos y personas. Al inundarse el terreno —como el delta del Nilo, que se inunda de forma regular— también aporta nuevos nutrientes que ayudan a regenerar la tierra. Representan el final de un ciclo y el comienzo del siguiente. Pero a nivel emocional, soñar con inundaciones indica que el inconsciente nos abruma.

Abundan los mitos sobre grandes inundaciones. En la historia bíblica del diluvio, a Noé se le dan instrucciones para que construya un arca con el fin de preservar la vida. Con posterioridad, Dios extiende el arco iris como señal de que no volverá a producirse una inundación tan destructiva.

Soñé que estallaba una tubería de agua y que el agua sucia salía a borbotones, inundándolo todo. Estábamos rodeados.

CONEXIÓN

◎ *¿Te sientes conmocionado por algún suceso o emoción?*

Sequía

CUANDO NOS FALTA AGUA SENTIMOS que nos amenaza la extinción, porque no podemos vivir sin ella. Como el agua simboliza las emociones, sufrir una sequía indica que nuestros sentimientos se han secado, que nos falta fluidez emocional. Esto puede estar causado por una retirada del afecto de otros o por una pérdida importante, como un deceso.

Cuando nuestra piel se seca —a medida que envejecemos, o después de largos baños de sol—, en nuestros sueños pueden aparecer lechos de río secos o paisajes desérticos con el suelo resquebrajado que retratan el envejecimiento y el efecto secante del sol sobre la piel.

El cambio climático está causando una mayor incidencia de las sequías y de las inundaciones; muchas personas descubren que sus sueños reflejan preocupación por estos cambios. En este tipo de sueños lamentamos la devastación causada, o nos vemos tratando de inducir cambios positivos. ¿Te animan tus sueños de sequía a involucrarte de manera activa en campañas medioambientales?

CONEXIÓN

Antiguamente, «estar seco» equivalía a estar «sediento»; por tanto, ¿podría el hecho de soñar con sequías indicar que estás deshidratado? ¿Estás bebiendo suficiente agua para conservar la salud?

Huracanes y tornados

COMO LOS TERREMOTOS, LOS HURACANES Y LOS TORNADOS tienen efectos calamitosos. A nivel simbólico, como el huracán lo arrasa todo a su paso, simboliza la limpieza de lo viejo y, cuando se restablece la calma, la oportunidad de construir algo nuevo.

La energía del huracán se atribuye a las personas que se mueven con tanto brío y tumulto que lo arrasan todo a su paso. ¿Podría referirse esto a ti y a tus compañeros? ¿Sientes que tu apresuramiento podría hacer que las cosas importantes queden a un lado o sean destruidas?

CONEXIONES

◎ *¿Te sientes desplazado en contra de tu voluntad por la presión de otra persona?*

◎ *¿Los vientos de cambio alteran tu vida?*

terremoto

Fenómenos naturales

ANTES DE MORIR EN LA CRUZ, JESÚS DIJO: «Padre, en tus manos encomiendo mi espíritu» (Lucas 23:46). Inmediatamente después, acaeció un terremoto y una parte del templo de Jerusalén se destruyó. Incluso en nuestros días, los terremotos se consideran signos de la ira y del poder de Dios.

La aparición de un terremoto en tus sueños podría representar un gran trastorno en tu vida causado por cambios importantes en el hogar o en el trabajo. Con frecuencia, después de un suceso traumático, como un accidente ferroviario o la caída de un avión, soñarás con desastres naturales. Un terremoto es una repentina erupción de energía causada por la actividad subterránea, por lo general a lo largo de una falla. ¿Hay alguna «falla» metafórica que piensas que podría manifestarse repentinamente en la superficie?

Estaba dentro de una casa que parecía ser atacada. La casa empezó a venirse abajo, como si hubiera un terremoto.

La soñante estaba segura de que este sueño era una expresión subconsciente del dolor que había sufrido al final de su matrimonio. Ella sentía que se rompía bajo la tensión de esta experiencia.

Avalancha

LA PALABRA AVALANCHA VIENE DEL FRANCÉS *à val,* que significa «algo que se va abajo». Por lo general, hace referencia a una masa de nieve, hielo y tierra que se desliza de forma repentina por una ladera montañosa, cubriéndolo todo a su paso. Puede indicar que uno se siente abrumado, pillado por sorpresa o sofocado bajo un gran peso.

Si sueñas que estás en una montaña nevada y se produce una avalancha, eso puede indicar ansiedad por verse atrapado en ella, o el sueño podría ser una respuesta a amenazas de cualquier tipo. La gente suele hablar de una «avalancha de trabajo», y es posible que te preocupe no poder dar salida al volumen de trabajo que tienes por delante. Si es así, busca estrategias prácticas para reducir tu carga laboral.

En el aspecto positivo, también podemos recibir una «avalancha de aplausos» o una «avalancha de ramos de flores». Si sueñas con ellos, esto indica que estás recibiendo un premio por tus talentos o por los esfuerzos realizados en el pasado. Ha llegado el éxito y tu duro trabajo está siendo recompensado.

Ola gigante

LA APARICIÓN DE UNA GRAN OLA que podría barrer al soñante revela una sensación de amenaza, posiblemente causada por una repentina alteración de la psique. El soñante se puede sentir abrumado por intensos sentimientos que amenazan con «levantarle del suelo». Estas fuerzas internas desconocidas o inesperadas pueden acabar con anteriores sensaciones de seguridad.

Soñé con una gran ola que aparecía de repente de la nada. No pude evitarla y me engulló.

Un tsunami es una gran ola destructiva producida por una erupción volcánica submarina o por un terremoto. Si aparece en tu sueño, ¿qué actividad escondida o sumergida sientes que te amenaza?

Voy caminando por un acantilado, un promontorio rocoso, que en parte es artificial. Parece seguro, pero se acerca una enorme ola que se lo llevará todo por delante. Se alza muy por encima de mí, verde y poderosa. Me preparo para recibirla con la esperanza de que si me aferro con fuerza a la roca, no me llevará con ella, y es posible que quede un poco de aire debajo de la roca saliente.

El tsunami puede limpiar los restos de antiguas creencias y de hábitos perniciosos. Estas olas podrían llevarnos a nuevas costas.

Fósil

LOS FÓSILES SON RELIQUIAS DE ERAS ANTERIORES. Son piezas de la historia y de la geografía que nos muestran lo que existió.

Soñar con un fósil indica un interés por lo ocurrido en el pasado. La criatura o planta fosilizada que se presente te dará pistas sobre el significado de tu sueño.

Decir que alguien es un «fósil» también indica que sus ideas están desfasadas o que vive en el pasado. ¿Simboliza el fósil de tu sueño a alguien que conoces, o bien percibes que tú mismo vives en el pasado?

CONEXIÓN

⊚ *Combustible fósil: Combustible natural de carbono. Soñar con un combustible fósil puede indicar la necesidad de disponer de más «combustible» personal, como frutas y verduras, que aumenten tu nivel de energía.*

Concha

LAS CONCHAS DE LAS CRIATURAS MARINAS y tortugas ofrecen protección (*véanse* páginas 275-276). Permiten que el animal se retire cuando siente que le amenaza algún peligro o necesita descansar.

La concha es el símbolo de Santiago Apóstol. Muchos de los peregrinos que acuden a Santiago de Compostela llevan conchas durante la peregrinación. El 5 de agosto, fiesta de San Jaime, los niños acostumbran a construir grutas o escondrijos artificiales decorados con conchas de ostra. Esto sigue ocurriendo en nuestros días, aunque no es tan común como en el pasado.

La leyenda nos cuenta que Afrodita, la diosa griega del amor, surgió del mar suspendida en una concha. La concha es un símbolo de la vagina y está vinculada con la sexualidad. Uno de los símbolos más antiguos es la espiral, que puede aparecer suelta o por parejas, puede tener cualquier tamaño e ir en el sentido de las agujas del reloj o en el contrario. Las fuerzas naturales toman formas espirales en el humo ondulante, en los tornados y en las conchas. En muchos lugares sagrados de Europa hay conchas espirales enterradas y también pueden verse sobre las superficies decoradas.

CONEXIONES

¿Necesitas salir de tu cascarón?

Si has soñado con una concha, ¿indica esto que necesitas un tiempo de retiro?

telaraña

LA TELARAÑA SIMBOLIZA EL TIEMPO y el destino. Captura todo lo que entra en su trampa de fina estructura. Por tanto, si sueñas con una telaraña, es posible que te sientas atrapado en algo de lo que te parece imposible huir.

En la mitología griega, una joven llamada Ariadna era una gran tejedora y desafió a la diosa Atenea a una competición, por lo que fue transformada en araña. La aracnofobia es un miedo mórbido a las arañas, y soñar con ellas refleja esta fobia. Como las arañas se encuentran principalmente en bodegas, sótanos y lugares oscuros, pueden simbolizar el submundo o la mente inconsciente. Mucha gente me ha contado pesadillas en las que se veían cubiertos de arañas y despertaban tratando de expulsarlas de la cama. Sin embargo, no todos los sueños con arañas son negativos.

Había una araña enorme. La gente se metía con ella, pero yo quería que la dejaran en paz. Hizo una gran telaraña y me envolvió con ella, como si agradeciera mi protección. El miedo se disipó.

La soñante se sintió envuelta en una telaraña, y la fuerza del hilo le daba sensación de tranquilidad después de haber tenido que superar muchos problemas. También pudo reconocer el hilo que la unía con la trama de la creación.

Color **EN SUEÑOS, EL COLOR ES IMPORTANTE** para destacar y resaltar cosas de particular importancia. En algunos sueños es posible que sólo haya tonos negros, blancos o sepia, aparte de una persona o una pieza de ropa significativa que puede ser roja, por ejemplo.

Éstos son los principales atributos de los colores que se presentan en los sueños (para una guía pormenorizada te resultará útil mi libro *Creative Visualization with Color*):

Verde. Fértil, fecundo, sensual. Es un color curativo, vinculado con la fertilidad y las riquezas naturales. Los suelos de los templos del delta del Nilo estaban pintados de verde para asegurar el éxito en la siembra y recolección de las cosechas.

Rojo. Pasión, peligro, calor y poder.

Azul. Eternidad, lealtad, pureza e infinitud. Como el mar y el cielo, también es símbolo de los asuntos celestiales.

Amarillo. La calidez del Sol, el poder de la luz, la primavera y sus flores. En sentido negativo este color está asociado con la cobardía y la traición.

Blanco. Asociado con la pureza, la inocencia y la virtud, el blanco también está relacionado con la palidez de la muerte y el sudario. En muchas tradiciones religiosas, como la sikh, el blanco es el color del duelo. Se dice que los ramos de flores blancas y rojas, sin mezcla de otro color, dan mala suerte porque representan la sangre y los vendajes. En la liturgia católica el blanco está asociado con las fiestas de Cristo, María y los santos que no fueron martirizados.

Índigo. Está asociado con los aspectos psíquicos e intuitivos.

Negro. Representa la noche, el duelo, la depresión y el potencial no realizado.

Luces norteñas

LA AURORA BOREAL, TAMBIÉN LLAMADA «luz norteña», es una cortina de luces cambiantes causada por fenómenos atmosféricos que ocurren en las proximidades del Polo Norte. Las luces norteñas, a veces conocidas como «el velo entre los mundos», se interponen entre la Tierra y las esferas celestiales desplegando una brillante variedad de colores. (Las luces sureñas aparecen en las proximidades del Polo Sur y se las conoce como *aurora australis*.)

Antes de que se supiera que estas luces se producen por cargas eléctricas se decía que presagiaban batallas y pestilencia. En la actualidad, los viajeros recorren grandes distancias para contemplar estas maravillas. Si aparecen en tu sueño podrían indicar que está a punto de producirse un suceso inesperado, algo que te sorprenderá y te asombrará. Como ocurre con los demás aspectos de la luz, las luces norteñas están asociadas con la iluminación y la intuición, de modo que piensa en los conocimientos que has adquirido recientemente o en alguno nuevo que te gustaría adquirir.

Eclipse CUANDO LOS CUERPOS CELESTIALES se comportan de manera inusual pueden reflejar un cambio en el orden natural de las cosas e indicar que se están viviendo tiempos caóticos. Los antiguos dioses griegos y romanos consideraban que los eclipses eran malos presagios. Nicias, el general ateniense, quedó tan aterrorizado por un eclipse de Luna que se negó a luchar contra el ejército de Siracusa. Su ejército quedó destrozado y él fue ejecutado por el enemigo.

En muchas cosmologías —maneras de entender la naturaleza del universo— a los monstruos del cielo se les culpa de comerse el Sol o la Luna, causando así los eclipses solares o lunares. A nivel simbólico representan los monstruos internos que nos impiden brillar.

Los pueblos del antiguo México creían que los eclipses estaban causados por disputas entre el Sol y la Luna. Los cuerpos celestiales se causaban mutuamente moratones, de modo que ninguno de ellos podía brillar.

CONEXIONES

◉ *¿Te sientes ensombrecido? ¿Sientes que tu luz está amortiguada?*

◉ *Después de un eclipse emerge nueva luz. ¿Has pasado una época de oscuridad y están saliendo por el otro lado?*

EN LA ANTIGUA GRECIA, *EL LIBRO DE SUEÑOS,* de Artemidoro, atribuía un significado a cada flor en ramos y guirnaldas. El lenguaje de la florigrafía se tomaba muy en serio. Las flores estaban incluidas en todas las ceremonias y la gente comprendía su significado simbólico. Cuando las flores aparecían en sueños, siempre querían decir algo importante. Asimismo, en los sueños de hoy, los árboles, flores y plantas pueden incorporar mensajes simbólicos.

Los árboles de hoja caduca se desnudan en otoño y nos recuerdan el ciclo interminable de nacimiento, muerte y renacimiento. Los árboles de hoja perenne representan nuestras raíces más profundas y nuestras aspiraciones superiores. Los árboles frutales son símbolos de la abundancia natural que disfrutamos cuando están en su perfección.

Las flores aportan color a nuestras vidas y están asociadas con la gracia y la belleza. Las flores cultivadas simbolizan cómo podemos influir en el crecimiento natural y controlarlo, mientras que las flores y hierbas silvestres nos muestran la abundancia natural que nos presenta todo tipo de formas y variedades. El florecimiento de cualquier planta representa la consumación del ciclo.

Las plantas trepadoras, en su capacidad de extenderse hacia arriba y hacia fuera, pueden indicar una ampliación de horizontes, mientras que las plantas con espinas representan puntos incómodos de nuestra vida.

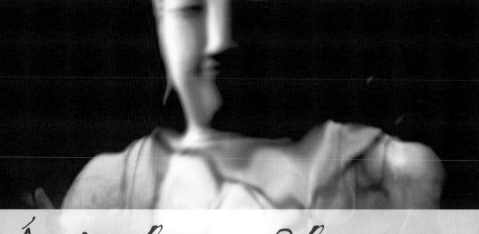

Árboles, flores y plantas

Árboles, flores y plantas

En las ilustraciones de la Edad Media se usaban flores y plantas; también en las alfombras de Irán y Turquía, y en los tejidos de Francia y China.

Las formas de las viñas retorcidas que aparecen en *The Book of Kells* se inspiran en los entramados celtas, donde las imágenes de pájaros, plantas y animales se entrelazan en dibujos altamente decorativos.

Cuando soñamos con plantas estamos respondiendo a ellas porque son un elemento esencial de nuestro mundo, tanto porque las necesitamos como sustento y, asimismo, por su conexión con símbolos arquetípicos (*véase* página 17).

Los alquimistas y sanadores han usado plantas para curar y producir cambios. Los alquimistas europeos usaron la alchemilla, recogiendo el rocío de sus hojas, para sus preparaciones y usándola para curar heridas. Esta planta estaba dedicada a la Virgen María.

En tus sueños pueden aparecer malas hierbas, además de flores. Algunos dicen que una mala hierba es una flor silvestre que está creciendo en el lugar equivocado. Está claro que las malas hierbas no son apropiadas en los jardines, particularmente cuando lo invaden todo y reducen las posibilidades de supervivencia de las especies más delicadas. Si sueñas con malas hierbas, considera si estás siendo expulsado, dominado o ensombrecido. «Hierba» también es un término usado para el *cannabis*, pudiendo estar asociado con el consumo de drogas y con el miedo a perder el control. «Arrancar las malas hierbas» también es eliminar lo indeseable. ¿Es esto lo que necesitas hacer en algún aspecto de tu vida o con tus amigos? ¿Tal vez sientes que eres tú el que no es bien recibido?

El Árbol de la Vida es un símbolo poderoso y mundialmente conocido, asociado con la cruz de los cristianos.

Los musulmanes también tienen un árbol que representa el límite entre la comprensión humana y el misterio divino. Para el cristianismo, el árbol es el símbolo tanto de la vida como del conocimiento. En China, el árbol de la vida era Kienmou, que crecía en las laderas del paraíso terrenal de Kuen-Lou. El Buda alcanzó la iluminación debajo del árbol bodhi. Así, vemos una y otra vez vínculos simbólicos entre los árboles y la espiritualidad. A medida que explores el significado de los árboles concretos de tus sueños, recuerda su significado espiritual en las distintas tradiciones.

Las flores y otras plantas nos recuerdan el mundo natural de la belleza y el crecimiento. Si las plantas crecen en tiestos, puede indicar constreñimiento o falta de cuidado. Si florecen vigorosamente pueden simbolizar energía y crecimiento saludable, o la amenaza de una proliferación rampante.

Rosemary, que ahora tiene trece años, tuvo este sueño a los ocho:

El sueño más pavoroso que he tenido ocurrió cuando tenía varicela. Empezó mientras dormía, pero continuó como una alucinación después de despertar. Era como si los árboles y las grandes plantas me agarraran, tratando de sujetarme y tratando de matarme. Grité. Me sentía muy atemorizada.

Cualquiera que sea la forma que tomen las plantas en tus sueños, si te dedicas a aprender más sobre su naturaleza te ayudarán a interpretar tus sueños.

ARRIBA. *En sueños, las plantas con púas pueden significar problemas graves.*

Fresno

EL FRESNO REPRESENTA LA SOLIDEZ, que mantiene las cosas de una pieza. En la mitología noruega, Ygdrasill, el poderoso fresno, es el Árbol Mundo que une el cielo, la Tierra y el submundo. Se le conoce como el Árbol de la Prudencia.

Al serbal, también llamado fresno de montaña, se le atribuyen poderes mágicos. En Lancashire (Inglaterra) se ponían ramas de fresno sobre la cama para repeler las pesadillas. En algunas áreas se ponían ramas de serbal en la cuna del recién nacido para rechazar a las brujas y hadas malevolentes. En los antiguos cuentos populares se dice que los frutos del serbal facilitan el nacimiento de niños.

Los serbales se plantaban cerca de círculos de piedra celtas para proteger a las mismas de cualquier infortunio. En la actualidad, la gente sigue plantando serbales cerca de sus casas para proteger sus hogares y familias. Cortar un serbal es invitar el desastre.

CONEXIONES

◉ *¿Conecta el fresno de tu sueño con «cenizas» de algo que ha sido destruido por el fuego?*

◉ *¿Necesitas las cualidades protectoras del serbal?*

Haya y abedul

EL HAYA ERA EL ÁRBOL MÁS VENERADO por los antiguos celtas porque contenía el conocimiento del mundo. Asociaban el haya con Ogma, el poderoso guerrero de los Tuatha de Danaan, que se convirtió en el antiguo dios celta Ogma Cara de Sol. Se dice que él inventó el alfabeto ogham usado por los celtas. En algunas tradiciones, el haya es el símbolo de la palabra escrita. En alemán y en sueco hay un vínculo lingüístico entre las palabras «haya» y «libro», que también existe en el lenguaje anglosajón original. En muchas culturas europeas, el haya es el árbol del antiguo conocimiento, y está asociado con los dioses del aprendizaje y el intelecto humano.

El haya está asociado con muchos otros dioses, entre los que se incluyen el dios griego Hermes, el Mensajero; Thoth, el antiguo dios egipcio de las matemáticas y la sabiduría, y el dios noruego Odín, que recibió el regalo de las runas (un antiguo alfabeto germánico). Como el alfabeto ogham, las runas se usaban para la adivinación. La madera y las hojas del haya se usaban como talismán para incrementar los poderes creativos.

Los nativos americanos usaban la corteza de abedul para fabricar canoas, siendo éste un árbol sagrado para muchas tribus. En Inglaterra, ser «vareado» significaba ser azotado con ramas de abedul. Si sueñas con el abedul, ¿está tu sueño relacionado de algún modo con el castigo?

CONEXIONES

- *¿Quieres desarrollar tu potencial aprendiendo de los «libros»?*
- *Ese sueño con un «haya», ¿podría estar relacionado con una «playa»?*

Espino

EL FOLCLORE BRITÁNICO CONSIDERA que el espino es un árbol mágico. La leyenda dice que las escobas de las brujas estaban decoradas con pequeñas flores de espino. Beltane, el antiguo festival del final del invierno, estaba determinado por el florecer del árbol de espino, puesto que este hecho señalaba la proximidad del verano. Los postes de mayo, símbolos de fertilidad, estaban confeccionados normalmente de espino o haya.

Se considera que talar un espino trae mala suerte y, a veces, la intensidad de su perfume trae reminiscencias de la muerte. Esto puede deberse a que una de sus variedades, *Crataegus monogyna*, contiene en sus flores un producto químico idéntico a los encontrados en la carne podrida y en los cadáveres.

En Appleton (Cheshire, Inglaterra) existía una tradición de «adornar» el árbol de espino en la que participaba todo el pueblo. Ahora son principalmente los niños quienes lo decoran con lazos rojos y guirnaldas de flores. Después de decorarlo, bailan a su alrededor, cantando una canción tradicional. Se cree que el espino de Appleton se plantó, en el año 1125, a partir del esqueje de un árbol sagrado de Glastonbury.

El espino está vinculado con la fertilidad y el renacimiento. El poeta británico Geoffrey Grigson dice que su aroma, «como de almizcle», sugiere sensualidad. Cuando aparece un espino en sueños puede indicar un nuevo proceso de regeneración personal o que estás a punto de hacerte más creativo física o mentalmente.

Sauce llorón

EL SAUCE LLORÓN, UN ÁRBOL MARAVILLOSAMENTE grácil, es un espécimen perteneciente a la familia de los sauces. El sauce puede regenerarse a partir de las semillas, y si una rama se rompe y es arrastrada río abajo, puede enraizarse en una orilla embarrada. Esta tendencia del sauce de sobrevivir contra todo pronóstico y florecer una vez más lo convierte en un buen presagio en territorio onírico.

Aparte de su utilización en la construcción, el sauce tiene muchos otros usos, y tal abundancia es otro signo positivo para el soñante. Con las tiras de sauce se construyen cuerdas y se tejen cestas, y su madera se entierra para hacer carbón.

El sauce llorón también está asociado con el agua y con llorar, con la tristeza y con la pérdida del amor. En Inglaterra, *vestir el sauce* significaba «entrar en duelo», y las personas cuyas parejas habían muerto llevaban guirnaldas confeccionadas con hojas de sauce. Los hebreos en cautividad colgaban sus arpas de un sauce llorón para indicar que estaban guardando luto por su patria.

Al dios celta Esus se le representa tradicionalmente cortando un sauce. En la mitología china, el sauce llorón es el árbol de la diosa Kwan-yin, que rocía las aguas de la vida con una de sus ramas. El sauce, un importante símbolo de sabiduría, conecta con los cielos a través de sus ramas y con el mundo inferior a través de sus raíces.

CONEXIÓN

◉ *¿Simboliza tu sueño con un sauce la pérdida de alguien o algo querido?*

Roble

EL ROBLE ES UN SÍMBOLO DE FUERZA y larga vida, y en la antigüedad era considerado un árbol sagrado en toda Europa. También era sagrado para los nórdicos y los celtas. Las hojas de roble simbolizan la fuerza de la fe. En la antigua Roma, al patriota victorioso se le coronaba con guirnaldas de roble.

La palabra *druida* significa «conocimiento del roble», y los druidas practicaban su religión en bosques de robledales. Estos bosques les permitían esconderse de los romanos, que amenazaban con conquistarles. El muérdago, una planta parásita que usa el roble como árbol anfitrión, también era sagrado para los druidas. Se valoraba por sus propiedades curativas para la infertilidad, tal vez porque en lo más profundo del invierno, cuando sus anfitriones parecen muertos, ella sigue creciendo. En Navidad es costumbre colgar dentro de casa unas ramas de muérdago para que la gente pueda besarse debajo de sus bayas venenosas, de color blanco cremoso.

Si sueñas con bellotas y robles, puede indicar que estás a punto de empezar una nueva fase de tu vida. El dicho «de las pequeñas bellotas crecen grandes robles» expresa la idea de que los comienzos humildes pueden producir empresas de gran calado.

Árboles de hoja perenne

LOS ÁRBOLES Y PLANTAS de hoja perenne simbolizan la fuerza de vida continua y sin interrupciones, y por eso se usan en las celebraciones de Navidad y en los funerales. Cuando nació Jesús, los magos le llevaron incienso y mirra, resinas de dulce olor de árboles perennes. (Éstas tienen propiedades curativas y se usaban para embalsamar a los muertos.) En Navidad, el acebo y la hiedra se usan para decorar el hogar, pues simbolizan la eterna presencia de Cristo en el mundo, aunque su empleo durante estas fiestas se remonta a creencias paganas muy anteriores. Los celtas creían que el acebo tenía propiedades mágicas.

Los árboles de hoja perenne reflejan la creencia en la vida después de la muerte y simbolizan la mortalidad. El laurel está asociado con la resurrección, puesto que puede revivir aun después de haber perecido su raíz, y se usaba tradicionalmente en las coronas funerarias. En el folclore británico se cree que tener un árbol de laurel en el jardín protege la casa de los rayos y la guarda de los malos espíritus. En la antigua Roma los emperadores llevaban coronas de laurel como amuleto contra rayos y tormentas.

Aunque venenoso, el tejo simboliza la tierra y la inmortalidad (suele hallarse en los jardines de las iglesias británicas). El tejo vive muchos años, y sus ramas se pueden replantar para producir nuevos retoños. Se considera desafortunado dañar un tejo.

CONEXIONES

◎ *¿Te ves representado en tu sueño de un tejo?*
◎ *¿Representa tu sueño con un árbol siempre verde tu creencia en el eterno ciclo de la vida?*

Abeto LA FAMILIA DEL ABETO INCLUYE una gran

variedad de coníferas de todo el mundo. De los troncos del
abeto plateado se obtiene la trementina. El abeto balsámico
de Norteamérica produce una trementina conocida como
bálsamo de Canadá, que se usa para observar muestras en el
microscopio, porque sus propiedades ópticas son parecidas a las del
cristal. Si el abeto aparece en tus sueños, lo importante podría ser
esta claridad.

Los antiguos griegos usaban la trementina para añadirla al
vino nuevo, de modo que el abeto era parte de los símbolos de
Baco, el dios del vino.

Como ocurre con los demás árboles, talar un abeto era un
acto irrespetuoso, porque destruía el alma del árbol. En Navidad, que cae cerca del solsticio de invierno, los abetos se me-
ten dentro de casa y se decoran. Los árboles de hoja perenne
son símbolos de renacimiento e inmortalidad; por tanto, en este
momento más oscuro del año nos recuerdan que la vida sigue
adelante y que llegarán días más luminosos. También se le conoce como el árbol Yuletide, derivado de la palabra anglosajona *geol*,
que significa «rueda». La rueda representa el recorrido del Sol, y la
muerte del viejo año que da comienzo al nuevo.

CONEXIÓN

⚜ *¿Simboliza tu sueño con el abeto el*
final de una parte de tu vida y que
te diriges hacia un nuevo comienzo?

Cedro de Líbano

EL SIEMPRE VERDE CEDRO ES EL ÁR-
BOL sagrado de Líbano, símbolo de fuerza, persistencia e inmortalidad. Antiguamente, el Líbano estaba cubierto de bosques de cedros, pero su madera era tan codiciada que muchos fueron talados. Después, la guerra devastó el país que en su día fue conocido como «la joya del Mediterráneo».

El primer templo de Jerusalén se construyó con madera de los cedros de Líbano. La madera de estos árboles es tan resistente y duradera que para los poetas y profetas bíblicos estaba asociada con la larga vida y la prosperidad. Moisés ordenó usar madera de cedro para construir el Arca de la Alianza, un cofre que contenía los Diez Mandamientos. El cedro de Líbano también está asociado con la Virgen María.

En el antiguo Egipto, la madera de cedro era muy valorada y se consideraba la mejor para construir barcos y ataúdes por su resistencia al agua y a la putrefacción. El cedro se menciona en uno de los primeros libros conocidos, *La epopeya de Gilgamesh*, que relata las aventuras de los héroes en su búsqueda de la inmortalidad.

Árboles, flores y plantas

CONEXIÓN

◉ *¿Tu sueño con un cedro de Líbano te asegura que puedes soportar cualquier dificultad que te acontezca?*

Secuoya gigante ESTÁN ENTRE LAS CONÍFERAS MÁS

ALTAS DE LA TIERRA. Algunos ejemplares tienen más de dos mil años. En lugar de dejar caer sus piñas cada año, las secuoyas las conservan durante dos décadas. Ellas dominan el paisaje en ciertas áreas de California, donde se halla el Parque Nacional Secuoya.

Si sueñas con secuoyas gigantes, puede relacionarse con una profunda conexión con la naturaleza y con personas fallecidas hace muchos años, porque estos árboles han vivido durante más tiempo que cualquier ser humano. Son portadores de la historia de la Tierra y representan su continuidad.

Algunas tribus norteamericanas consideran que las secuoyas son árboles sagrados y veneran sus conexiones celestiales. Las copas de los árboles están tan altas que se cree que están imbuidas de cualidades místicas, por encontrarse fuera del alcance de la mano del hombre. El color del árbol también es significativo, pues el rojo es el color de la sangre, del corazón y de la pasión.

CONEXIÓN

◎ *¿Está tu sueño con una secuoya asociado con sentimientos de*
longevidad? Un sueño así puede darte tranquilidad si has estado
enfermo o si te encuentras a la espera de un resultado médico.

Árboles frutales LOS ÁRBOLES FRUTALES

NOS PROVEEN ALIMENTO y embellecen el paisaje. Cualquiera que sea el árbol frutal con el que hayas soñado, su estado, su etapa de desarrollo (si es un brote o un árbol maduro) y la cantidad de fruta que lleva configuran el significado que el árbol tiene para ti.

En el cristianismo, las manzanas están conectadas simbólicamente con Eva y la tentación de Adán; por tanto, están asociadas con el conocimiento, la sexualidad y la caída de la gracia que obligó a Adán y a Eva a salir del jardín del Edén.

En el festival de Rosh Hashanah, los judíos comen manzanas bañadas en miel para desearse un dulce Año Nuevo. En Halloween, en Estados Unidos e Inglaterra, la tradición manda atrapar con la boca las manzanas que flotan en el agua.

Si sueñas con manzanas, ¿aparecen enteras y maduras (un signo positivo), o caídas y carcomidas por gusanos (lo que indica que hay algún aspecto de tu vida que has descuidado)? ¿Está tu sueño vinculado con la Gran Manzana (Nueva York) o con la «manzana de la discordia», algún objeto que es causa de disputa?

Las peras y los «perales» pueden estar asociados con un «par o pareja» de algún tipo. ¿Puedes relacionar tu sueño con alguna persona con la que te tengas que «emparejar»? Dar fruto significa «completar una tarea», además de «tener hijos».

CONEXIÓN

© *¿Están tus esperanzas*
a punto de dar fruto?

Palmera EN EL ANTIGUO EGIPTO, LA PALMERA DATILERA se empleaba para fabricar planchas que después se usaban en la construcción de edificios. El crecimiento recto y la majestad de estos árboles simbolizan la rectitud, la fama y el triunfo. Por su forma, la palmera es un símbolo fálico, pero también puede representar lo femenino en sus racimos de dátiles, parecidos a pechos.

La palmera continúa dando fruto hasta edad avanzada; por tanto, representa la longevidad y la fructificación. En las tradiciones árabes la palmera es el Árbol de la Vida; para los cristianos simboliza la entrada triunfal de Cristo en Jerusalén, que se recuerda con el Domingo de Ramos. Las ramas de palma significan gloria y victoria sobre la muerte, y eran un emblema para los cristianos romanos que viajaban por Tierra Santa.

La palma, que nunca suelta su follaje, siempre está adornada por el mismo verde. Los hombres encuentran agradable este poder del árbol y adecuado para representar la victoria.

PLUTARCO

En la tradición hebrea, la palma representa al hombre ético, y es el emblema de Judea después del Éxodo.

CONEXIONES

◉ *¿Podría tu sueño con una palmera representar el éxito en una empresa que has emprendido?*

◉ *¿Simbolizan los dátiles de la palmera algún «dato» importante para ti?*

Olivo

CUENTA LA LEYENDA QUE LOS ATENIENSES ofrendaron a la diosa griega Atenea su templo, el Partenón, después de que ella les ofreciera un olivo. El dios griego Heracles, conocido por los romanos como Hércules, cortó su bastón favorito de un olivo. Desde la antigüedad, el cultivo de los olivos para fabricar aceite de oliva ha sido parte esencial de la economía griega.

Inmortalidad, fructificación y paz son las cualidades asociadas con el olivo, que también es símbolo de abundancia porque su aceite era un bien muy preciado. Junto con la paloma, la rama de olivo simboliza la paz. La hoja de olivo representa la renovación de la vida, mientras que la paloma que lleva una rama de olivo simboliza que las almas de los muertos descansan en paz.

En la antigua Grecia se ofrecía una corona de hojas de olivo a quienes vencían en competiciones y batallas. En aquellos días al vencedor de los Juegos Olímpicos se le coronaba con ramas de olivo. En la iconografía cristiana, algunas escenas de la Anunciación de la Virgen María retratan al arcángel Gabriel con una rama de olivo.

CONEXIONES

◎ *¿Recuerdas algún triunfo reciente que tengas que celebrar de algún modo?*

◎ *¿Tienes que ofrecer un símbolo de paz a alguien?*

◎ *¿Has estado tratando de «verter aceite sobre aguas turbulentas» para restaurar la calma?*

Eucalipto ESTE ÁRBOL DE ORIGEN AUSTRALINO cuenta entre sus variedades con el «goma azul» y el «corteza de hierro». Ambos se cultivan por los aceites medicinales que se extraen de sus hojas. Las hojas están punteadas por agujeros o poros de los que emerge un aceite de color amarillento. El aceite, de intenso aroma y olor como de alcanfor, se usa como antiséptico y para tratar resfriados.

El eucalipto —símbolo de Australia, donde sus hojas constituyen la dieta habitual del oso koala— es uno de los mayores árboles del mundo y tiene una apariencia muy sorprendente. Los brotes jóvenes llegan a crecer hasta cuatro metros en un año. Este árbol se usa para fabricar muebles y construir naves, y los apicultores lo aprecian por la gran cantidad de néctar que proporciona a las abejas.

El eucalipto también es conocido como «árbol de la goma» por la goma pegajosa que rezuma de su tronco. Si sueñas con un eucalipto, el árbol podría representar una situación «pegajosa» en la que estás involucrado.

CONEXIONES

◎ *¿Te sientes bloqueado en algún sentido y necesitas «aclararte» para poder avanzar?*

◎ *¿Estás experimentando un desarrollo rápido en este momento?*

Nomeolvides

La delicada gema de la esperanza,
la dulce nomeolvides.

COLERIDGE

LA DELICADA NOMEOLVIDES AZUL ES UN SÍMBOLO de los amantes que se encuentran separados. Cuenta una historia medieval que un caballero iba caminando con una dama
de la corte. Ella divisó unas flores azules que crecían a la orilla del río, de modo que el
galante caballero fue a recoger un ramo para ofrecérselo. Cuando estaba cortando la última, perdió pie y cayó al río. Mientras era arrastrado por la fuerte corriente, gritó: «¡No me
olvides! ¡No me olvides!». De ahí le viene el nombre a esta flor.

Si sueñas con la flor nomeolvides,
piensa cómo se relaciona el sueño con
tu relación actual. Tal vez sientas que
un amante no está muy interesado o
se olvida de tus sentimientos.

CONEXIONES

◎ *¿Sientes que una relación está llegando a su final?*
◎ *¿Necesitas esforzarte más para asegurarte de que*
   la gente se acuerde de ti?

Dedalera

EN SU ORIGEN, ESTA PLANTA ESTABA ASOCIADA CON CIERTAS criaturas mágicas, como hadas, duendes, etc. La elegante dedalera también es conocida como la flor de falta de sinceridad. Su exterior está recubierto por una sustancia llamada *digitalis*, un estimulante natural para el corazón que, tomado en exceso, puede llegar a causar la muerte. Por eso a la dedalera también se le conoce como *dedos de muerto*. Esta sustancia se usa en medicina para tratar enfermedades cardíacas y otras dolencias.

A las dedaleras también se les llama *flores dedo* porque son como los dedos de un guante. Cuando sueñes con dedaleras, piensa en el significado del guante, que puede proteger o esconder la mano. Tal vez tu sueño indica que hay algo que intentas mantener oculto. En la cultura anglosajona, su nombre (foxglove) se asocia al zorro, por lo que también deberías considerar lo expresado en la página 260.

CONEXIONES

◉ *¿Estás escondiendo algo debajo de una apariencia brillante?*

◉ *¿Necesitas algún tipo de estímulo para el corazón?*

◉ *¿Sientes que estás enredado en algún aspecto de tu vida?*

Árboles, flores y plantas

Narciso

AL NARCISO A VECES SE LE LLAMA LIRIO de Cuaresma porque florece en esta época del año. Sus brillantes flores amarillas añaden brillo a la primavera, y es una de las primeras flores que aparecen para indicar el final de la estación invernal. En este contexto simboliza la esperanza y la renovación.

En las leyendas griegas el asfódelo, una flor parecida al narciso, es la más famosa de las plantas asociadas con el submundo. Perséfone, hija de la diosa Demeter, deambulaba en primavera por las praderas de Sicilia recogiendo flores cuando Hades, el dios del submundo, la secuestró. Su toque tiñó sus flores blancas de amarillo, y cuenta la leyenda que a partir de ese momento los narcisos florecieron en los campos. Homero describe las flores que cubrían la gran pradera como «apariciones de los muertos». Como Perséfone rechazó las insinuaciones de Hades, el narciso también es un símbolo del amor no correspondido.

En Irán al narciso se le llama «el dorado», y en Turquía se le conoce como «el cuenco dorado». También es la flor nacional del País de Gales.

CONEXIONES

◎ *¿Necesitas un poco de entusiasmo sin complicación para alegrarte la vida?*

◎ *¿Simboliza tu sueño con el narciso una nueva primavera, el brillante comienzo de un nuevo proyecto?*

Lirio LOS LIRIOS PERSAS SON

FAMOSOS por su perfume y tienen una gama de colores tan variados que, cuando se juntan, parecen un arco iris. Esta flor recibió su nombre de Iris, la diosa del arco iris, que sólo trae buenas nuevas. En la mitología griega, los dioses extendieron un puente, o arco iris, entre el cielo y la Tierra para que la diosa Iris pudiera mediar y apaciguar las discordias cuando había fricción entre los dioses y los hombres.

En la *Eneida* de Virgilio, Iris es enviada a reunir las almas de las mujeres; por tanto, está asociada con los asuntos de mujeres y con la compleción de los ciclos. El lirio a menudo se representa como la flor de lis, emblema de Francia y símbolo de pureza, paz y resurrección.

El gladiolo está relacionado con el lirio. La palabra *gladiolo* significa «pequeña espada» en latín, y la flor se llama así porque sus hojas recuerdan la forma de una espada. Esta «espada lirio» simboliza el dolor de la Virgen María, a quien se profetizó que una espada de dolor le partiría el corazón.

El lirio amarillo común también se conoce con el nombre de lirio bandera. Si sueñas con un lirio amarillo, eso podría indicar que quieres llamar la atención hacia algo que te preocupa.

CONEXIONES

◉ *¿El lirio de tu sueño podría hacer referencia al iris de tu ojo?*

◉ *¿Eres como la diosa Iris, un pacificador?*

Azucena

ESTA FLOR MAJESTUOSA ESTÁ ASOCIADA con la pureza, la paz y la resurrección. Es la flor sagrada de todas las diosas vírgenes en la mitología. En casi todos los países católicos la azucena blanca está dedicada a la Virgen María. Dante la describió como «azucena de fe».

La azucena también representa la fertilidad de la madre Tierra y está dedicada a Hera, la reina del Cielo. Esta flor comparte en Occidente el simbolismo del loto en Oriente (véase página 241). En la tradición hebrea, la azucena es el emblema de la tribu de Judá y simboliza la confianza en Dios.

Cristo dijo a los judíos que Salomón, su monarca, vestido con sus mejores galas no podía igualar la majestad de las flores silvestres, preciosas en su desnuda sencillez. La azucena blanca está asociada con funerales y se considera desafortunado guardarla en casa.

La azucena del valle, también conocida como campana de las hadas, estaba asociada con las brujas, que la usaban para curar. Contiene una sustancia llamada *convalatoxina*, un producto químico parecido al digitalis, y otras más de veinte sustancias usadas en el tratamiento de enfermedades cardíacas.

CONEXIONES

◉ *Si sueñas con azucenas en una iglesia, ¿podrían estar asociadas con una boda o un funeral?*

◉ *¿Podría este sueño estar vinculado con algún tratamiento cardíaco que estés recibiendo?*

Amapola

LA AMAPOLA ES UN SÍMBOLO DE LA MUERTE y la regeneración. En Inglaterra se celebra una festividad, conocida como Domingo del Recuerdo o Día de la Amapola, porque originalmente la gente se ponía amapolas de papel o de plástico en conmemoración de los fallecidos en la Primera Guerra Mundial en los campos de Bélgica y Francia; en la actualidad se conmemora con esta flor a todos los caídos en combate. En Estados Unidos, el Día del Veterano sirve al mismo propósito, y la gente también lleva amapolas en conmemoración. Las amapolas florecían en los campos donde los soldados cavaban sus trincheras, que después se llenaban de sangre. Las amapolas rojas se usan en las coronas de los muertos por las guerras como recordatorio de su sacrificio.

El sueño y la inconsciencia también están asociados con la amapola, así como Morfeo, el dios griego del sueño. El opio, del que se extraen la morfina y la heroína, se obtiene de los capullos sin madurar, lo que incrementa el vínculo entre la amapola y el descanso. Las semillas de esta flor están exentas de opio, son un excelente alimento y está asociada con la fertilidad. Estas semillas pueden estar dormidas durante cientos de años y después germinar cuando se dan las condiciones adecuadas. La amapola también es un símbolo de la Gran Madre, y es sagrada para todos los dioses y diosas nocturnos.

CONEXIONES

◉ *¿Está relacionado tu sueño con alguna adicción?*

◉ *¿Necesitas un periodo de descanso y relajación? ¿Descansas realmente lo suficiente?*

Algunas flores sólo son exquisitas para el ojo,
pero otras son exquisitas para el corazón.

GOETHE

LA FLOR DEL SOL, LA ROSA, se usa universalmente como símbolo del amor y la pasión. La rosa también simboliza el corazón y la unidad. Como flor de muchas diosas, representa la feminidad, la fertilidad y la belleza. Además de la pasión, la rosa roja puede simbolizar el deseo y la consumación. También es la flor nacional de Inglaterra. La rosa blanca simboliza la inocencia, la virginidad y el florecer de la espiritualidad. La rosa dorada simboliza la perfección. En Estados Unidos se ofrecen rosas amarillas en señal de amistad; las rosas blancas están asociadas con bodas, y las rojas con funerales.

Un jardín de rosas es un símbolo del paraíso, de modo que si sueñas que estás en un jardín podría indicar que te sientes encantado con tu situación de vigilia. Los romanos cultivaban rosas en los jardines funerarios como símbolo de resurrección después de la muerte. En el festival romano llamado Rosalía, que se celebraba en primavera, se derramaban pétalos de rosa sobre las Tres Gracias, las diosas hermanas asociadas con la belleza y el encanto.

Pero las rosas tienen espinas. En sueños, una rosa con espinas simboliza un problema que tienes que abordar para obtener la recompensa representada por la flor, y puede estar asociado con dificultades en una relación.

CONEXIONES

◉ *¿Oculta la fragante rosa de tu sueño una espina o un peligro que podría herirte?*

◉ *Si te ofrecen rosas en un sueño, considera su color y su número. Doce rosas rojas indican que quien te las da está enamorado de ti.*

Campanilla COMO PRIMERA FLOR DE LA PRIMAVERA, esta elegante flor blanca simboliza la esperanza, la nueva vida y próximas oportunidades después de un periodo de oscuridad. En la Inglaterra victoriana, la campanilla era considerada la flor de la amistad en la adversidad, porque se abre camino en la nieve cada primavera para demostrar que la nueva vida florece mientras el invierno se retira.

Su nombre botánico es *Galanthus*, que significa «flor de leche», lo que probablemente se debe a su color. En el cristianismo, la campanilla es un emblema de la Virgen María. También representa la Candelaria, una celebración cristiana que tiene lugar el 2 de febrero para señalar el día en que María llevó al Niño Jesús al templo para realizar una ofrenda. Es posible que sueñes con una campanilla después de una nevada. Así, el «copo» de nieve se convierte en la campanilla, lo cual podría tener un significado particular si eres campesino o esquiador. El sueño podría indicar que te preocupa que tus planes se vean alterados por el impacto de una nevada.

CONEXIONES

◎ *¿Representa tu sueño con campanillas un destello de esperanza tras una época difícil?*

◎ *¿Estás recuperando la salud después de una enfermedad?*

Árboles, flores y plantas

tulipán

EL TULIPÁN ES UN SÍMBOLO DE FERTILIDAD. Se cree que es originario de Irán, donde simbolizaba el amor perfecto o una declaración de amor. Es el emblema de la casa turca de Osman y la flor nacional de Holanda, donde se cultivan más de cinco mil variedades que se exportan a todo el mundo.

El maravilloso color de los tulipanes, tan deseados por los europeos, generó la «tulipamanía» en la Holanda del siglo XVII. El público se peleaba por conseguir bulbos de tulipán raros, y su precio aumentó tanto que su compra llevaba a algunas personas a la ruina. Parece que todo el que tenía dinero se esforzó al máximo por conseguir un bulbo de esta flor de llamativos pétalos. Un marinero, que confundió un bulbo de tulipán con una cebolla y se lo comió, fue condenado a seis meses de cárcel.

Según el simbolismo chino, el tulipán es el «hombre perfecto», asociado con la armonía y el refinamiento.

CONEXIONES

- *Tu sueño con tulipanes, ¿es un símbolo de que necesitas más color en tu vida?*
- *¿Hay alguna conexión con Holanda en tu sueño con tulipanes?*

Orquídea

LAS CARACTERÍSTICAS ASOCIADAS CON LAS ORQUÍDEAS son magnificencia, opulencia y lujo, de modo que si sueñas con esta flor considera las riquezas que te rodean. *Orquídea* viene de la palabra latina *orchis*, que significa «testículo», porque su doble bulbo se asemeja a esta parte de la anatomía del varón. Este vínculo con los órganos sexuales masculinos hace que las orquídeas se usen como símbolo de potencia y como talismán para favorecer el coito y la fertilidad. Algunas partes de esta planta se usaban en la preparación de pócimas de amor. Plinio el Viejo, que escribió la enciclopedia *Historia Naturalis [Historia Natural]*, dijo que si un hombre sostenía los bulbos en sus manos sentiría crecer en él el deseo sexual.

En otros tiempos, si un hombre daba una orquídea a una mujer estaba indicando su intención de seducirla o al menos le daba a entender que esperaba obtener sus favores sexuales. En la actualidad, esta asociación erótica no se ha perdido y las orquídeas siguen regalándose en fechas señaladas, como para los bailes escolares.

Las orquídeas necesitan abundantes cuidados para florecer, pero en condiciones adecuadas pueden hacerlo durante muchos meses seguidos.

CONEXIONES

- *¿Simboliza tu sueño con orquídeas una relación sexual?*
- *¿Necesitas, como la orquídea, cuidados para alcanzar tu potencial?*

Árboles, flores y plantas

Loto EL LOTO ES UN SÍMBOLO MUY PODEROSO en todo el mundo, pero especialmente en Oriente, donde representa todos los aspectos de la creación. El loto se considera el producto de la unión del Sol y las aguas, y representa la unión del espíritu con la materia, del fuego y el agua. Es un símbolo de lo divino que emerge inmaculado de las profundidades embarradas.

Los primeros textos hindúes dicen que antes de la creación todo el mundo era un loto dorado, conocido como el *Matripadma*, o Madre Loto, y su útero era la naturaleza. El loto hindú está asociado con la diosa Lakshmi o Patma, y el loto rojo es el emblema de India.

La flor de loto, que es un lirio de agua, caracteriza la imaginería budista. Con sus raíces hundiéndose en el lodo simboliza la creencia de que la iluminación —la flor en pleno florecimiento— puede alcanzarse en medio del sufrimiento humano, representado por el agua embarrada. El loto representa el despliegue espiritual, la flor que crece hacia el Sol.

El «loto de los mil pétalos» budista simboliza la revelación final y la iluminación.

CONEXIONES

  ◉ *¿Estás empleando al máximo todas tus capacidades creativas?*

  ◉ *¿Indica tu sueño con el loto un nuevo interés por la espiritualidad?*

Flores silvestres

LAS ANÉMONAS SE CONOCEN COMO FLORES de viento y su nombre se deriva del dios griego del viento, Anemos. Se dice que la anémona roja surgió donde cayó al suelo una gota de sangre del dios Adonis, que representa la muerte y el renacimiento. Los botones de oro, con sus brillantes cabezas amarillas, representan placeres simples, días soleados, y el brillo y las riquezas del Sol.

El pensamiento, o deleite de Cupido, representa el amor imperecedero.

La margarita simboliza la inocencia infantil.

Las campánulas florecen en abundancia en los bosques y, como todas las demás flores con forma de campana, representan noticias para el soñante porque tradicionalmente, antes de la introducción de los medios de comunicación, en toda Europa se tocaban las campanas para anunciar noticias.

CONEXIONES

◎ *¿Indican tus flores silvestres la necesidad de una vida más simple, en la cual los encantos naturales tengan más importancia para ti?*

◎ *¿Sientes que estás a punto de florecer, de expresar todo tu potencial o de completar alguna tarea?*

Hierbas

LA HIERBA DE SAN JUAN, UN POTENTE ANTIDEPRESIVO, tiene el benéfico efecto secundario de favorecer el sueño lúcido cuando se usa en el tratamiento sistemático de la depresión.

Durante siglos, las hierbas se han usado con fines medicinales y para dar sabor. La betónica, una planta de la familia de la menta, se usaba para aliviar pesadillas y visiones atemorizantes. La artemisa pegajosa se usa para aliviar la depresión. El aloe vera tiene muchos usos. En su forma de «aloe amargo» se pinta sobre las uñas para que la persona deje de mordérselas. Las hojas de aloe vera puestas sobre una quemadura de sol detienen el picor.

La salvia tiene propiedades medicinales, ayuda a mantener los dientes limpios y alivia el dolor de encías. También está asociada con la sabiduría y la sagacidad.

La camomila produce un efecto calmante y tiene el sobrenombre de «paciencia en la adversidad».

En el siglo XVII, se llamaba «cama de perejil» a los genitales femeninos y «perejil» al vello público.

La ruda es la hierba del recuerdo y simboliza la pena y el arrepentimiento.

CONEXIONES

◎ *¿Están tus sueños vinculados con hierbas que usas en la vida cotidiana?*

◎ *¿Crees que el hecho de haber soñado con camomila puede indicar la necesidad de calmarte?*

Plantas trepadoras

EL MALVAVISCO SIM-
BOLIZA EL AMOR erótico por su olor seductor y «abrazarse» alrededor de otras plantas.

La hiedra es una trepadora robusta que puede hallarse en cualquier parte del mundo. No pierde la hoja; por tanto, simboliza la inmortalidad y la vida eterna. En las primeras civilizaciones la hoja de hiedra se asociaba con Dionisos, el dios griego del vino. Se creía que producía, y también curaba, la borrachera. Su hábito de adherirse a veces representa la dependencia necesitada.

La clemátide, o «alegría del viajero», es parecida a una parra porque trepa sobre todo lo que se pone en su camino. A veces se le llama emparrado de la virgen o emparrado de señora porque crea bóvedas que dan sombra y ocultan las glorietas de los jardines.

Las parras representan la fertilidad y la reproducción. En el arte cristiano, la parra y el trigo representan el cuerpo y la sangre de Cristo, la eucaristía. En Grecia, la parra es el símbolo de Baco, dios del vino, famoso por sus fiestas.

La trepadora de Virginia escala hasta lugares muy altos. Sus hojas se tornan rojas en otoño y se planta por los sorprendentes tonos que adquiere en esa época.

CONEXIONES

◎ *¿Representan las trepadoras de tus sueños tus esperanzas de progreso laboral?*

◎ *¿Eres un «trepador social», con aspiraciones de incrementar tu estatus en sociedad?*

Plantas espinosas

EL CACTUS CRECE EN LAS CONDICIONES más inhóspitas y sus pinchos le protegen a lo largo del año, actuando como advertencia para que personas y animales se mantengan alejados de él. Podemos encontrar espinas en mucha plantas, que ofrecen protección a la planta pero hieren a personas y animales. A Jesucristo se le obligó a llevar una corona de espinas cuando los romanos se burlaron de él llamándole «Rey de los judíos». Las espinas simbolizan las heridas y los obstáculos, y a menudo aparecen en mitos y cuentos de hadas. Las ortigas también puede picar y ser muy doloras. Shakespeare las incluye en la guirnalda que Ofelia lleva puesta al morir después de ser rechazada por Hamlet. Las ortigas también pueden tomarse en infusión y sopa.

CONEXIONES

◎ *¿Has tenido algún problema espinoso que resolver?*

◎ *¿Hay alguien que sea una espina en tu costado, alguien que te cause constantemente dolor e irritación?*

◎ *¿Estás a la defensiva respecto a una situación, erigiendo una barrera protectora a tu alrededor?*

◎ *¿Te sientes irritado en este momento?*

ANIMALES, PÁJAROS, INSECTOS Y CRIATURAS MARINAS, además de extrañas criaturas mitológicas de leyenda, nos visitan en sueños. Representan, además de sus características únicas, las cualidades simbólicas que se les han atribuido a lo largo de miles de años. Y también representan nuestra naturaleza animal. Los animales han sido venerados por todos los pueblos antiguos, desde el antiguo Egipto hasta la Gran Bretaña celta, desde los aborígenes australianos hasta las tribus inuit de Canadá. Los animales tienen un papel esencial en nuestra vida. Los animales domesticados, como las vacas y las ovejas, nos proveen de alimento y de materiales, como el cuero o la lana, que nos protegen. Los perros y los gatos son mascotas muy queridas. Los animales salvajes son hermosos y misteriosos, y en algunos lugares tenemos que protegernos de ellos. El simbolismo del pez es parte importante del cristianismo, y los peces están muy presentes en las leyendas e historias antiguas.

En muchas mitologías se considera que los pájaros establecen una conexión entre la Tierra y el cielo porque se sienten cómodos en distintos elementos: aire, tierra y agua. También se les considera mensajeros porque pueden volar muy alto, en el cielo, hasta perderse de vista.

Animales grandes y pequeños

Animales grandes y pequeños

L os sueños donde aparecen criaturas vivas pueden asumir proporciones míticas, como ocurre en este relato de Vicky:

Estoy en una biblioteca tratando de alcanzar un libro en concreto. Hay una serpiente de un tamaño diez veces mayor que yo enroscada alrededor de un poste que me impide llegar hasta el libro. La escena de la biblioteca se transforma en mi casa, donde encuentro muchas pequeñas serpientes enredadas en mi pelo.

Como el de la legendaria Gorgona, el pelo de Vicky se convierte en una masa de serpientes retorcidas. Ella sigue estando «enredada» por algo relacionado con sus estudios, puesto que los libros y la biblioteca están presentes en el sueño. Ha escapado de la enorme serpiente, pero aún sigue habiendo asuntos menores, «pequeñas serpientes» que le molestan.

No es sorprendente que en nuestros sueños veamos múltiples criaturas. Los animales simbolizan nuestras cualidades instintivas y primarias, y por eso nos fascinan. Podemos incorporar su poder cuando nos ponemos sus pieles. Los guerreros nórdicos solían acudir a la batalla vestidos con pieles de oso, y su estilo de lucha, feroz, se asociaba con este animal.

En la Edad Media era muy popular un libro iluminado conocido como *bestiario*, que contenía ilustraciones de animales reales e imaginarios, y a los que se describía en función de los rasgos humanos que exhibían. Los bestiarios también popularizaban criaturas imaginarias como el unicornio y el fénix.

Buena parte del simbolismo explicado en este capítulo se remonta a estos bestiarios medievales. Gran parte de nuestro lenguaje hace referencia a las características de los animales e insectos, y este lenguaje se abre camino hasta nuestros paisajes oníricos. Una mujer me contó un sueño en el que una babosa ascendía por su pecho. No podía dar sentido a la babosa del sueño hasta que empezó a hacer asociaciones. Se dio cuenta de que su sistema digestivo era «perezoso» como la babosa. Cuando comprendió el significado simbólico de la criatura, introdujo algunos cambios en su dieta y desde entonces no ha vuelto a soñar con este animal.

El manuscrito ilustrado celta llamado *The Book of Kells* retrata bestias míticas, así como las criaturas cotidianas que presentamos en este capítulo de *La biblia de los sueños*.

Mientras exploras la naturaleza de estas bestias, considera tanto su belleza como su indiferencia hacia los humanos, y pregúntate: «¿Qué parte de mí representa esta criatura? ¿Por qué ha entrado en mi sueño ahora y qué mensaje viene a comunicarme?».

Gato

LA FAMILIA DE LOS FELINOS incluye a leones, tigres, panteras, guepardos y leopardos, además de los gatos domesticados, y tradicionalmente está asociada con nuestro lado femenino e intuitivo. En el antiguo Egipto se adoraba a los gatos porque mantenían bajo control a los peligrosos roedores. La diosa gata, Bastet, a la que se muestra con cabeza de gato y cuerpo de mujer, era la diosa del amor y la fertilidad. Los gatos eran momificados y enterrados con sus dueños en cementerios especialmente diseñados para ello.

Los griegos asociaban a la diosa Bastet con Artemisa, que en tiempos medievales era conocida como la reina de las brujas y estaba asociada con la oscuridad, la noche y los fenómenos siniestros. En la mitología nórdica, los gatos estaban vinculados con el tiempo atmosférico y se dice que controlaban los vientos. Los gatos se transformaban en brujas que navegaban por el tormentoso cielo invernal. Soñar con gatos puede ser una advertencia de que alguien te está traicionando.

CONEXIONES

- *¿Representa el gato de tus sueños tu lado «oscuro»?*
- *¿Te sientes afortunado?*
- *¿Tienes que prestar atención a tu intuición?*

Perro

LOS PERROS, «LOS MEJORES AMIGOS DEL HOMBRE», fueron los primeros animales domésticos. Descendientes de los lobos, algunas razas están especializadas en vigilar rebaños, en guías para ciegos o en detectar droga; se les valora por su lealtad y compañía.

Los antiguos egipcios consideraban que los perros eran los mensajeros que comunicaban a los vivos con los muertos. Anubis, el chacal negro (al que a veces se confunde con un perro), era el dios egipcio de los muertos y el inventor de las prácticas de embalsamar. Este «perro negro» pudo dar lugar a la asociación con la depresión. Winston Churchill tenía brotes de depresión a los que llamaba «perro negro».

Los perros aparecen con mucha frecuencia en los sueños. Una mujer me habló de una serie de sueños en los que unos perros gruñentes y babeantes le mordían el brazo. Algunos meses después fue atacada por un boxer que le hirió de gravedad. Ahora ya no sueña con perros que la muerden. Los sueños revelaron sus miedos y, según dijo, le prepararon para el ataque. Cuando éste acabó, se sintió liberada de sus sueños terroríficos.

CONEXIÓN

Si sueñas que te guía o dirige un perro, tal vez te resulte difícil hallar la salida de una situación.

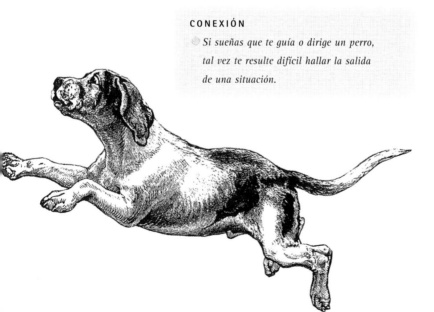

Vaca EN LA HISTORIA BÍBLICA en la que se le pide interpretar el sueño de las

siete vacas del faraón, José dice que representan siete años de abundancia para la tierra de Egipto. Resulta fácil ver las vacas gordas y saludables como símbolos positivos. José interpreta que las siete vacas flacas representan siete años de hambruna, y tal afirmación permite al faraón planificar con tiempo y acumular reservas de alimento para la nación.

Las vacas están asociadas con las diosas lunares, a muchas de las cuales se les representa con cuernos de vaca sobre la cabeza. Son un símbolo de maternidad, porque proveen leche y alimento, y fueron uno de los primeros animales domesticados. Una vaca lechera era un gran activo con el que comerciar antes de la introducción del dinero, y está asociada con la abundancia.

CONEXIONES

◎ *¿Representa tu sueño con una vaca el hecho de que hoy por hoy estás dando mucho a los demás?*

◎ *¿Estás siendo «ordeñado» o usado en algún sentido?*

toro

FUERZA, TERQUEDAD Y PODER SE COMBINAN en la naturaleza del toro. El toro está asociado con el signo del Zodíaco Tauro y con Thor, el dios noruego del trueno. El mugido del toro se equipara con el trueno. En la mitología asiria, los cuernos de toro representaban la luna creciente.

La amenaza de los toros en el país «infestado de estos animales» en el que este soñador vivía, provocó una respuesta inesperada:

Soñé que me perseguía un toro; corría detrás de mí y estaba a punto de alcanzarme cuando, agachándome, me levanté los pies con las manos y me elevé por el aire. Me sentía encantado de haber descubierto esto.

El soñante consigue escapar y se siente fortalecido por su capacidad de elevarse por encima de la amenaza.

CONEXIONES

◎ *Si sueñas que alguien está actuando como «un toro en una cacharrería», empujándolo y tirándolo todo, podría ser un aviso de tomártelo con tranquilidad y tener más cuidado.*

◎ *«Coger el toro por los cuernos» significa enfrentarse resueltamente a una dificultad que evitábamos afrontar.*

◎ *Si eres un abusón en tu sueño, tal vez estás intentando imponer tu voluntad sobre los demás. Si están abusando de ti es posible que tengas que hacer frente a quien está tratando de forzarte.*

Buey

EL BUEY ES UN TORO CASTRADO y se usa como bestia de carga. En este estado domesticado, los bueyes son mucho más dóciles que los toros y trabajan durante largos periodos sin protestar. El buey también está asociado con el sacrificio en algunas tradiciones, puesto que sacrifica su sexualidad para trabajar sin queja en obediencia a su dueño.

San Lucas, autor de uno de los cuatro Evangelios, está asociado con el buey en el manuscrito celta del siglo XVII conocido como *The Book of Kells*. Este animal simbolizaba el trabajo constante.

El buey tiene un lugar especial en la astrología china; es el segundo signo del Zodíaco chino y la gente nacida bajo este signo se considera de suma fiabilidad.

En ciertos momentos históricos, los bueyes han sido protegidos por la ley porque comer la carne de un animal tan trabajador se consideraba deplorable.

CONEXIONES

◉ *¿Estás involucrado en una tarea que requiere compromiso y paciencia?*

◉ *¿Puedes reconocer la fuerza del buey en ti mismo?*

Ciervo

COMO SUS CUERNAS SE PARECEN A RAMAS, el ciervo está asociado con el Árbol de la Vida (véase página 217). La forma en que se deshace de sus astas y las renueva simboliza los ciclos de regeneración y crecimiento. Los animales con cuernos, sobre todo los ciervos, están asociados con la sexualidad masculina. Los cuernos a menudo se usan como afrodisíacos para asegurar la potencia viril.

Los chamanes americanos con frecuencia llevan puestos cuernas de ciervo como símbolo de la conexión entre la Tierra y el cielo. En esta tradición se cree que los ciervos son mensajeros de los dioses.

En la Edad Media, el ciervo estaba relacionado con la vida pura y solitaria. San Humberto se convirtió al cristianismo después de ver un ciervo con un crucifijo entre sus astas. El ciervo blanco era el emblema personal del rey Ricardo II de Inglaterra.

Este animal era especial para los celtas. Estaba asociado con el dios Cerunnos, o dios de la riqueza, el señor de los animales, que llevaba cuernos y representaba la fertilidad, la regeneración y la caza.

CONEXIONES

◎ *¿Estás en un proceso de renovación o necesitas pasar por él?*

◎ *¿Es hora de abrir nuevos ramales para establecer nuevas conexiones?*

Caballo

LOS CABALLOS ERAN SÍMBOLOS DE RIQUEZA y poder para los antiguos celtas, y el caballo blanco esculpido en la ladera de tiza de una colina de Uffington, en Oxfordshire (Inglaterra), es un indicador de lo importantes que eran. Sagrado para la diosa Rhiannon, el caballo expresa el poder de la energía primaria. También está relacionado con la sexualidad. El semental representa la fuerza masculina y la fertilidad, como ilustra este sueño:

Iba montada en un hermoso caballo sobre un terreno desierto y, de repente, el caballo se convirtió en mi novio.

Pegaso era el caballo alado de la leyenda griega, y se decía que Zeus usaba el caballo para transportar los rayos.

CONEXIONES

◎ *¿Cómo es el caballo de tu sueño, salvaje o domesticado? ¿Qué representa esto con relación a tu conducta?*

◎ *Si eres el jinete, ¿puedes controlar el caballo y dirigir su fuerza?*

Burro

LOS BURROS, PROVERBIALMENTE TERCOS, estúpidos y lujuriosos, son admirados, sin embargo, porque en su espalda se dibuja una cruz. Se dice que esta forma apareció después de que el burro llevara a Jesús en su entrada triunfal a Jerusalén el Domingo de Ramos. La cruz se tradujo como un signo de bendición.

Los burros y las mulas (una mula es un cruce entre burro y caballo) transportan pesadas cargas sin queja. Simbolizan la paciente aceptación de la propia suerte. Los burros se usan como bestias de carga, de modo que «trabajar como un burro» es asumir las labores más duras y sacrificadas.

En una de sus leyendas, al rey Midas le salieron orejas de burro después de decir al dios Apolo que era mejor juez musical que él. Apolo dijo que Midas no merecía tener orejas de humano y se las cambió por unas de burro, y Midas murió de vergüenza.

CONEXIONES

◉ *¿Te sientes sobrecargado?*

◉ *Ver un burro en sueños podría indicar algún tipo de intransigencia por tu parte. ¿Estás negándote a ceder en algún asunto?*

◉ *Eeyore, de la serie* Winnie-the-Pooh, *es un burro conocido por su naturaleza depresiva. ¿Te sientes deprimido por algún motivo?*

Elefante

AUNQUE SALVAJE, EL ELEFANTE PUEDE SER domesticado. Su fuerza y fiabilidad son legendarias, como también su memoria. Los elefantes simbolizan la paz, la fidelidad y la felicidad. En la mitología hindú se creía que un elefante sostenía los cielos, y actualmente puedes hallar estatuas de elefantes en las bases de los pilares que sostienen los tejados de los templos.

Los elefantes eran símbolos de la sexualidad poderosa en la antigua India. El dios elefante hindú Ganesh fertilizó a Maya, la diosa virgen, que dio a luz a Buda. El dios Shiva a veces tomaba la forma de un elefante. El marfil de elefante se considera un poderoso afrodisíaco en muchos países.

Iba conduciendo un coche, muy deprisa. Mientras daba la vuelta a una plaza, giré hacia una jungla, y entonces empezó a perseguirme un elefante. Lo iluminé y toqué el claxon, pero el elefante seguía corriendo hacia mí. Justo en el último minuto se apartó de mi camino y se alejó.

En este sueño el elefante representa el poderoso instinto animal que podría destruir al soñador. En el último minuto el elefante cambia de rumbo y el conductor se siente aliviado: tiene que considerar qué parte de su vida está en la jungla y le pone en peligro. Como en el sueño él ocupa el asiento del conductor, poseerá el control si emprende una acción decidida.

CONEXIONES

◎ *¿Necesitas la fuerza de un elefante para llevar adelante tu misión?*

◎ *¿Hay algún recuerdo al que te aferras y que deberías soltar?*

Hipopótamo

EL NOMBRE DE ESTE ANIMAL TIENE SU ORIGEN en la palabra griega *hippos*, que significa «caballo», y *potamos*, que significa «río». Este «caballo de río» también era considerado una forma de la diosa que habitaba en el agua.

En el antiguo Egipto, el hipopótamo macho era considerado un fastidio, porque pisoteaba o se comía las cosechas, y se organizaban grupos para cazarlo. Los hipopótamos llegaron a representar la derrota del mal y se les incluyó en las pinturas de los templos. En la actualidad siguen teniendo reputación de animales agresivos y territoriales.

El hipopótamo hembra representa la gran madre egipcia, Amenti, «la que trae las aguas» y diosa del renacimiento. Está asociada con el *ankh* o llave de la vida. Amenti era una de las diosas del hogar favoritas. Se han encontrado muchas esculturas azules de hipopótamos en cámaras de enterramiento, y se cree que representan el poder regenerador del río Nilo.

Los hipopótamos son animales gregarios que se revuelcan en el barro y parecen tener una vida relajada y sin cargas. Si sueñas con un grupo de ellos, podría representar el deseo de juntarte con tus amigos lejos de las preocupaciones cotidianas.

Animales grandes y pequeños

CONEXIÓN

◎ *¿Representa el hipopótamo de tu sueño preocupación por la fertilidad y la procreación?*

Zorro EN LA EDAD MEDIA, EL ZORRO ERA UN REFLEJO DEL DIABLO. En Europa, Reynard es el zorro taimado, como el coyote de los nativos americanos. Los zorros son respetados por su inteligencia y astucia. Reynard parecía un zorro común si no consideramos sus milagrosas escapadas y su capacidad de hablar con voz humana, tal como hacen muchos animales mágicos y oníricos.

En Inglaterra se cazaba al zorro por su piel y por «deporte», y sus cazadores se vestían de manera ritual. La zorra perseguida siempre trata de escapar y conducir a los cazadores lejos de su guarida para proteger a los cachorros, lo que le ha dado la reputación de ser una madre dedicada y devota.

El zorro es constante y astuto en sus ataques a los gallineros de las zonas rurales. Sin embargo, como cada vez hay más zorros que bajan a zonas urbanas en busca de comida es posible que estos animales se hayan vuelto más dependientes de los humanos.

El instinto de supervivencia del zorro, que le otorga una gran adaptabilidad, podría acabar reduciendo su capacidad de sobrevivir en estado salvaje.

En Escandinavia, a la aurora boreal o luces del norte a veces se le llama «la luz del zorro».

CONEXIONES

◎ *¿Te estás viendo obligado a ser taimado como un zorro?*

◎ *¿Necesita protección el zorro de tu sueño? Si es así, ¿te conecta eso con algún aspecto de tu vida?*

CONEXIÓN

Si sueñas que te persigue un lobo y alguien te rescata, indica una relación positiva con tu rescatador.

Lobo

FIERO Y DEPREDADOR, EL LOBO SIMBOLIZA LA SUPERVIVENCIA ANIMAL. A los lobos se les suele retratar como compañeros de los dioses de los muertos. Para los romanos y egipcios, los lobos representaban el valor y solían asumir el papel de guardianes.

En los cuentos y mitos, los lobos son figuras negativas que devoran a sus víctimas. Sin embargo, según la mitología romana, una loba alimentó a Rómulo y a su hermano gemelo, Remo, que al hacerse mayores fundaron la ciudad de Roma.

Los lobos también son unos animales muy sociales, pues confían en un complejo sistema de roles y estatus dentro de la manada. Los miembros lamen la boca de los líderes y participan en luchas-juegos rituales para reforzar las jerarquías de poder.

En los mitos celtas se decía que el lobo se tragaba al Sol, el Padre Cielo, de noche para que pudiera brillar la Luna. El extraño aullido de los lobos a la Luna refuerza esta conexión lunar. En el cristianismo, el lobo representa el mal, la crueldad y clandestinidad, pero también es un símbolo de San Francisco de Asís, que según se cree domesticó al lobo de Gubbio, que tenía aterrorizada a la población. Los lobos domesticados han evolucionado hasta convertirse en mansos perros, los mejores amigos del hombre.

Oveja

EN ALGUNOS LUGARES, a las ovejas se les considera animales estúpidos y necios por su docilidad. En cautiverio, provee alimento y lana, siendo muy importante en la economía de países como Nueva Zelanda.

En algunas tradiciones la oveja negra es un signo afortunado, pero en general se atribuye este nombre a quien causa dolor o vergüenza a la familia. La oveja negra destaca del resto del rebaño. ¿Quién es tu oveja negra?

El cordero es un símbolo de pureza y verdad, y es fácil de engañar. La oveja podría representar el animal del sacrificio de Pascua que acude sin protestar hacia su muerte, «como cordero hacia el matadero», sin ninguna resistencia. En el Nuevo Testamento a Jesucristo se le llama el Cordero de Dios.

Para cuidar de los animales en los pastos de las altas montañas, los pastores tenían que pasar largos periodos de tiempo en solitario, por lo que se convertían en personas autosuficientes. Los pastores simbolizan una forma de vida simple y natural.

CONEXIONES

◎ *«Separar las ovejas de las cabras» significa escoger cualquier miembro del grupo que es superior al resto.*

◎ *«Encomendar las ovejas al lobo» significa que puedes estar entregando tus negocios a tu enemigo.*

Cabra LA CABRA TIENE SU LUGAR TANTO en la tradición pagana como en la cristiana. En Israel se practicaba un ritual de expiación, el Yom Kippur, en el que los pecados de las tribus se depositaban de manera simbólica en el «chivo expiatorio», que era sacrificado en una ceremonia. Aún seguimos usando este término para designar a la persona que paga por culpas ajenas.

Las cabras están asociadas con la sexualidad desordenada y la lascivia. Los cuernos suelen estar asociados con el apetito sexual; a veces, al pene también se le denomina «cuerno». Esta soñadora se sintió amenazada por las cabras de su sueño:

Estaba en un campo con algunas cabras. Una tenía unos cuernos enormes y yo temía que me embistieran. Desperté antes de que me atacaran.

Las cabras también están conectadas con la sabiduría. Moisés y Alejandro Magno a veces llevan cuernos como símbolos de sabiduría. A los chamanes, sabios hombres de la medicina, también se les suele retratar con cuernos.

El dios romano Pan era mitad hombre y mitad cabra. Estaba asociado con el mundo natural y es la conexión pagana más fuerte con la cabra.

El nombre del monstruo mítico *Quimera* significa «cabra».

Rata LAS RATAS SON CRIATURAS DE LA OSCURIDAD, y en la mitología antigua eran símbolos de la noche. Inteligentes y de ojos vivos, también son comedoras destructivas y portadoras de plagas y de la enfermedad de Weil. Simbolizan la muerte, la enfermedad y la suciedad. En Inglaterra existe la superstición de que si una rata mordisquea los muebles es presagio de muerte. Se dice que las ratas tienen precognición. Por ejemplo, se aprestan a abandonar una nave antes de que se hunda. En la tradición hindú a las ratas se les considera animales prudentes, y se dice que el dios Ganesh, que vence todos los obstáculos, va montado en los lomos de una rata.

En una pesadilla infantil, que todavía tengo cuando estoy enferma, aparecen a mi alrededor ratas enormes. Me rodean y hacen ruidos intimidantes, y me chillan sin parar.

Las ratas atemorizan a esta soñante por su tamaño y el ruido que emiten. Representan algo surgido de la oscuridad, de lo desconocido.

CONEXIONES

◉ *¿Relacionas tu sueño de ser atacado por ratas con el sentimiento de ser atacado por amigos o colegas?*

◉ *La rata de tu sueño puede simbolizar a un amigo que te ha abandonado o que ha traicionado tu confianza.*

Ratón

LOS RATO-NES PUEDEN REPRESENTAR la acción callada, como la que vemos en los de las cosechas, o pueden representar al bribón, como cuando un edificio está infestado de ratones que se comen la comida destinada al consumo humano. Está claro que la ubicación del sueño es importante; si los ratones están en el territorio equivocado, indican que algo está fuera de lugar. Un ratón onírico también podría representar el

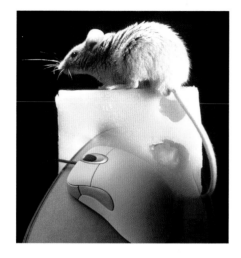

«ratón» de tu ordenador y una conexión con tu puesto de trabajo.

En la Europa medieval, la gente creía que los ratones se llevaban las almas de los muertos en sus bocas; por tanto, se convirtieron en símbolos del alma. Algunos cuentos de hadas dicen que en el momento de la muerte el alma sale por la boca en forma de ratón.

CONEXIONES

◎ *Soñar que eres un ratón podría significar que te sientes torpe y poco distinguido, y prefieres mantenerte en segundo plano.*

◎ *¿Revela el ratón de tu sueño una falta de confianza? ¿Te sientes pequeño e insignificante?*

Liebre

LA LIEBRE Y EL CONEJO ESTÁN ENTRE los principales símbolos de la Luna: muchas culturas ven una liebre en la Luna. Usados en los países cristianos como símbolo de sacrificio, la liebre y el conejo están asociados con la Pascua. Cuenta la leyenda que el criador de liebres sólo tiene que pedir al animal que acabe con su propia vida para que éste lo haga; de esta manera demuestra que es capaz de autosacrificarse. Las liebres eran sagradas para la diosa anglosajona Eostre, y esta tradición dio lugar al huevo de Pascua. En el festival pagano de primavera, la liebre Moori ponía huevos para que se los comieran los niños buenos. Esta tradición ha derivado en los huevos de chocolate. La liebre lunar sigue con nosotros hasta el día de hoy en la forma del conejo de Pascua.

La liebre es un arquetipo: la recurrencia de este símbolo en todas las mitologías no puede explicarse por mera coincidencia. Se consideraba que la liebre daba mala suerte porque algunos tenían visiones supersticiosas que relacionaban a estos animales con las brujas. En algunas partes de Gran Bretaña los marineros se negaban a subir a bordo si una liebre se cruzaba en su camino.

En marzo se suelen ver liebres que corren de aquí para allá, ya que es la estación de apareamiento, de modo que tenemos el dicho «loco como una liebre de marzo» y hablamos de «tener cerebro de liebre».

CONEXIONES

◉ *¿Estás haciendo algún sacrificio actualmente?*

◉ *¿Estás pensando con claridad o estás participando en aventuras poco fiables?*

Cerdo

LAS CULTURAS GERMÁNICAS Y CELTAS consideraban que el cerdo era un animal sagrado. El dios celta Dagda poseía un cerdo mágico al que podía matar y comer cada día: cada mañana, el animal resucitaba y podía volver a repetirse la operación. De este modo nadie pasaría hambre. Los escandinavos también creían en el cerdo o jabalí sobrenatural, y la costumbre de comer un cerdo asado con una manzana en la boca tiene su origen en la matanza del cerdo de Yule, cuando se ofrecía este sacrificio a los dioses durante el cambio de año.

Aunque los cerdos son animales muy limpios, a menudo se les mantiene en condiciones que les otorgan la reputación de sucios. La palabra «cerdo» a veces se usa para describir a una persona sucia, avariciosa o mal educada. En las tradiciones judía y musulmana, el cerdo se consideraba un animal «sucio» cuya carne estaba prohibida.

La expresión «los cerdos podrían volar» se usa para indicar algo que nunca ocurrirá.

CONEXIONES

◎ *¿Estás afrontando una empresa en apariencia imposible?*

◎ *La hucha del «cerdito» era un lugar donde guardar el dinero. ¿Está tu sueño con cerdos vinculado con tus ahorros?*

OSO EL OSO, SÍMBOLO DEL PODER ANIMAL instintivo y de la independencia, puede ser oscuro y amenazador. En las lenguas escandinavas se usa la misma palabra para nombrar al «dios del trueno» y al «oso». Existen muchas supersticiones respecto a los osos. Algunos creen que dormir sobre una piel de oso cura el dolor de espalda; otros, que la piel de oso es un talismán contra la ceguera. En la tradición de la tribu sioux americana, los chamanes se vestían como osos porque creían que estos animales favorecían la curación. En otras tradiciones, la piel del animal daba a los guerreros la fuerza y el coraje de una osa, que no tiene piedad cuando defiende a sus crías. La diosa osa Artio protegía los bosques y los osos, y era la patrona de la caza.

Como los osos hibernan y reaparecen en primavera, son símbolos de muerte y renacimiento. El oso negro es un espíritu animal que simboliza el coraje y la introspección. En la tradición nativa americana el oso representa la energía femenina receptiva. Entrar en su cueva es sanar los lugares oscuros dentro de ti, sintonizarte con las energías de la Gran Madre y recibir su alimento. En otras palabras, entrar en la cueva del oso es ir hacia el mundo interno y apropiarte de lo que sabes.

CONEXIONES

◎ *¿Significa tu sueño que tienes que asumir el poder del oso?*

◎ *¿Puedes «osar» (atreverte) o prefieres echarte atrás?*

Mono

EN GENERAL, LOS MONOS Y SIMIOS representan los instintos bajos del ser humano y el inconsciente. Sin embargo, el lado positivo de esto es que el inconsciente a menudo nos sorprende con comprensiones repentinas y brotes intuitivos que nos inspiran. Esto ha sido reconocido en China, donde se cree que el mono tiene el poder de otorgar salud y felicidad. En Hong Kong se celebra anualmente el festival del rey mono: en él se camina sobre fuego para celebrar la protección que da el rey mono al peregrino chino.

Los monos eran muy valorados en el antiguo Egipto por su parecido con los humanos y por su inteligencia. Se les embalsamaba y enterraba con gran cuidado.

También son muy respetados en India, donde se venera a un dios-mono llamado Hanuman.

CONEXIONES

◎ *¿Revela tu sueño con monos el lado más salvaje de tu naturaleza?*

◎ *Los tres monos místicos se tapan los ojos, los oídos y la boca para indicar que «no ven el mal, no lo oyen ni dicen nada malo». ¿Tienes que seguir este consejo?*

León

EL LEÓN, MAJESTUOSO REY DE LOS ANIMALES, simboliza la fuerza y también se relaciona con el Sol por su color dorado. Despúes de haber matado al temible león Nemeano con las manos desnudas, Hércules se cubrió con su piel como signo de fuerza. En los mitos del mundo, los leones son fuertes y sabios, y las dinastías reales suelen usar el león como símbolo de su grandeza.

Muchas tradiciones religiosas incluyen imágenes de leones. Como esfinge, a la diosa Hathor se le retrata con cabeza de león y, a veces, también se le muestra montada en un león. La cabeza de león envuelta en rayos era un símbolo del culto al sol mitraico. El trono del león, o *simhasana*, es sagrado para los budistas. A los sikh dispuestos a morir por su fe se les bautizaba con agua sagrada y se les daba el nombre de *singh*, que significa «león».

El nombre de la ciudad de Singapur puede traducirse como «ciudad del león».

Muchos amuletos sanadores se tallaban con forma de león. En la historia de San Jerónimo y el león, el santo retira una espina de la garra del león y éste se convierte en su fiel compañero. La esencia de esta historia es que la compasión tiene poder sobre la fuerza.

Murciélago

EN LA TRADICIÓN CRISTIANA, AL MURCIÉLAGO se le conoce como el «pájaro del diablo». A Satán se le pinta con sus alas. En la tradición budista, el murciélago representa «el entendimiento oscurecido». Existen muchas supersticiones en torno a los murciélagos. Por ejemplo, si un murciélago entra en una casa o choca contra una ventana se considera un presagio de muerte.

En algunas tradiciones nativas americanas se considera que los murciélagos son portadores de lluvia; por tanto, son un buen augurio. En China son símbolos de riqueza, buena suerte y larga vida. Según el folclore chino, cinco murciélagos juntos representan las cinco bendiciones tradicionales: salud, riqueza, longevidad, paz y felicidad.

El murciélago es una criatura de la oscuridad que usa un sistema de navegación llamado ecolocación, similar al sónar, por el que emite señales sonoras y recibe su eco. ¿Qué relación tiene un sueño con murciélagos con tu situación actual? ¿Tienes algún sentido potenciado porque algún otro está atrofiado? ¿Has desarrollado una nueva sensibilidad a lo que ocurre a tu alrededor?

CONEXIONES

◎ *Si sueñas con murciélagos, tal vez estás siendo «tan ciego como un murciélago», y no puedes, o no quieres, ver qué curso de acción deberías emprender.*

◎ *Tal vez signifique que estás siendo un poco excéntrico y estás «ciego» a las normas sociales.*

Rana

SIENDO UN ANFIBIO, LA RANA se siente cómoda tanto en la tierra como en el agua, y simboliza la unión de estos dos elementos. También representa la resurrección, porque desaparece en invierno para reaparecer en primavera. Además, la rana está asociada con la fertilidad, tal vez porque pone muchos huevos. La presencia de ranas indica que un entorno es saludable, porque su piel es permeable a los polucionantes.

En un mito australiano, una rana se bebe toda el agua del mundo y causa una gran sequía. Esto significaba que la Tierra podría morir. El único modo de resolver la situación era hacer reír a la rana, y una anguila lo consiguió, pero la fuerza del agua que salía por su boca inundó el mundo. Éste es otro ejemplo de mitos de creación relacionados con inundaciones.

En China, una rana en una charca simboliza una persona de visión limitada y corta de miras.

CONEXIONES

- ◎ *Soñar con ranas puede significar rechazar amistades no deseadas*
- ◎ *Soñar con el príncipe-rana —el príncipe encantado que tomó la forma de rana y sólo podía recuperar su ser original después de ser besado por una doncella— simboliza el proceso de transformación.*

Cocodrilo

EN EL ANTIGUO EGIPTO SE VENERABA a los cocodrilos. Se les retrataba con la boca abierta y nadando contracorriente, lo que simboliza libertad de las limitaciones del mundo mortal y el hallazgo de la vida atravesando la muerte. Esto podría explicar por qué se han encontrado miles de cuerpos de cocodrilos momificados en los yacimientos arqueológicos egipcios. Como los cocodrilos pueden vivir en la tierra y en el agua, representan la naturaleza dual del ser humano.

En su forma positiva, el dios Sebek, con cabeza de cocodrilo, representa la razón, porque el cocodrilo puede ver con claridad aunque sus ojos estén velados por la membrana que los recubre. En su aspecto negativo, Sebek representa la brutalidad, el mal y la traición. Como el caimán, el cocodrilo está asociado con la agresión furtiva y repentina, y también con la fuerza y el poder oculto.

Los antiguos egipcios creían que los cocodrilos eran los guardianes del submundo, que en sueños puede representar el inconsciente, de modo que soñar con un cocodrilo puede indicar que estás a punto de tomar conciencia de algunos impulsos escondidos.

CONEXIÓN

Según cuenta el mito, el cocodrilo se tragó la Luna y después vertió lágrimas no sinceras. De modo que la gente a la que en realidad no le importa una desgracia derrama «lágrimas de cocodrilo». Soñar con un cocodrilo podría significar que tus amigos te están engañando.

Serpiente

LAS SERPIENTES SON ANTIGUOS símbolos de sanación física y espiritual. A Esculapio, el dios griego de la curación, se le representaba con una serpiente, y esto dio lugar al caduceo, el bastón con dos serpientes enroscadas. Este emblema sigue usándose para simbolizar la medicina en todo el mundo.

Como las serpientes mudan su piel, simbolizan la renovación y la regeneración. En la Biblia (Salmo 58) se dice que las serpientes son sordas. Siguiendo el principio terapéutico de que lo semejante cura lo semejante, la leche de serpiente se usaba para tratar la sordera y las dolencias de oído. Las serpientes hembras adultas se tragan a sus retoños cuando hay algún peligro y después los vomitan cuando la amenaza ha pasado.

En el *Talmud*, las serpientes son símbolos de riqueza y abundancia, y matar a una en sueños significa perder tus riquezas.

La serpiente tentó a Eva a comer del Árbol del Conocimiento, lo que condujo a Adán y Eva a ser expulsados del Paraíso. Perdieron su inocencia y conocieron la vergüenza y la culpabilidad. La serpiente también simboliza las consecuencias de la desobediencia.

A veces vemos águilas con serpientes en sus garras. Esta imagen representa el poder espiritual que domina el poder ladino y malvado, el conflicto arquetípico entre el bien y el mal. Las serpientes también están asociadas con la energía sexual.

CONEXIÓN

🌀 *Si sueñas que ves una serpiente, interprétalo como enfrentamientos con tu yo interno.*

tortuga marina

LA TORTUGA TIENE UN CAPARAZÓN en el que se esconde. Es dura por fuera y blanda por dentro. La forma de su coraza ha hecho que en el Lejano Oriente se le atribuyan conexiones cósmicas: el caparazón redondeado representa el cielo, mientras que la parte inferior plana representa la Tierra. La tortuga siempre simboliza la solidez de la Tierra más que los aspectos trascendentes.

La tortuga es anfibia y de larga vida, estando asociada con la sabiduría. Su paso lento e imperturbable representa una actitud de constancia ante la vida y la evolución natural. Sus atributos son la fidelidad y la lealtad, puesto que es fiel a su pareja.

En la religión hindú, una de las encarnaciones de Vishnú es Kurma, la tortuga que transporta el mundo a sus espaldas.

En la antigua China, los taoístas usaban caparazones de tortuga para adivinar el futuro. Colocando un objeto incandescente en el caparazón se formaban grietas que podían ser leídas por el vidente oracular. Con posterioridad, los taoístas desarrollaron el sistema adivinatorio *I Ching*.

El invierno ya ha pasado y la lluvia cesó.
Los brotes floridos ya surgen sobre la Tierra; el tiempo
de los pájaros cantores ha llegado, y la voz de la
tortuga ya se oye en nuestros campos.

CANTAR DE LOS CANTARES (2.11-12)

CONEXIÓN

◎ *¿Necesitas desarrollar un*
caparazón protector a tu
alrededor?

tortuga

SEGÚN LA MITOLOGÍA ORIENTAL, la Tierra se apoyaba en el caparazón de una tortuga. La tortuga simboliza la vida eterna. En los mitos hindúes, al creador de todas las criaturas a veces se le denomina «el viejo hombre-tortuga», mientras que en la mitología china, P'an-ku, el primer ser que surgió del huevo cósmico, iba acompañado por un dragón, un unicornio, un fénix y una tortuga.

En la mitología griega, la primera lira se creó con el caparazón de una tortuga. El dios Hermes lo limpió, perforó su borde y fijó en él siete cuerdas de tripa de vaca. También fabricó la primera púa.

En la fábula de *La liebre y la tortuga*, es la lenta tortuga la que gana la carrera por su determinación y concentración; a diferencia de la liebre, no se confió, y eso le permitió batir a su rival.

CONEXIÓN

◎ *¿Indica la tortuga de tus sueños que tienes que progresar con lentitud y constancia, en lugar de apresurarte?*

Escarabajo

EN GRAN BRETAÑA EXISTÍA un antiguo remedio popular para la tos infantil que requería atrapar un escarabajo y colgarlo del cuello del niño. Se creía que a medida que el escarabajo moría la tos se desvanecía.

Si pisas un escarabajo negro, lloverá.

Tómalo y entiérralo,

y el Sol volverá a brillar.

DICHO INGLÉS

El escarabajo, o escarabajo pelotero, se veneraba en el antiguo Egipto, donde era considerado un símbolo del Sol, de la creación de la materia y de la resurrección. Simboliza la inmortalidad, la sabiduría divina y los poderes de la naturaleza. El sello de escarabajo tenía la forma del escarabajo sagrado y en su parte inferior tenía talladas inscripciones; se usaba para sellar documentos. Las figuras de escarabajo se llevaban como amuletos de la buena suerte, y se introducían en las tumbas para asegurar la vida eterna.

En el Congo, el escarabajo es un símbolo lunar que representa la renovación eterna.

CONEXIONES

◉ *El escarabajo suele estar asociado con la huida y con la prisa. En algunos sueños, enjambres de escarabajos recubren al soñante, que se despierta intentando quitárselos de encima. Esto puede representar un gran número de pequeños asuntos que podrían estar molestándote.*

◉ *Como los escarabajos pican, es posible que algo te esté picando para llamar tu atención.*

Abeja EN TIEMPOS MEDIEVALES, a las

abejas se les consideraba animales inteligentes y
misteriosos, y se les conocía como los «pájaros de
Dios». Las velas de iglesia estaban hechas de cera
de abeja, y en la Biblia la miel es un símbolo de
la gracia de Dios.

En la antigüedad, para agradecer a las abe-
jas su duro trabajo, los ingleses las incluían en los eventos familiares y decoraban los
panales en momentos de celebración. Cuando acaecía una muerte en la familia, el panal
se cubría con una tela negra. La gente creía que si no daban a las abejas la noticia de la
muerte, el enjambre se iría y ya no fabricaría miel para la familia.

Se dice que Mahoma permitía la entrada de abejas en el paraíso porque representaban las almas.

La natural laboriosidad de las abejas suele estar asociada con la creación de riqueza.
Como las hormigas, las abejas demuestran el poder de la unidad, pues todas trabajan
por el bien común. En muchas ciudades inglesas, estos insectos decoran los edificios co-
merciales como señal de laboriosidad y de éxito.

CONEXIONES

◎ *¿Estás trazando la línea recta o «línea de la abeja» —la distancia más
corta entre dos puntos— para conseguir algo que deseas? ¿Estás yendo
directamente al grano sin considerar otras posibilidades?*

◎ *¿Refleja tu sueño con abejas que estás trabajando duro?*

◎ *¿Tienes «una abeja bajo el bonete»: Una idea que te inquieta pero que
no parece preocupar a nadie más?*

◎ *Recibir un picotazo podría significar que te preocupa que te hieran.*

Mariposa

En una ocasión, yo, Chuang-Tzu, soñé que era una mariposa que revoloteaba por aquí y por allá. Era consciente de que sólo seguía mi deseo de mariposa e inconsciente de mi individualidad humana. De repente, desperté y estaba tumbado en mi cama; volvía a ser yo. Ahora no sé si soy un hombre que ha soñado con ser mariposa o si soy una mariposa soñando que es un hombre.

CHUANG-TZU, FILÓSOFO CHINO DEL SIGLO IV

¿QUÉ ES LO REAL, EL SUEÑO O EL DESPERTAR? Ambos son partes esenciales e intrínsecas de nuestra naturaleza.

En China, la mariposa representa la alegría y el placer sexual en el matrimonio, y una mariposa de jade es un emblema de amor. Se considera auspicioso para el novio chino regalar este talismán a su futura esposa el día de su boda.

La palabra griega *psique* significa «alma» y «mariposa», y esta analogía surgió de la idea de que el alma tomó forma de mariposa en su búsqueda de una nueva encarnación. Los celtas pensaban que las «almas-voladoras» o las almas-mariposa volaban por el entorno en busca de una nueva madre.

La delicada mariposa es la culminación del proceso de transformación de la oruga en larva, y de la larva en crisálida, hasta llegar al estado final de mariposa. La mariposa simboliza la muerte y el renacimiento, puesto que en el estado de crisálida parece muerta, pero después resurge bajo una nueva forma.

CONEXIÓN

🔅 *Soñar con una mariposa podría significar que estás en un periodo de transición. Se están produciendo cambios.*

Escorpión

LOS ESCORPIONES SON DE LA FAMILIA de los arácnidos; por tanto, están relacionados con las arañas. Tradicionalmente, los escorpiones son conocidos por el fatal «picotazo de su cola», que emplean cuando se les provoca o arrincona, pero algunos también tienen glándulas venenosas en sus mandíbulas. A la luz del día se ocultan debajo de las piedras y salen de noche para cazar y atacar a sus presas.

Desde tiempos remotos, los escorpiones han estado asociados con la muerte. Los nativos de América Central y del Sur creen que la madre Escorpión recibe las almas de los muertos en su hogar, al final de la Vía Láctea. El signo astrológico del escorpión, Escorpio, está asociado con el submundo, la muerte y los secretos oscuros. El escorpión también tiene conexiones con la tenacidad, la sexualidad y la fertilidad.

En las zonas desérticas de Irán se atrapa a los escorpiones y se les mete en recipientes con aceite de oliva. Una vez que el aceite de oliva ha absorbido los jugos sanadores del escorpión, se filtra y se aplica en cortes y heridas a fin de acelerar la curación.

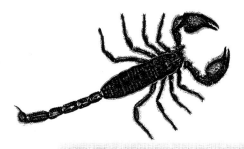

CONEXIONES

◈ *¿Indica el escorpión de tus sueños un picotazo que estás a punto de infligir?*

◈ *¿Te ha picado algo o alguien?*

Araña

LA ARAÑA ES UN ARQUETIPO de la Gran Madre en su aspecto de tejedora del destino. Las arañas aparecen en sueños cuando tenemos que tomar una decisión importante respecto a nuestro destino personal, cuando tenemos que renovar o recolocar los hilos de nuestras vidas.

Los cuentos de arañas siempre reconocen la aguda inteligencia de esta criatura. En los mitos de la creación de las tribus cherokees de América, una araña recupera el Sol del fondo de un pozo. Lo introduce en una red y lo empuja hacia arriba para que pueda ocupar su lugar en el cielo e iluminar el mundo. La astuta araña guardó un poco de Sol en su telaraña para que la gente pudiera hacer fuego. Las tribus navajo protegen a las arañas, y las telarañas se frotan sobre la piel de las niñas para que, cuando crezcan, sean tejedoras incansables.

Las arañas pequeñas, conocidas como arañas del dinero o tejedoras del dinero, representan nuevas riquezas.

Las telarañas han sido ingredientes de los calderos de las brujas. En algunas tradiciones, las telarañas se extendían sobre las heridas para detener la hemorragia. Hoy en día, la medicina occidental reconoce las propiedades curativas de las telarañas, que se emplean en las operaciones de injerto de piel.

CONEXIÓN

⊚ *La asociación con la red de redes indica que soñar con una araña puede referirse a la comunicación global.*

Pájaros de vivos colores

LOS PÁJAROS DE VIVOS COLORES, como el martín pescador, los periquitos, las aves del paraíso, los pavos y los colibríes, propagan el brillo de sus colores y simbolizan la calidez y la animación.

El colibrí bate con vigor sus alas cuando se planta delante de una flor produciendo un sonido zumbante, y usa su largo pico para beber el néctar y atrapar pequeños insectos. Estos pájaros necesitan comer su peso en néctar cada día porque gastan mucha energía en sus vuelos.

Los colibríes también se sienten muy atraídos por el color rojo, y son los únicos pájaros capaces de volar hacia atrás. ¿Es esta característica aplicable a tu vida en este momento? ¿Estás metido en algún proyecto y no puedes parar por miedo a caer? ¿Quieres volver al pasado?

En la tradición azteca se creía que cuando los guerreros morían, pasaban cuatro años con el dios Sol antes de retornar a la Tierra como colibríes.

CONEXIÓN

◎ *Si sueñas con estos pájaros, piensas en los países nativos donde los ubicas.*

Pájaros oscuros

LOS PÁJAROS DE COLORES OSCUROS a menudo, aunque no siempre, están relacionados con la muerte y la infelicidad. Los cuervos, grajos y buitres son carroñeros que se alimentan de cadáveres, por lo que están asociados con la muerte. Se decía que el chillido de los cuervos anunciaba la muerte.

La corneja, conocida como «el pájaro de los campos de batalla», era uno de los disfraces de la diosa celta Morrigan, señora de la muerte y de la guerra, así como de la sexualidad y la fertilidad.

En la mitología escandinava, las valkirias (guerreras) llevaban plumas de cuervo cuando elegían guerreros muertos, y, asimismo, en la literatura escandinava a los muertos en el campo de batalla se les llamaba «pasto de cuervos».

La madre Cuervo, reverenciada por las tribus americanas hopi y auni, era considerada la madre de todos los *kachinas* («espíritus de la lluvia»); también es una manifestación de la Virgen Negra.

> *He soñado mi muerte. El Negro Pájaro de la muerte*
> *me atrapó en sus garras y me llevó a la Casa del Polvo,*
> *el palacio de Elkalla, Reina de la Oscuridad.*

ENKIDU EN LA EPOPEYA DE GILGAMESH

CONEXIÓN

◎ *«Pata de gallo» es el término usado para las arrugas que aparecen en torno a los ojos de la gente mayor. ¿Te preocupa envejecer?*

Aves migratorias EXISTEN MUCHOS TIPOS DE

AVES MIGRATORIAS que cambian de hábitat en función de la estación del año. Por lo general, viajan en grupos, como los gansos, que vuelan en cuña, de modo que cada uno de ellos pueda descansar en la corriente de aire creada por los que van delante y recorrer largas distancias sin detenerse.

Una práctica adivinatoria de los druidas consistía en observar las formas que dibujaban los pájaros al volar. Los griegos y romanos observaban el vuelo de las golondrinas para emitir pronósticos meteorológicos.

La golondrina era un pájaro sagrado para las diosas Isis y Venus. Es un símbolo de la primavera y del tiempo infinito. Se considera un buen augurio que estos pájaros construyan nidos en el alero de tu casa.

La diosa egipcia Hathor era llamada la «gansa del Nilo, la madre del Huevo Dorado». El ganso era sagrado para los celtas, que nunca se alimentaban de su carne.

CONEXIÓN

Los gansos se usan como guardianes en algunas partes del mundo. ¿Se te está avisando para que te mantengas alejado?

Animales grandes y pequeños

Gallo

EL GALLO ESTÁ VINCULADO CON EL SOL y los dioses solares excepto en la mitología celta y escandinava. El gallo representa la masculinidad y el coraje. Está relacionado con la vigilancia, y éste es el motivo por el que su silueta suele verse en las veletas, girando en todas direcciones para alertar de cualquier peligro potencial. El gallo despierta a todos al amanecer con la estridencia de su canto.

En el budismo, el gallo simboliza la pasión carnal y el orgullo. También es el símbolo de Francia, con asociaciones similares. Asimismo, se utilizó como el logotipo de la Copa del Mundo de Fútbol, en 1998, organizada por Francia. Para los chinos, el gallo simboliza el valor y la fidelidad. El gallo rojo protege del fuego, mientras que el blanco protege de los fantasmas. El gallo y la gallina picoteando en el jardín simbolizan las alegrías de la vida rural. En algunos rituales de iniciación chinos se mata un gallo blanco para simbolizar el final de la antigua vida y el comienzo de otra más pura.

En la tradición hebrea, el gallo y la gallina representan la pareja nupcial y simbolizan la protección masculina, puesto que el gallo lucha hasta la muerte para proteger a sus gallinas. En el simbolismo sintoísta de Japón, un gallo se alza sobre un tambor para llamar a los feligreses a la oración. En el mitraísmo, una antigua religión persa, el gallo era sagrado para Mitra, un dios solar (*véase* página 374).

Decir que alguien es un «gallito» significa que está lleno de energía desafiante y masculina. El gallo también puede ser un símbolo del pene (*véase* página 61).

Paloma

LA PALOMA ES EL SÍMBOLO DE LA PAZ, puesto que llevó la rama de olivo al arca de Noé después del diluvio. Las palomas son símbolos de simplicidad, delicadeza, fiabilidad y afecto.

Como todas las criaturas aladas, la paloma representa la inspiración y la espiritualidad. En algunos países de Europa oriental se cree que las almas vuelan como palomas.

Después del bautismo de Jesús, el Espíritu Santo descendió en forma de paloma. La liberación de estas aves en la ceremonia de clausura de los Juegos Olímpicos simboliza el espíritu pacífico de los juegos.

Las palomas están asociadas con la diosa griega del amor, Afrodita. En la mitología griega, las palomas llevaron al dios Zeus la ambrosia que le hizo inmortal.

Se dice que los amantes se «arrullan», una expresión asociada con los cantos y los rituales de apareamiento de las palomas. A las palomas también se les conoce por su lealtad y fidelidad a sus parejas, y son aves «hogareñas», capaces de encontrar el camino al hogar aunque tengan que recorrer grandes distancias. Durante las dos guerras mundiales, las palomas y pichones recorrían cientos de kilómetros llevando mensajes cuando era imposible emplear otras formas de comunicación.

CONEXIONES

◉ *¿Necesitas paz en tu vida?*

◉ *¿Tienes que ofrecer a alguien un símbolo de paz?*

Pavo real

LOS BRILLANTES CO-
LORES Y LAS ELABORADAS plumas del pavo real le ga-
rantizan un lugar en muchas tradiciones. En China, el
pavo real está asociado con la diosa Kwan-yin, y su
pluma era concedida como un símbolo del honor im-
perial. En la cristiandad, esta ave simboliza la resurrección y la inmortalidad porque puede renovar sus
plumas, y los «cien ojos» dibujados en sus plumas
representan a la Iglesia, que todo lo ve. Para los hindúes, el pavo real es el emblema de Sarasvati, la diosa de la sabiduría, la música y la poesía. En la mitología hindú, los dibujos de las alas del pavo real, que
se asemejan a ojos, representan las estrellas en sus
constelaciones.

En la cristiandad, esta ave simboliza la resurrección y la inmortalidad porque puede renovar sus
plumas, y los «cien ojos» dibujados en sus plumas

El pavo real es un símbolo solar y se le encuentra en los ritos de adoración de los árboles y del Sol.
Simboliza el amor, la larga vida y la inmortalidad. En
tiempos modernos, el pavo real se relaciona con el orgullo y la vanidad, pues parece mostrar su cola con
gran ceremonial.

En *The Book of Kells,* el pavo real simboliza la in-
corruptibilidad de Cristo.

El trono del Pavo Real era el símbolo del poder
mogol en India y el de los *sha* de Irán.

El pavo real se muestra inquieto antes de que llueva y, por ello, está asociado con las tormentas.

CONEXIÓN

*¿Refleja tu sueño
algún sentimiento de
orgullo respecto a un
logro reciente?*

El cuclillo y el petirrojo

LA LLAMADA DEL CUCLILLO SEÑALA la llegada de la primavera, por lo que este pájaro está conectado con los nuevos comienzos. Su hábito de poner sus huevos en los nidos

de otras aves ha hecho que se le asocie con el adulterio. En el folclore, el «nido del cuclillo» hace referencia a los genitales femeninos.

En Inglaterra, los petirrojos, con sus brillantes pechos rojos, se asocian con el invierno y la Navidad. En Estados Unidos, el petirrojo suele ser un signo de primavera. Cuenta la leyenda que el petirrojo tiene el pecho rojizo porque mientras trataba de sacar las espinas de la corona de Cristo, una se incrustó en su pecho manchándole para siempre. En algunas canciones infantiles dicen que al petirrojo «le mató una flecha», una forma de sacrificio que caracterizaba a los héroes paganos.

En Cambridgeshire (Inglaterra) se cree que si un petirrojo entra en casa es señal de que se producirá un deceso en la familia.

Soñé que iba caminando sobre la nieve cuando, de repente, me convertí en un petirrojo.

A la soñante le preocupaba la proximidad de la Navidad y los numerosos trabajos que conlleva. Su transformación en un petirrojo le libera de sus responsabilidades humanas.

CONEXIÓN

¿Representa el cuclillo de tu sueño a alguien que está tratando de apartarte de tu justo lugar?

Búho COMO AVE DE PRESA NOCTURNA, al búho se le conoce por su sabiduría, su vista aguda y su afilado oído. Su vuelo silencioso no avisa a las presas. En los jeroglíficos egipcios el búho simboliza la muerte, la noche y el frío, y está asociado con el Sol muerto: el Sol que se pone debajo del horizonte.

El ulular del búho está asociado con la muerte o con algún suceso desastroso. En *Macbeth*, Shakespeare llama al búho el «hombre de la campana fatal», como lo describe lady Macbeth antes de la muerte de Duncan. En la obra *Julio César*, entre los augurios del desastre se incluye a un «pájaro de la noche». En China se talla un búho en las urnas funerarias. El «pequeño búho» era un símbolo de sabiduría para los antiguos griegos y el pájaro de la diosa Atenea.

CONEXIÓN

¿Te aporta tu sueño con un búho sabiduría y nuevas comprensiones?

Águila

LAS AVES DE PRESA, como águilas y halcones, tienen una visión muy aguda, poderosos picos y garras afiladas que les convierten en fabulosos cazadores. El águila dorada puede distinguir a un conejo desde una distancia aproximada de dos kilómetros. Muchas aves de presa tienen una envergadura enorme. Como vuelan tan alto y sin esfuerzo, están asociadas con la inspiración, el aire y la autoridad. Representan el elemento espiritual dentro de nosotros. El águila calva es el pájaro nacional de Estados Unidos. Para los cristianos, el águila es el símbolo de Juan, el cuarto evangelista. En las pilas bautismales y en los atriles de las iglesias se esculpen águilas porque simbolizan la renovación. Cuenta la leyenda que esta ave se rejuvenece volando cerca del Sol y lanzándose al agua poco después. El águila simboliza la ascensión de Cristo al cielo y el camino espiritual de la humanidad, así como el triunfo sobre las batallas externas.

Los antiguos mitos egipcios relataban que los halcones podían volar hasta el Sol y volver intactos, de modo que a los dioses solares a menudo se les representa como águilas o halcones. Simbolizan los cielos, el poder y la autoridad. Al dios Horus se le representa como un hombre con cabeza de halcón y el dios Sebek-Ra es un cocodrilo con cabeza de halcón.

CONEXIONES

◉ *Si sueñas con un águila, ¿estás teniendo por fin el coraje de volar alto y realizar tus sueños?*

◉ *Si sueñas con un ave de presa, considera qué aspecto de ti está siendo «apresado». ¿O podría significar que estás tratando de cazar algo?*

Buitre

EL BUITRE SE ALIMENTA DE CARROÑA, lo cual es positivo para el ciclo de la vida, pues limpia el entorno de los animales que se pudrirían poco a poco. Como carroñero, el buitre limpia los restos no deseados. Sin embargo, también representa el oportunismo interesado y sin sentimientos porque espera la muerte ajena.

En el antiguo Egipto, el buitre era el símbolo del Alto Egipto. Según la tradición, los buitres han sido considerados como femeninos, mientras que las águilas se consideraban masculinas. El buitre simbolizaba el cuidado maternal y la protección. La diosa madre Isis asumía la forma de un buitre, mientras que otras diosas vestían tocados de plumas de buitre.

En la mitología grecorromana el buitre era sagrado para Apolo. Los parsis, los seguidores de la religión de Zoroastro, ubicados principalmente al oeste de India, sitúan a los muertos en lo alto de unas torres construidas para que los buitres puedan comer sus restos, denominadas torres del silencio. Creen que este acto asegura el renacimiento del fallecido.

Los budistas tibetanos creen que los buitres son en extremo auspiciosos porque se comen los restos de animales muertos, reduciendo el riesgo de transmisión de enfermedades.

Cuando describimos metafóricamente a una persona como «buitre» queremos decir que convierte a los demás en presas, en especial a las personas más desvalidas. A los proxenetas también se les suele llamar buitres por ser avariciosos y despiadados.

CONEXIONES

- *¿Sientes que alguien está pendiente de ti, esperando que cometas un error?*
- *¿Hay alguien que quiere convertirte en presa?*

Cisne

GRÁCIL Y HERMOSO, EL CISNE es un símbolo de la pureza sagrada. Está asociado con la tierra, el aire y el agua porque se puede mover en cada uno de estos elementos. En la historia irlandesa *The Children of Lir*, la celosa reina transforma a sus hijos adoptivos en cisnes, pero ellos conservan el habla y sus dotes musicales, y la gente viene a escucharles en su nueva casa del lago.

Cisne es el nombre de la constelación estelar que forma la Cruz del Norte. Los griegos decían que representaba al dios Zeus, que iba disfrazado de cisne al encuentro de Leda, a la que Zeus deshonró. Leda dio a luz a una niña, Helena de Troya.

La tribu inuit Dunne-Za, de Canadá, tiene un mito de la creación en el que un cisne

se convierte en el héroe que puede generar vida.

Una mujer ingresada en urgencias después de un accidente soñó con una bandada de cisnes que se convertían en ángeles y le cuidaban mientras estaba enferma. Este sueño le hizo sentirse segura de que pronto se recuperaría.

CONEXIONES

◎ *En tu sueño, ¿estás tú o alguien «exhibiéndose» como un cisne, mostrando su belleza con actitud arrogante?*

◎ *¿Estás cantando tu «canción del cisne»; es decir, diciendo adiós?*

Aves marinas

TODAS LAS AVES MARINAS SIMBOLIZAN viajes y vastos mares y cielos. Están asociadas con los cielos y la divinidad, así como con la fortaleza, puesto que recorren muchos kilómetros volando. Gaviotas, gaviotines y cormoranes están entre las numerosas aves marinas que aparecen en los sueños.

El albatros es capaz de desplazarse largas distancias sobre el mar gracias a la gran envergadura de sus alas, que le permiten deslizarse por el aire, aunque a veces le cuesta despegar. Esta ave es conocida por su resistencia. Cuando se le ve en mar abierto, anuncia mal tiempo y tormentas. Se dice que cada albatros es el alma de un marinero muerto. En el poema de Samuel Taylor Coleridge *The Rime of the Ancient Mariner*, un marinero mata un albatros y es obligado a deambular eternamente por los mares como castigo. El poema describe la santidad del pájaro y las graves consecuencias de haberlo matado. Leyendas marinas cuentan que las gaviotas son el alma de marinos y pescadores ahogados en el mar.

CONEXIÓN

◉ *Si sueñas con aves marinas que vuelan libremente, son indicio de un deseo de partir dejándolo todo atrás.*

Cigüeña EN ALGUNAS

TRADICIONES, soñar con una cigüeña anuncia el nacimiento de un niño, o significa que la soñante quedará embarazada. En Holanda, donde las cigüeñas construyen sus nidos en los tejados de las casas, se creía que la mujer propietaria de la casa tendría una prolífica descendencia y partos agradecidos. A la cigüeña se le suele retratar transportando un hatillo en el que está envuelto el bebé, que deja en casa de sus padres. Cuando los niños preguntan de dónde vienen los bebés, a veces se les cuenta que los trae la cigüeña.

La cigüeña es pescadora, por lo que está asociada con el agua y la creatividad. Es un ave de buenos augurios, que simboliza la llegada de la primavera y de nueva vida.

En la mitología clásica, se creía que las cigüeñas volaban a la isla de los benditos, donde morían para transformarse en seres humanos.

CONEXIÓN

¿Estás esperando una ampliación de la familia?

La cigüeña simboliza la fidelidad a la familia, la devoción a los hijos y el cuidado de los mayores. También está vinculada con enemas y duchas vaginales, pues en su ritual de limpieza la cigüeña incluye una lavativa.

Pelícano

AL PELÍCANO SE LE SUELE RETRATAR alimentando a sus hijos con sangre de su propio pecho, por lo que representa la fuerza nutricia, así como el sacrificio y la caridad. El pelícano está asociado simbólicamente con Cristo y los sacrificios de sangre, puesto que Él dio su sangre por la humanidad, tal como el pelícano con sus crías. Dante escribió: «Cristo, nuestro pelícano».

El pelícano tiene la costumbre de usar la gran bolsa que tiene en su pico. Cuando la madre se dispone a alimentar a sus crías, hace papilla con los pececitos que tiene en esta bolsa y después, presionándola contra su pecho, transfiere la mezcla, ahora sanguinolenta, a la boca de los jóvenes. La gente que lo contempla concluye que alimenta a sus crías con su propia sangre.

Animales grandes y pequeños

CONEXIONES

◎ *¿Representa el pelícano de tus sueños el cuidado de tus hijos?*

◎ *¿Sientes que estás haciendo demasiados sacrificios?*

Pez **EL PEZ ES UN SÍMBOLO DE LA VIDA ETERNA:** estamos refiriéndonos a la historia de Jonás en el Antiguo Testamento. Después de haber sido tragado por un pez y de haber permanecido en su estómago durante tres días, Jonás fue depositado vivo en la orilla. Esto guarda relación con el tiempo que Cristo pasó en la tumba después de su crucifixión, y simboliza la muerte y el renacimiento. Los peces son el símbolo de la cristiandad porque Cristo dijo a los apóstoles que serían «pescadores de hombres». La palabra *pez*, en griego, es *icthus*, un acrónimo de Jesús Cristo, Hijo de Dios.

El héroe irlandés Finn mac Cumhaill tocó un salmón que había comido avellanas de un árbol perteneciente a la diosa Boinn, consiguiendo de inmediato conocimiento y sabiduría ilimitados. Los salmones, que se esfuerzan por remontar el río donde nacieron para desovar, representan la fuerza y determinación.

Mitad pez y mitad mujer, la sirena se mueve en la zona limítrofe entre la orilla y el mar. En muchos mitos atrae a los marineros hacia las aguas profundas de la emoción, provocando tormentosas circunstancias en sus vidas.

CONEXIÓN

◉ *El pez está asociado con la sexualidad, de modo que si aparece un animal con forma de pez en tu sueño, considera cualquier asunto sexual que te podría afectar.*

Tiburón

EL TIBURÓN NUNCA SE DUERME DEL TODO. Desactiva una mitad de su cerebro durante un breve periodo de descanso y funciona con la otra mitad; después, invierte el proceso. Esto significa que siempre se mantiene vigilante mientras patrulla los mares en su afán depredador. Y como tal, es temido por su ferocidad y por estar dispuesto a comer cualquier cosa. El tiburón es una especie de fósil viviente porque sus antepasados nadaron en nuestros mares hace más de cien millones de años.

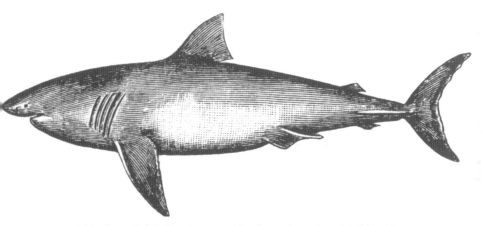

CONEXIONES

◎ *El término «tiburón del préstamo» hace referencia a la persona que presta dinero a tipos de interés exorbitantes.*

◎ *«Campana de tiburón»: En Australia se hace sonar una campana para avisar a los bañistas y surfistas de la presencia de tiburones.*

◎ *¿Representa el tiburón de tu sueño cansancio o una amenaza potencial?*

◎ *¿Te preocupa que alguien trate de asaltarte?*

Delfín

LA PALABRA DELFÍN VIENE DEL GRIEGO *delphinus*, que significa «útero» (véase página 59). En las urnas funerarias griegas los delfines simbolizaban el tránsito del alma al otro mundo y el renacimiento. En la tradición celta los delfines estaban asociados con la adoración de los pozos y con el poder de las aguas.

El poder, la velocidad, la belleza, la gracia, la inteligencia y la sociabilidad de los delfines hace que sean muy apreciados por los humanos. Cuando acompañan a los barcos, saltando y jugando en su proa, su naturaleza social se hace muy evidente. Los delfines son muy valorados por su capacidad de ayudar a quienes tienen problemas físicos y emocionales, y «nadar con los delfines» está considerado como un proceso curativo. Circulan muchas historias de personas que han sido salvadas por los delfines después de un accidente marino, y muchos informes de delfines que mantienen a flote a los nadadores cuando tienen dificultades.

Dos delfines, uno frente a otro, representan la dualidad de la naturaleza. Si sueñas con ellos, podría indicar tu necesidad de aceptar que no eres unidimensional, y que la parte «negativa» de tu carácter contribuye a tu totalidad como ser humano.

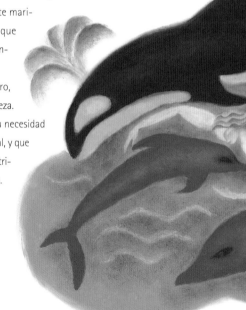

CONEXIÓN

● *¿Te ayuda el*
delfín de tu sueño
a sobrevivir en
mares agitados?

Ballena

LAS BALLENAS SON LOS MAMÍFEROS de mayor tamaño de la Tierra. En sueños, su gran volumen puede estar asociado con sentimientos de pequeñez u opresión. La gran extensión de los océanos, que constituyen el hogar de las ballenas, representa el reino emocional. El vientre de la ballena simboliza la muerte y el renacimiento. Esto es así porque, según la tradición popular, el gran pez que se tragó a Jonás en el relato del Antiguo Testamento (véase página 296) era una ballena.

Según las leyendas musulmanas, la ballena es uno de los diez animales a los que se permitió traspasar las puertas del cielo.

La novela *Moby Dick*, de Herman Melville, cuenta la historia de la gran lucha entre el capitán Ahab y una ballena blanca gigante. A un nivel, la historia representa el orgullo humano y el deseo de controlar la naturaleza, aunque ello conduzca a la muerte.

La ballena ha sido el alimento básico de las tribus inuit durante muchas generaciones, que también usan aceite de ballena para alimentar sus lámparas y fabricar velas. Sin embargo, en algunas zonas, la pesca industrial ha convertido a la ballena en una especie en peligro de extinción.

Animales grandes y pequeños

CONEXIONES

◉ *¿Tu sueño con ballenas tiene que ver con «lamentaciones»?*

◉ *¿Tu sueño con ballenas tiene valor ecológico?*

EL DESEO DE CREAR Y LA CAPACIDAD para hacerlo están inscritos en el cerebro humano. Nuestra creatividad se muestra en las pinturas rupestres, en las esculturas extraídas de los yacimientos arqueológicos y en las obras de arte y diseños prácticos actuales que han cambiado nuestro estilo de vida. Mira a tu alrededor, dondequiera que estés, y probablemente podrás ver lámparas, un teléfono, un escritorio, una silla, un cojín o, tal vez, una jarra y un vaso. Cualquiera que sea el objeto, tanto si es un cuenco hecho en una clase de cerámica como si es un ordenador portátil fabricado a miles de kilómetros de distancia, representa la capacidad de la raza humana para construir y crear.

En las áreas urbanas, sobre todo, vemos muestras de nuestro mundo técnico por doquier. En sueños, nuestra creatividad se pone a trabajar y transforma los objetos, haciendo que simbolicen algo significativo para nuestra vida. Los sueños hacen uso de objetos para enviarnos mensajes que podamos entender. Tus sueños con objetos fabricados por el ser humano te ayudan a explorar lo que simbolizan para ti.

Hecho por
humanos

Hecho por humanos

Soñé que estaba haciendo el amor con un hombre desconocido en una isleta de tráfico, en una zona bulliciosa de la ciudad. Lo curioso es que en realidad la isleta era un gran pastel de manzana y mora, del que se había cortado una porción. Estábamos «haciéndolo» en aquel claro y, después, como teníamos hambre, nos comimos parte del pastel-isleta a la vista de todos.

Tanto si este sueño es exhibicionista como si no, constituye un estupendo ejemplo de la satisfacción de todos los apetitos de una manera sana. La isleta de tráfico simboliza un lugar apartado del apresurado mundo; es un lugar de descanso, un alto entre caminos. En su sueño, la soñante hace uso de este «claro» para satisfacer sus apetitos sexuales y físicos.

Tus sueños te dan placer e información sobre tus necesidades. Escúchalos y aprende de su rico lenguaje, y profundizarás no sólo tu comprensión de ti mismo, sino también del complejo mundo en el que vives.

La psicoanalista británica Ella Freeman Sharpe dice en su libro *Dream Analysis [Análisis de los sueños]* que los contenidos de los sueños revelan nuestra actividad física y mental. Una de sus pacientes, que llevaba varios meses de malestar, tuvo un sueño en el que miraba su reloj de pulsera, pero las agujas estaban tapadas por tiras de papel y no podía ver qué hora era. Tiempo después la mujer tuvo que coger la baja debido a una profunda inquietud que la sumió en un periodo de insomnio. El reloj de pulsera simbolizaba la necesidad de estar alerta y la incapacidad de gestionar el tiempo. No sabía qué hora del día era; perdió contacto con el ritmo de su vida y sufrió una gran crisis. Cuando se recuperó, soñó con otro reloj en el que podía leer la hora con claridad.

DERECHA. *En sueños, tu visión y experiencia del mundo pueden cambiar por completo.*

CASAS EN LOS SUEÑOS, LAS CASAS REPRESENTAN el cuerpo humano. Considera el contenido simbólico de los siguientes elementos:

El tejado y el ático. La parte alta de la casa y las habitaciones del ático representan la cabeza, la mente, el cerebro y los aspectos intelectuales y cognitivos del yo. Si te encuentras en una habitación en la parte alta de un edificio, pregúntate en qué tienes que pensar.

Cocina. La cocina representa la alimentación, el corazón de la casa, y es el lugar atribuido a la diosa del hogar, Hestia. También puede representar la digestión. Considera la relevancia de expresiones como «demasiados cocineros echan a perder la sopa»; «si no soportas el calor, más te vale salir de la cocina», y «¿qué se está cociendo aquí?».

Sótano. Aquí descansan los cimientos. El sótano está debajo del suelo y simboliza el subconsciente, lo que subyace al conocimiento y la conciencia. El sótano es la base de la casa, lo que puede indicar instintos primarios y necesidades «básicas». ¿Ha sido utilizada la palabra «básico» o «básica» en el sentido de algo bajo y sin valor? ¿Hay algo bajo o animal en el sueño que te conecta con el sótano? Generalmente, para ir al sótano hay que bajar unas escaleras, lo que podría estar conectado con la idea de «rebajar» o «menospreciar».

Pasillos. Los pasillos y corredores representan transiciones, pasadizos que conducen a diferentes puertas y oportunidades. Los «corredores del poder» son un símbolo del gobierno.

Cables. Los cables pueden representar el sistema nervioso o las venas y arterias; en realidad, cualquier cosa que transporte algún tipo de energía.

Habitación. La habitación representa la sexualidad, la reproducción, el escenario de los sueños y la meditación.

Hecho por humanos

Escuela

**ES EL LUGAR DONDE APRENDE-
MOS.** Puede estar asociada con
experiencias infantiles, o puede hacer referencia al estudio
y a la necesidad actual de am-
pliar nuestro desarrollo educa-
tivo. Si tu sueño está relacionado con antiguas experiencias
desagradables de tu época es-
tudiantil, podría reflejar una situación en la que sientes que
no tienes control y que estás
a merced de los juicios ajenos.

*Cuando fui por prime-
ra vez al internado, tenía
este sueño recurrente. Iba
caminando con mi madre, mi padre y mi hermano, y de repente nos separaba
un río. Ellos estaban en un lado del río, sonriendo, y yo estaba sola en la otra
orilla, sintiéndome muy desgraciada.*

Aunque la escuela no se menciona de forma directa, la base del sueño es la separación que se produjo cuando esta niña fue enviada al internado. Su hermano menor se quedó en casa con sus padres. A pesar de haber crecido, a esta mujer se le repite el sueño cuando se siente sola o aislada.

Algunos grupos creen que durante el sueño el alma recibe lecciones en un plano espiritual y el aula onírica es el entorno de este tipo de aprendizaje.

Hotel

EN UN HOTEL ENCONTRAMOS ALOJAMIENTO temporal; es un lugar de encuentro y de transición. La impermanencia y el anonimato de los hoteles pueden reflejar un deseo de cambio, de ir de un punto a otro sin que nadie más lo sepa o altere nuestros planes. Un hotel también es un lugar donde podemos sentirnos libres de nuestras responsabilidades domésticas.

El término *hotel* se deriva de la palabra que se usaba en latín para designar el «hospicio» u «hospital». Si sueñas con un hotel, es posible que necesites cambiar de escenario, ir a algún lugar donde puedas descansar y ser mimado en un entorno lujoso.

Los hostales, como los hoteles, ofrecen alojamiento, pero suelen ser más sencillos y baratos. Con frecuencia se alojan allí los mochileros y viajeros de bajo presupuesto, y representan viajes de exploración, encuentro y confraternidad. También indican que el soñante está preparado para «soportarlo»: ¿Tiene esto algún significado para ti?

CONEXIÓN

¿Te recuerda el hotel de tus sueños algún hotel en el que hayas estado antes? Si es así, piensa qué te ocurrió allí y cómo te sentiste. ¿Puedes entender lo que significa para ti en tu vida actual?

Iglesia

UNA IGLESIA, COMO UN TEMPLO o una mezquita, es un lugar de culto donde te reúnes con otros fieles que comparten tu fe. Está asociada con reglas, rígidos códigos de conducta y con la práctica religiosa, que pueden reconfortar o constreñir, dependiendo de tus experiencias. Cuando sueñes con una iglesia, si no es una a la que asistas, o si no tienes creencias religiosas, piensa qué simboliza para ti. ¿Representa rituales elaborados que están pasados de moda? Y, si es así, ¿sientes que esas sensaciones reflejan algún área de tu vida actual?

La iglesia está asociada con la trascendencia y lo sagrado. Es un lugar santificado donde la gente puede encontrar seguridad y protección. ¿Te ofrece tu sueño la oportunidad de sentirte seguro?

El tamaño y el tipo de iglesia indican distintos niveles de simplicidad y de riqueza, y también de formalidad. Una abadía o catedral es un lugar grandioso, mientras que una capilla o una simple iglesia metodista o casa de encuentros cuáquera, libres de cualquier adorno, simbolizan la simplicidad y la ausencia de ceremonial.

Ella Freeman Sharpe comenta el sueño de uno de sus pacientes, que soñó con la catedral Iona. En su idioma natal, esta palabra es un estupendo retruécano de «yo soy dueña de la catedral». En aquellos tiempos la mujer estaba preocupada por su economía.

CONEXIÓN

◉ *¿Guarda tu sueño con*
iglesias conexión con
explorar tu espíritu o
de llegar a un punto
más profundo?

terminales

AEROPUERTOS, ESTACIONES FERROVIARIAS Y DE AUTOBÚS son puntos de partida y de llegada. Pueden representar lugares reales conocidos para el soñante e indicar viajes reales que han sido o están a punto de ser emprendidos. De no ser así, considera su significado simbólico. ¿Te estás apartando de una relación o de una vieja amistad? ¿Te estás dirigiendo a un nuevo destino en tu vida emocional o espiritual?

Como las terminales son lugares públicos, representan el lugar del soñante en el mundo. Si eres bien tratado en el sueño o en la vida, las terminales pueden generarte una sensación positiva de valía, pero si se te ignora o se te trata mal, pueden indicar sentimientos de inadecuación o de rechazo.

Los problemas en las terminales incluyen pérdidas de billetes o de equipajes, perder los enlaces con otros aviones o autobuses, o no disponer de la moneda adecuada. Éstos son los típicos sueños de ansiedad o frustración, de modo que podrías pensar en alguna desilusión de tu vida de vigilia que te esté molestando.

CONEXIONES

🜨 *Las terminales son lugares de tránsito. ¿Te sientes en transición ahora mismo?*

🜨 *Si sueñas con una terminal, podría indicar ansiedad respecto a tu salud o la de alguien cercano a ti, o miedo a la muerte.*

Hospital

Me doy cuenta de que la enfermedad es a la salud lo que los sueños son a la vida de vigilia: un recordatorio de lo olvidado, el cuadro mayor que está orientado hacia la resolución.

KAT DUFF: THE ALCHEMY OF ILLNESS

LOS SUEÑOS A MENUDO REFLEJAN la ansiedad del soñante, aunque es posible que esto no se vea con claridad en la vida de vigilia. Una mujer in-

glesa no podía encontrar sentido a su sueño de ir al teatro para participar en una obra, y se sentía mal porque no le dejaban actuar. Cuando exploró el sueño, se dio cuenta de que el teatro era la sala de operaciones en la que tenían que practicarle una cirugía menor. Sus sueños expresaban la preocupación por carecer del control sobre lo que le ocurría: «Nadie le dejaba actuar».

Una paciente sometida a tratamiento de quimioterapia tenía muchos

sueños inquietantes, sobre todo porque antes de sufrir cáncer había sido una persona saludable que se encontraba en una inmejorable etapa de la vida a sus treinta y cuatro años. Me contó un sueño que la había horrorizado en el que se arrastraba a cuatro patas mientras vomitaba heces. El sueño simbolizaba la necesidad de librarse de la «mierda» que estaba contaminando su cuerpo, tanto el cáncer como la «mierda» tóxica de la quimioterapia. El tratamiento le dejó discapacitada: conservó las funciones corporales pero estaba demasiado débil para realizar cualquier tipo de tarea.

Castillo LOS CASTILLOS ESTÁN ASOCIADOS CON LA GRANDEZA, la fuerza y la protección.

Estos edificios fortificados tenían una torre interna, la torre del homenaje, para proteger a la gente, que se retiraba allí cuando el castillo era atacado por los enemigos. Si sueñas con esta torre puede indicar un deseo de retirarte a un lugar protegido donde te sientas más seguro.

Los castillos son característicos de los cuentos de hadas. La Bella Durmiente estaba dormida en un castillo rodeado por maleza espinosa que el héroe tenía que atravesar para rescatarla. ¿Tienes algún sueño romántico en el que te rescatan de un castillo?

En su parte alta, las murallas de los castillos suelen tener paseos desde los que puedes mirar hacia fuera sin dejar de sentirte protegido. Si sueñas que estás en un lugar donde tienes esa vista, podría significar que necesitas sentirte protegido mientras aclaras tu situación o que necesitas ver con mayor claridad lo que hace «tu enemigo».

CONEXIONES

🌀 *«Los castillos en el aire» son esperanzas que no suelen hacerse realidad.*

🌀 *«La casa de un hombre es su castillo»: ¿Representa el sueño tu propia casa?*

Puerta

LAS PUERTAS NOS PERMITEN entrar en los lugares y cortar el paso a otros. Son los portales por los que entramos en nuevos espacios y, por tanto, simbólicamente, donde comenzamos nuevas experiencias. En los sueños donde veas puertas, piensa si están abiertas o cerradas, sin son robustas o finas, si tienen llaves o cerrojos, y de qué lado estás tú, dentro o fuera. Carole se sentía frustrada por sus sueños:

Estoy tratando de encontrar algo de intimidad, pero todas las puertas están abiertas de par en par y no puedo cerrarlas; no encuentro ningún lugar tranquilo.

En ese momento, su vida de vigilia era igualmente frustrante porque sentía que no tenía intimidad.

Las puertas representan las aperturas y los cierres de tu vida. También son el umbral, el lugar que marca la transición del exterior al interior, y viceversa. El dios romano Jano marcaba el umbral: con sus dos caras podía mirar simultáneamente hacia dentro y hacia fuera. Hoy día los umbrales están guardados por personal de seguridad, cuidadores, vigilantes, porteros automáticos y circuitos cerrados de televisión. Cuando el umbral está indicado con claridad, podemos elegir seguir adelante o volver atrás.

La «puerta delantera» también es símbolo de la vagina y la «puerta trasera», del ano.

Tradicionalmente se dejaba la puerta abierta cuando alguien estaba a punto de morir para que el espíritu del difunto pudiera transitar con libertad.

Yo estaba vestida de rosa pálido. Seguía intentando encontrar puertas que no estaban allí. Era como ser cazada.

Esta soñante se sintió atrapada en una situación de la que no podía escapar.

Escaleras

CUANDO SUEÑAS CON ESCALERAS, piensa si estás subiendo o bajando. Si estás subiendo, podría significar que estás alcanzando el éxito o que estás haciéndote más consciente de tus logros. Si estás bajando, podría reflejar que no lo has conseguido o que necesitas volver a los cimientos y asentarte con solidez. Freud propuso que subir y bajar escaleras era un símbolo del coito sexual.

Las escaleras de todo tipo pueden estar relacionadas con temas espirituales, con hacerse menos secular y más sagrado. En el cristianismo, la ascensión llevó a Jesús de la Tierra al cielo.

Estoy en un ascensor que no se va a parar, va a atravesar directamente el techo. Al final el ascensor siempre se para, pero se encoge; yo me quedo en un espacio muy estrecho en el que siento que me ahogo.

Los ascensores pueden simbolizar algún tipo de elevación, ser apoyado y alabado, o ser menospreciado y sufrir una rebaja del propio estatus. El progreso, o el deterioro, pueden hacer referencia a tu vida y a tu situación profesional del momento.

CONEXIÓN

◉ *¿Refleja tu sueño de ir escaleras abajo la falta de confianza o algún contratiempo que has sufrido?*

CONEXIONES

◎ *«Tocar techo» significa llegar a un límite que nos impide seguir progresando. ¿Sientes que esto se corresponde con tu situación?*

◎ *«Decir a uno que está mal de la azotea» es decir que está loco, que no está del todo cuerdo. ¿Hay algo que no entiendas?*

Tejado

EL TEJADO ES LO NOS CUBRE y nos protege de los elementos. Si nos subimos a un tejado disponemos de un punto de vista más elevado y ventajoso (*véase* también página 304). Considera el estado del tejado de tu sueño: ¿está en buen estado, es impermeable y está completo, o necesita reparación? Si ocurre esto último, ¿necesitas prestar atención a tu cerebro o pensar algo con detenimiento en lugar de confiar en tus instintos o en tu corazón? Un tejado con goteras puede representar algo inconsciente que se te va revelando poco a poco.

En arquitectura, particularmente en los templos e iglesias, el tejado es importante porque simboliza la cúpula del cielo.

Ventana

LAS VENTANAS OFRECEN PROTECCIÓN de los elementos al tiempo que dejan entrar la luz y nos permiten ver de dentro afuera y de fuera adentro de un edificio o vehículo. Las ventanas pueden estar abiertas o cerradas, y tapadas con cortinas o persianas para proveer intimidad. Si sueñas con ventanas, piensa dónde están situadas y en qué edificio están. Las ventanas de una casa pueden guardar relación con una situación doméstica, mientras que las de un rascacielos pueden estar asociadas con el trabajo o con algún asunto oficial.

Las hojas de las ventanas son de vidrio, que puede ser transparente, lo que nos permite ver con claridad, u opaco, con lo que la vista es difusa. ¿Puedes relacionar esto con tu visión de la situación en este momento? Considera si te inquieta algún asunto y si necesitas una mirada más precisa.

Mirar hacia dentro a través de una ventana significa intuición, aunque también podría indicar que uno se siente excluido mientras los demás disfrutan del calor y la luz del espacio interior. Mirar desde una ventana podría representar tu punto de vista, cómo te sientes en la vida. A los ojos se les suele llamar «las ventanas del alma».

CONEXIONES

◎ *¿Te sientes dolorido por algo?*

◎ *¿Necesitas más luz en tu vida?*

Muros

LOS MUROS REPRESENTAN LAS FRONTERAS: contienen lo que está dentro y mantienen fuera a las personas y a los elementos. Cuando están bien cuidados, ofrecen protección e intimidad. Pero cuando están dañados, pueden ser traspasados: cualquier persona o cosa puede atravesarlos.

El Muro Occidental o Muro de las Lamentaciones, en Jerusalén, es el lugar sagrado para todos los judíos del mundo. Es el único muro que se ha conservado de su templo sagrado. Aquí los judíos recitan plegarias o las escriben en hojas de papel que introducen entre las fisuras de las piedras. Se le denomina Muro de las Lamentaciones por los lamentos de los judíos ante la destrucción de su templo en el año 70 d.C.

Un muro puede simbolizar un obstáculo o una barrera en tu vida. De la misma forma, «un muro de silencio» impide que avance la comunicación, en particular si se está llevando a cabo algún tipo de investigación.

Existe el dicho de que «las paredes oyen»; en otras palabras, es posible oír secretos y transmitirlos. ¿Se relaciona tu sueño con alguna información que ha sido transmitida de manera inapropiada?

CONEXIONES

◉ *¿Te has topado con un muro y sientes que ya no puedes seguir adelante?*

◉ *¿Te sientes anonadado, como si te hubieras golpeado distraídamente con un muro?*

Laberinto

LAS RUTAS, TÚNELES O CÁMARAS que forman un laberinto siempre conducen al centro. Algunos dicen que los laberintos se usaban como sustitutos de las peregrinaciones y como ayudas para la meditación. Antiguamente, los monjes y monjas recorrían el laberinto de rodillas hasta el centro del mismo, al que a veces se le llamaba Jerusalén, en acto de penitencia por sus pecados.

En la mitología griega, Dédalo construyó en la isla de Creta un laberinto en el que aprisionó al Minotauro, ser fantástico con cuerpo de hombre y cabeza de toro. El Minotauro se alimentaba de doncellas y mancebos. Con la intención de poner fin a semejante cacería, se envió a Teseo para que lo matara. Ariadna le ayudó tejiendo un hilo de oro con el que pudo encontrar el camino de regreso.

El laberinto es un símbolo de confusión porque contiene muchas vías y corredores que no conducen a ninguna parte; puede simbolizar la sensación de sentirse perdido, tal vez de haber perdido el «hilo» o no tener una visión global del plan a seguir.

CONEXIONES

◎ *Cuando sueñas con un laberinto, piensa si estás atascado en una situación de la que no encuentras salida.*

◎ *¿Te sientes sorprendido o anonadado con alguna situación de tu vida actual?*

◎ *¿Quieres llegar al núcleo del asunto que te está molestando?*

Puente

EL PUENTE PUEDE SER EL LUGAR por el que cruces un río o carretera y puede simbolizar un punto de transición emocional o espiritual.

En la religión de Zoroastro, el camino que lleva a la otra vida exige atravesar un puente. Todo el mundo es juzgado en el momento de la muerte: si los buenos actos superan a los malos, el alma viaja al cielo; si los malos actos superan a los buenos, entonces el puente se hace tan estrecho como la hoja de una espada y el alma se desliza hacia el infierno.

Usamos el término *puente* para designar a las personas que se vinculan con otras. Un negociador puede ser un «puente» entre partes en desacuerdo, mientras que un consejero puede ser el vínculo que te permita comprender mejor tu propia situación, reuniendo o reconciliando distintos aspectos de ti mismo.

CONEXIONES

◎ *«Quemar los puentes» significa cortar tus conexiones con los demás de un modo que te limita.*

◎ *«Cruzar un puente cuando llegas a él» significa lidiar con las dificultades cuando surgen en lugar de preocuparse por ellas.*

Muebles

EL TIPO DE MUEBLES DE TU SUEÑO refleja la cultura en la que vives y tus gustos, que pueden ser minimalistas u ostentosos. Con relación a los muebles, mucho depende del entorno donde vayan a ser instalados. Los muebles de un hotel son muy distintos de los de una habitación de trabajo o una consulta de masaje, aunque puede haber coincidencias. Cuando interpretes tu sueño, considera cualquier mueble que tenga un lugar prominente o que te interese por algún motivo.

Silla. Algo en lo que descansar o sobre lo que se sentarse. ¿Te sientes suprimido o reprimido en algún sentido? ¿Hay alguien que se esté «sentando sobre» tus ideas?

Mesa. Un lugar donde compartir el alimento, donde literal y simbólicamente «partir el pan». La palabra también indica una manera de mantener y ordenar un debate en una «mesa redonda».

Sofá. Un sofá es donde nos sentamos con otros. Cuando toma la forma de diván, puede estar relacionado con cierta tendencia nuestra a «divagar».

Los muebles de la casa de tu sueño te dan información sobre el significado del sueño. Los armarios de cocina y roperos son contenedores: contienen cosas que pueden estar ocultas. Cuando se guardan secretos, el armario del sueño puede estar cerrado, simbolizando así que ese secreto está guardado. Si el secreto se ha revelado, el armario puede estar abierto. El simbolismo del armario se refleja en el dicho «salir del armario», o declarar la propia homosexualidad.

CONEXIÓN

⊚ *Si tienes demasiados muebles*
en la habitación de tus
sueños podrían simbolizar
un estilo de vida «repleto».

Llave

UNA LLAVE SIMBOLIZA LA RESPUESTA a una pregunta o te ofrece el modo de abrir algo cerrado. El objeto cerrado podría ser una casa, una caja, un cofre..., metafóricamente cualquier cosa que esté cerrada. Por ejemplo, la llave del corazón de alguien...

El ojo de la cerradura también puede ofrecerte la oportunidad de mirar dentro de un espacio privado. Los ojos de las cerraduras te permiten ver cosas ocultas, y tú mismo también podrías ser espiado. Si te ocurre esto en un sueño, pregúntate si alguien está invadiendo tu intimidad o si estás metiendo la nariz en la vida de otra persona.

Mi marido estaba tratando de abrir la puerta, pero al introducir la llave ésta se dobló. Entonces usé mi llave para abrirla. Le dije que tenía que conseguir otra llave si quería entrar.

El marido de la soñante había muerto antes de que ella tuviera este sueño, y la llave doblada indica que ya no podía entrar en la casa que habían compartido. La soñante dijo: «Ahora él está en otro lugar, de modo que su llave no funciona».

CONEXIÓN

☺ *Una llave oxidada puede indicar talentos que uno no ha desarrollado.*

Escalera de mano

LA ESCALERA DE TUS SUEÑOS PUEDE estar relacionada con algún trabajo doméstico, como pintar o cambiar una bombilla, pero, si no puedes hacer una conexión concreta, piensa en cuál podría ser su propósito. ¿Cómo la estás usando? Como las escaleras fijas y los ascensores, las escaleras de mano están relacionadas con subir y bajar; por tanto, pueden indicar progreso o su ausencia.

El personal de limpieza usa escaleras para limpiar las cristaleras, lo que podría significar clarificación: obtener una visión más clara. ¿Necesitas clarificar tu situación? ¿Necesitas una visión más elevada o la opinión de un experto?

En la mitología, las escaleras conectan la Tierra y el cielo, y los escalones representan los distintos niveles o etapas del viaje espiritual. Se dice en el Antiguo Testamento que Jacob soñó con una escalera que ascendía de la Tierra al cielo y una procesión de ángeles ascendía y descendía sobre ella. Y Dios, que estaba en lo alto, dijo: «Yo soy Jehová, el Dios de Abraham, tu padre, y el Dios de Isaac; la tierra en que sueñas será tuya y de tu descendencia».

«Trepar la escalera» simboliza un ascenso en el trabajo o en una situación social. Supuestamente, pasar por debajo de una escalera da mala suerte.

Tienda

EN GENERAL, LA TIENDA ES UNA ESTRUCTURA transitoria, un hábitáculo móvil que se usa para acampar al aire libre y está asociado con actividades en la naturaleza. ¿Indica que estás planeando irte de vacaciones o acabas de terminarlas? ¿Te gustaría volver a la naturaleza, sentirte cerca de la tierra durmiendo en el suelo bajo la cúpula protectora de una tienda?

Los *yurts* son tiendas de fieltro usadas por los nómadas de Mongolia. Son de lana, están hechas a mano, y ofrecen calidez y belleza en un paisaje inhóspito.

Las ciudades de tiendas árabes son exóticas y bellamente construidas. El interior de las tiendas suele estar decorado con tapices y alfombras. Tradicionalmente las tiendas han estado asociadas con los beduinos, una tribu nómada que se desplaza en busca de pastos para el ganado.

CONEXIONES

- *¿Te sientes cargado por las rutinas de tu vida? ¿Te gustaría vivir una vida nómada para cambiar?*
- *Si aparece una tienda en tu sueño, ¿tiene relación con un viaje, una campaña?*

Equipaje

Cuando tengo que salir de vacaciones o se presenta una ocasión especial, suelo soñar que preparo el equipaje en el último minuto, meto las cosas en la maleta y después pierdo el avión. También puede ocurrir que pierda el equipaje, o que no pueda vestirme a tiempo para la ocasión y me la pierda.

Estos sueños de frustración reflejan la presión a la que nos vemos sometidos para organizar nuestras ajetreadas vidas. Los inconvenientes de perder un avión provocan nuevas preocupaciones, y estos sueños reflejan nuestra ansiedad. ¿Qué otra cosa podría representar un sueño así? ¿Tenemos necesidad de simplificar? ¿Necesitamos establecer prioridades para no ser «como todos los demás»?

El equipaje simboliza no sólo aquello que necesitamos para hacer un viaje, sino también los «asuntos inconclusos», los problemas emocionales no resueltos que no nos dejan avanzar. Cuando la gente habla de su «equipaje emocional», en general suelen hacer referencia a los patrones de conducta negativos que les impiden avanzar en su vida emocional.

CONEXIONES

◉ *Si sueñas que pierdes el equipaje, ¿es eso bueno o malo para ti? ¿Te ofrece la oportunidad de empezar de nuevo y de crearte una nueva identidad?*

◉ *Si sueñas con un equipaje muy elegante en el que todos los elementos combinan, ¿representa la necesidad de dar buena impresión allí donde estés?*

Rueda

Hecho por humanos

LA RUEDA INDICA VIAJE y también puede ser un símbolo del ciclo de la vida. Asimismo, la rueda puede indicar progreso, aunque mucho depende de su naturaleza. Por ejemplo, un volante indica que tienes la oportunidad de controlar la dirección que sigues, mientras que una noria representa la capacidad de aprovechar la energía natural. Una rueda de alfarero es símbolo de creatividad y de la transformación de la tierra en objetos útiles y hermosos. La «rueda de la fortuna» es un símbolo de buena suerte y de oportunidades.

Las enseñanzas de Buda suelen estar representadas por una rueda. En el primer sermón que dirigió a sus discípulos en Benarés, el Buda dijo que estaba poniendo en marcha la *Rueda del Dharma*, que es el sistema de pensamiento budista, la meditación y los ejercicios espirituales basados en sus enseñanzas.

El escudo de la bandera de India es una rueda que representa el gobierno terrenal y la realeza.

CONEXIONES

◎ *¿Estás progresando o das vueltas en círculo?*

◎ *Soñar con una rueda puede indicar confianza en las oportunidades o en la suerte.*

Bolso

OBJETOS COMO CARTERAS, BANDOLERAS y bolsos de mano represen-
tan nuestra identidad. En ellos llevas tu pasaporte, las tarjetas de crédito, el permiso de
conducir, objetos personales como fotografías, las llaves de casa, las tarjetas de socio,
etcétera. Estos elementos dan claves respecto a quién eres y cuáles son tus intereses.

Si sueñas con un bolso muy caro de diseño es posible que necesites una imagen más
elegante. La marca del bolso es símbolo de riqueza y posición social, y también de que
necesitas exhibir tu estatus en público.

Un bolso gastado puede simbolizar sentimientos de agotamiento, de haberse ro-
zado con la vida y de estar deslustrado. ¿Necesitas poner al día tu identidad, darte un
cepillado para estar más luminoso? Si sueñas con un bolso que necesita reparación, pregúntate qué podrías perder si no llevas a cabo dicho cam-
bio o reparación. Tu bolso puede simbolizar tus pensamientos y deseos privados, aquello que
no expones en público. Si pierdes tu
bolso, otros podrían tener información sobre ti que te deje en una
posición vulnerable.

CONEXIÓN

🌀 *¿Está la cartera de tus*
   sueños llena o vacía?
   ¿Guarda este hecho relación
   con tu situación económica?

Hecho por humanos

Espejo

COMO SÍMBOLO DE LA MENTE, el espejo representa el acto de reflejar, de mirar directamente tu verdad, de observarte de otra manera o bajo una nueva luz. La superstición dice que romper un espejo conlleva siete años de mala suerte.

En tiempos medievales, los espejos significaban la transitoriedad de los placeres mundanos.

Tuve un sueño horrible, uno de esos en los que estoy despierta en el sueño. Estoy mirando el espejo de una gran caja y veo que están asesinando a una chica. Era como ver una escena de película. Pero esa chica se parecía mucho al aspecto que creo que tendrá mi hija hacia los veinte años. No quise seguir soñando.

Un espejo nos permite tomar cierta distancia, y en el sueño anterior la soñante afronta algo que no soportaba ver de forma directa. Así fue capaz de ser testigo de su peor pesadilla: la muerte de su hija. Este sueño expresa miedos ocultos relacionados con la seguridad de su descendencia.

CONEXIONES

◎ *¿Tienes que reflexionar sobre algo que te preocupa?*

◎ *Si te mirabas a ti misma en el espejo de tu sueño, ¿te sentías feliz con tu reflejo o necesitabas introducir algún cambio?*

Luces

LA ILUMINACIÓN ES VITAL tanto para el desarrollo personal como espiritual. Simboliza la intuición, una luz interna que nos guía. Si sueñas con luces, considera qué forma tienen. ¿Ascienden como las llamas de las velas o están contenidas como las bombillas? ¿Es la luz parecida a las bengalas que solían llevar los viajeros o a la antorcha olímpica? ¿O es más bien como una vela trémula, titubeante, casi a punto de apagarse? ¿Qué representa esto en tu vida ahora mismo?

La luz a menudo es símbolo de guía. ¿Crees que necesitas un mentor o gurú? Antes de que se produzcan cambios significativos en su apariencia o en su estilo de vida, los soñantes suelen comentar que han tenido sueños en los que la luz era más brillante e intensa, y en los que alguna voz les ofrecía guía.

CONEXIÓN

◉ *¿Significa ese sueño con una bengala que tienes alguna capacidad o talento que no estás usando? ¿O más bien indica que estás a punto de explotar, de tener un estallido de ira?*

Fotografías

LAS FOTOGRAFÍAS CAPTAN MOMENTOS TEMPO-
RALES. Reflejan tu historia vital y relaciones con otras personas, por lo que si sueñas con
una fotografía la persona o el lugar que muestre serán significativos para ti.

Mirar fotografías de personas que han fallecido en sueños puede indicar que tienen
alguna información o palabras sabias para ti. Piensa en sus cualidades o los consejos
que te dieron en el pasado, y considera cómo podrían serte útiles ahora. Si miras fotografías tuyas de cuando eras más joven,
piensa en cómo era la vida para ti entonces. ¿Hay algún asunto inconcluso que
tengas que trabajar, o tenías cualidades entonces que te gustaría recuperar para tu vida actual?

En algunas culturas se cree
que la cámara rapta el alma de la
persona fotografiada.

Se solía decir que la cá-
mara nunca miente. Sin embargo, con la fotografía di-
gital y el desarrollo de la
tecnología informática es po-
sible retirar personas de la fotografía e in-
sertar otras en su lugar. Si ocurre esto en
un sueño, pregúntate a qué podría deberse, o si tiene que ver con una persona concreta que no te gusta.

CONEXIÓN

🔘 *¿Sientes la necesidad de
capturar un momento
especial de tu vida?*

Libro LOS LIBROS NOS OFRECEN CONOCIMIENTO y nos educan, entretienen y comunican, hablándonos de tiempos pasados o de tiempos por llegar. En las historias leemos sobre lugares lejanos y sucesos misteriosos. El libro *The House of Doctor Dee*, de Peter Ackroyd, cuenta la historia de un alquimista. El doctor Dee tiene una serie de sueños sobre libros que culminan en el quinto sueño, en el que dice: «Me miro a mí mismo, y encuentro letras y palabras sobre mí; sé que he sido convertido en un libro...». Su búsqueda del conocimiento le consumió. ¿O era «un libro abierto», una fuente de conocimiento, y eso le hacía sentirse erudito e importante?

Un libro o cuaderno de notas te permite conservar información, ideas y recordatorios. Como contenedor, puede simbolizar informaciones y tareas que debes recordar. Si en tu sueño estás repasando un cuaderno, considera sus contenidos. ¿Representan emociones que tienes que tener en cuenta? ¿Llaman esas notas tu atención hacia asuntos que evitas durante las horas de vigilia? El cuaderno te ayuda a gestionar tus asuntos y anotar detalles. ¿Qué importancia tienen las notas para ti? Si en el sueño descubres un cuaderno que has escondido en un escritorio, cajón o caja, podría representar alguna información que por fin está apareciendo en tu vida de vigilia.

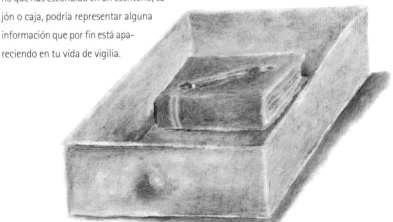

Instrumentos musicales

TANTO SI SE TRATA DE UN PIANO como de una guitarra, violín o tambor, el instrumento musical representa la comunicación y las dotes artísticas. Si tocas un instrumento, el hecho de soñar con él significa que sigues puliendo tu técnica durante el sueño, o que ensayas para incrementar tu destreza. Si no tocas un instrumento en tu vida de vigilia, piensa en lo que ese instrumento significa para ti.

La música simboliza la emoción y el alma, y puede afectarnos en profundidad. La naturaleza de la música, la cualidad del instrumento y su tono te darán la información clave para ayudarte a interpretar el sueño. Los instrumentos estridentes y desafinados pueden indicar discordia y desarmonía en ti mismo o en tus relaciones. ¿Cómo es el tambor de tus sueños: africano, militar o irlandés? El tipo y el origen del tambor indican el enfoque que podrías utilizar para trabajar el sueño. Si sueñas con alguien tocando blues en el piano de un tugurio, podría estar relacionado con un sentimiento de tristeza o un momento de desánimo.

Cuando formaba parte de los Beatles, Paul McCartney despertó una mañana con una sintonía que le rondaba por la cabeza. Le parecía tan familiar que creía haberla oído en alguna parte. La tocó a sus amigos y les preguntó cómo se llamaba, pero nadie la reconocía. Después se dio cuenta de que había soñado la tonadilla, que llegó a convertirse en la famosa y galardonada canción *Yesterday*.

Televisión

LA TELEVISIÓN REPRESENTA LA COMUNICACIÓN y la información, y es un aparato que nos entretiene. Gracias a las comunicaciones instantáneas por satélite podemos saber lo que está ocurriendo en la otra punta del globo terráqueo en tiempo real. A veces, lo que veas en televisión activará tus sueños. Si sueñas con mirar la televisión, considera qué estás viendo y cuál es tu reacción hacia ello. Si te sientes alejado de lo que ocurre, eso puede indicar que el tema te es indiferente. Las series televisivas nos cuentan vidas de ficción de otras personas, y reflejan las preocupaciones de la comunidad donde se desarrolla la acción. Si sueñas con una de estas series es posible que te identifiques con uno de los personajes o que la línea argumental resuene con las experiencias de tu vida.

Si sueñas con aparecer en televisión, podrías estar buscando notoriedad o llegar a un público más extenso. Lo que haces, dices y cómo te sientes durante la aparición te ofrecerá claves sobre la naturaleza de tu deseo.

CONEXIONES

- *¿Se está representando algún drama en tu vida del que te sientes un observador?*
- *¿Hay algo que quieras anunciar al mundo entero?*

Ordenador USAMOS LOS ORDENADORES EN CASA y en el traba-
jo, y nos comunicamos por medio del correo electrónico y los *chats* de Internet. Esta comunicación instantánea puede aparecer en nuestros sueños, y a menudo refleja cómo usamos nuestro ordenador personal.

Los ordenadores nos dan la oportunidad de jugar, de modo que si sueñas con juegos considera si son relajantes, divertidos, estimulantes o competitivos. ¿Cuál es
el resultado: pierdes, empatas o ganas? Los juegos a menudo reflejan situaciones de la vida diaria; por tanto, considera lo que ese sueño representa ahora para ti. El aviso «Fin de partida» puede indicar que has
sido descubierto y que tienes que acabar con una situación fingida.

Hecho por humanos

CONEXIÓN
◉ *Si sueñas que tienes*
problemas con tu
ordenador, ¿podrían
indicar ansiedad respecto
a la comunicación o los
progresos tecnológicos?

Números

LOS NÚMEROS DESEMPEÑAN un papel importante en mitos, leyendas y cuentos de hadas, y los símbolos asociados con ellos, que Jung llamó «símbolos raíz», se expresan en sueños. Los números representan los ciclos temporales: días, semanas, años, y también números importantes para el soñante. Además, pueden representar la edad, el número de la casa, el número de hijos que tienes y el orden de su nacimiento. Cuando sueñes con un número, empieza por considerar qué conexiones puedes establecer con él.

Considera las repeticiones. ¿Tienes muchos sueños con dobles (dos)? Los celtas creían que los gemelos tenían poderes sobrenaturales.

Tradicionalmente se ha considerado que los números pares son femeninos y los impares, masculinos. El arte de la numerología es el lenguaje de los números. El uno puede representar tanto un número como a «uno mismo», de modo que si sueñas con él pregúntate si te representa. El dos se relaciona con tu pareja o con un dúo en el que participas. «Tres es multitud» significa que hay un intruso, uno más de lo necesario.

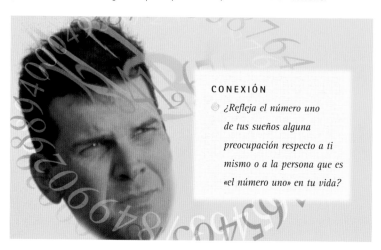

CONEXIÓN

¿Refleja el número uno de tus sueños alguna preocupación respecto a ti mismo o a la persona que es «el número uno» en tu vida?

Juguetes

EXISTE UNA GRAN VARIEDAD DE JUGUETES, desde los clásicos y hermosos trenes de madera hasta los cochecitos más modernos manejados por ordenador. El tipo de juguete y su conexión con tu vida revelarán su importancia para ti. Tradicionalmente, las muñecas han sido dominio de las niñas. Una «muñeca bebé» es la que representa, literalmente, un bebé, pero a veces también se llama así, o con términos parecidos, a las mujeres que visten y se comportan como objetos sexuales, dulces y complacientes. El tipo de muñeca que aparezca en el sueño te dará buenas pistas sobre su significado. Una muñeca Barbie o un Ken (el varón de Barbie) simbolizan la búsqueda de la belleza, mientras que soñar con otros tipos de muñecas podría estar asociado con la investigación de abusos sexuales sufridos por niños. Las características de la muñeca y lo que le ocurre ayudan a revelar su significado. En la tribu africana xhosa se usaban muñecas cubiertas de perlas como fetiches.

Una pelota puede simbolizar el Sol o la Luna, y los juegos con pelotas están conectados con festivales lunares y solares. Las pelotas son símbolos de los testículos y pueden estar asociadas con la fuerza o el coraje, como cuando se dice «no tiene pelotas», en el sentido de «tiene miedo». En la mitología, los dioses demostraban su poder lanzando globos hacia los cielos; de ahí podría venir nuestra tendencia a idolatrar a los jugadores de fútbol.

CONEXIÓN

¿Indican los juguetes que tienes que dejar más tiempo en tu vida para el juego?

Comida PUEDES HABER SOÑADO CON COMIDA

porque tienes hambre o para compensar la falta de alimento porque estás haciendo dieta. Distintos tipos de comida están asociados con distintas aspectos de la existencia.

El pan es fundamental para la vida, un alimento básico conocido por todas las sociedades. «El pan de cada día» es el sustento que nos mantiene con vida. Las hogazas de pan crecen en el horno: ¿necesitas ponerte a la altura de las circunstancias, o elevarte por encima de algo, para desenredar tus emociones o tener una visión global? El pan que crece en el horno también está asociado con la concepción y el embarazo. Puede tratarse del nacimiento de un niño o del desarrollo de una nueva manera de vivir. Tener «un bollo en el horno» es estar embarazada, mientras que tener algo «a medio cocer» significa que está incompleto.

El pastel es un alimento usado para celebrar rituales y ritos de tránsito; piensa en el pastel de cumpleaños, el pastel nupcial y los pasteles que se ofrecen a los dioses o a las espíritus de los difuntos. ¿Puedes asociar el pastel del sueño con la idea de «tener tu pastel y comértelo»; es decir, de ser un egoísta y desconsiderado? Algo puede ser «pan comido»: ¿Te preocupaba algo y ha resultado más fácil de lo que esperabas? ¿Demasiado fácil?

Si sueñas con sal en un entorno relacionado con la salud, como en la consulta médica, podría indicar que ese ingrediente influye de algún modo en tu estado físico. «Sal de la tierra» describe a la persona humilde y sin pretensiones. La sal se usa como conservante.

CONEXIÓN

◉ *Si sueñas que se extiende sal sobre una carretera helada, ¿podría significar que estás buscando una ruta más fácil para resolver algún problema?*

Alcohol

EL ALCOHOL PUEDE POTENCIAR LA VIDA o resultar destructivo. No sólo es la piedra angular de muchas culturas tradicionales, sino que ocupa un lugar destacado en los rituales religiosos. Por ejemplo, cuando los cristianos toman la comunión durante las ceremonias religiosas, el vino simboliza la sangre de Cristo, sacrificada para la salvación de la humanidad.

En las celebraciones, el alcohol puede potenciar la vida y también la salud cardiovascular. Algunos médicos recomiendan tomar un vaso de vino al día. Pero también puede ser destructivo e impedir tener buen juicio, movilidad, reaccionar a tiempo y tener visiones, produciendo resultados desastrosos; conducir borracho, por ejemplo, es una de las primeras causas de muerte en algunos países. El alcoholismo, la adicción al alcohol, puede destruir relaciones y carreras profesionales, arruinando las vidas de los afectados.

Observa el contexto de tu sueño. ¿Te preocupa beber en tu sueño? ¿Te preocupa convertirte en adicto al alcohol o simplemente aumenta el placer del encuentro social? ¿Cómo se relaciona el sueño con tu actitud de vigilia hacia el alcohol? Algunas personas dicen que el alcohol les suelta la lengua y les ayuda a decir la verdad. ¿Es éste el significado simbólico de tu sueño?

CONEXIÓN

◎ *Si en el sueño nos vemos
ebrios, ello puede indicar
que tenemos tendencia al
poder y la riqueza a
cualquier precio.*

Arma LAS ESTACAS SON SÍMBOLOS DE AGRESIÓN y poder. El dios celta Dagda, que es el gigante Cerne Abbas de Inglaterra, lleva una estaca para mostrar su poder como dios de la vida y de la muerte. Para los celtas, las armas bellamente decoradas eran sus posesiones más preciadas y se les enterraba con ellas para poder llevarlas a la otra vida.

Los cuchillos pueden usarse como armas, pero también tienen usos pacíficos y prácticos, como cortar ramas y preparar alimentos.

Si sueñas con un cuchillo, considera cómo lo estás usando. Si eres sikh, el *kirpan* o daga tendrá connotaciones religiosas para ti.

Existe la superstición de que ofrecer un cuchillo como regalo «corta la amistad» y que si remueves algo con el cuchillo, «estás removiendo el conflicto». La espada del rey Arturo, *Excalibur,* estaba dotada de poderes para impedir el derramamiento de sangre durante la batalla. En Gran Bretaña el rey usa una espada para nombrar a alguien caballero tocándole en el hombro con ella.

CONEXIONES

◎ *Si sueñas con armas, ¿estás con ánimo guerrero?*

◎ *¿Sientes que estás siendo atacado físicamente?*

Considera quién blande el arma y a quién ataca.

Dinero

Hecho por humanos

EL DINERO NOS PERMITE COMPRAR lo que necesitamos e intercambiarlo por bienes. Si estás comprando algo en tu sueño, piensa en cuánto te has gastado y si te sientes feliz con la transacción. Los sueños en los que gastas demasiado pueden reflejar preocupación por el saldo de tu cuenta.

Si el dinero de tu sueño es de metal más que de papel o plástico, piensa de qué metal es. El oro es muy valioso; la plata simboliza los poderes intuitivos o psíquicos, y el cobre está relacionado con la curación (por eso mucha gente de edad avanzada se pone brazaletes de cobre para aliviar el reuma).

Las monedas con agujeros en el centro o deformadas se consideran afortunadas. Si sueñas con monedas, ¿estás ganando mucho dinero?

El banco es un depósito donde se acumula y se hace circular el dinero. Puede simbolizar la acumulación y circulación de energía, o el sistema circulatorio del cuerpo. Los bancos suelen estar asociados con la fiabilidad y la solidez.

CONEXIÓN

◉ *¿Refleja tu sueño con el banco el lado más fiable de tu carácter?*

Calendario

EL CALENDARIO REPRESENTA EL PASO del tiempo, el cambio de estaciones y los días del año. Si sueñas con un calendario es posible que se esté aproximando una fecha importante, tal vez un cumpleaños o aniversario. Si ves un calendario en tu sueño, ¿te muestra una fecha significativa para ti? ¿Qué dice del paso del tiempo y de cómo estás transitando tu vida?

A lo largo de la historia ha habido muchos tipos de calendarios, incluyendo las calendarios juliano, gregoriano o nuevo estilo, que se utiliza en Inglaterra. El calendario islámico empieza el 16 de julio de 622, el día de la Hégira, el comienzo de la era musulmana.

El *Hilal*, la luna creciente y la estrella, es el símbolo del Islam. La Luna nos recuerda que el año islámico está regido por el calendario lunar y la estrella nos recuerda que, como dice el Corán, Alá creó las estrellas para guiar a cada uno hacia su destino.

CONEXIÓN

¿Te recuerda tu sueño un aniversario o algún suceso especial que has pasado por alto?

Nave o barca

LAS NAVES Y BARCAS SIGNIFICAN VIAJES, y pueden ser una metáfora del viaje de la vida. El hecho de que el soñante corra peligro de hundirse puede indicar que está afrontando una crisis. «Tomar el barco» es salir de tu lugar actual en busca de un nuevo territorio, de modo que puedes esperar cambios por delante.

Noé construyó el arca para que la vida sobreviviera tras el diluvio. El arca representa el renacimiento, la protección y la seguridad. Los remos simbolizan un viaje acuático o, en términos de la psique, un viaje a través del inconsciente. Cuando los remos se hunden, el agua penetra su superficie, representando la penetración en los aspectos emocionales de nuestro ser. Si sólo hay un remo, la «barca» puede dar vueltas en círculo y ser incapaz de avanzar. Es posible que necesites otra persona para completar el par.

CONEXIONES

◉ *«Abandonar la nave»: Intentar salvarse cuando se ha perdido toda esperanza de controlar la situación. Soñar que estás abandonando la nave significa que tienes que aprender cuándo soltar un proyecto o idea y pasar a otra cosa.*

◉ *«El momento en que la nave entra en puerto»: El momento de recibir la justa recompensa por una inversión anterior.*

Capítulo nueve 340

Canal

LOS CANALES PROVEEN UNA RED de transporte en muchas áreas del mundo. Contienen cantidades limitadas de agua, y como el agua representa las emociones, soñar con un canal puede indicar estados de constricción emocional. También puede simbolizar una aproximación muy convencional a la vida o a la espiritualidad.

Existen unas barcazas construidas especialmente para viajar por los canales, que sirven para transportar cargas o para vivir en ellas. En Inglaterra se las suele pintar de colores vivos. Soñar con una de estas barcazas puede indicar un estado de ánimo alegre o una actitud despreocupada. Las barcas de los canales también se alquilan para las vacaciones, de modo que ver una en tus sueños puede representar la necesidad de tomarte un descanso, bajar el ritmo y no ir tan apresurado.

Iba caminando al lado del canal con mi madre y hermana, y cuando llegamos a la curva vimos que el canal estaba ardiendo. En este punto todas volamos sobre él.

La soñante supera el obstáculo del fuego «despegando» (véase página siguiente).

CONEXIÓN

¿Representa tu sueño con una barca la necesidad de sentirte más contenido o definido?

Avión

LOS AVIONES NOS PERMITEN RECORRER grandes distancias hacia cualquier punto del mundo. Pueden simbolizar la necesidad de «despegar» para iniciar nuevas aventuras o alejarse de todo, dejar atrás la antigua vida y empezar de nuevo.

Estoy en un avión. Está a punto de chocar. Puedo ver la oscuridad a través de mi ventana. Sé que voy a morir y tengo miedo. Después no sé lo que ocurre, sólo sé que sigo viva.

Este sueño muestra el miedo de la soñante debido a que está a punto de afrontar un desastre que le abruma. De hecho, ella sobrevive, pero el sueño es una advertencia de que tiene que averiguar qué es esa «oscuridad»; bajar a la tierra y afrontar la realidad en lugar de escapar de la situación.

Ver un paracaídas en sueños a menudo simboliza la necesidad de tomar precauciones cuando saltas a una nueva situación. El paracaídas detiene la caída y suaviza el aterrizaje, de modo que puede indicar la necesidad de ralentizar para evitar malos resultados. Al avión también se le llama aeroplano, y la palabra *plano* describe algo sin adornos ni atractivo. ¿Refleja esto tus sentimientos hacia tu propia apariencia?

CONEXIÓN

◎ *El sueño de volar en un aeroplano puede simbolizar la necesidad de tener un punto de vista más elevado y una mayor perspectiva.*

Vehículo

PODEMOS COMPARTIR LOS VEHÍCULOS con otras personas o emplearlos para nuestro uso privado. Si sueñas con un autobús, podría reflejar tu «yo público», mientras que el automóvil representa tu «yo privado». Todos los vehículos representan movimiento y progreso, que podría verse impedido en algún sentido. Considera el estado del vehículo, cualquier cualidad inusual que tenga, y si funciona bien o no.

Estaba sentado al volante de un convertible en la puerta del club nocturno al que suelo ir. Era de día, después de una fiesta que había durado hasta la madrugada, y mis amigos subieron al coche, que empezó a volar sobre la ciudad.

Si sueñas con un automóvil, siempre es útil pensar en quién es el «conductor», porque en general representa a la persona que controla la situación o la relación. Los vehículos en movimiento representan acción y deseo de progreso, y la velocidad y calidad del viaje son buenos indicadores de cómo te va.

Los sueños también pueden traernos advertencias:

Como unas dos semanas antes de que nuestro querido hijo muriera trágicamente en un accidente automovilístico, me dijo: «Mamá, ayer tuve un sueño muy claro. Iba montado en una motocicleta y algo chocó conmigo, y ya no recuerdo nada más. ¿Crees que este sueño ha sido una advertencia?».

Carretera

LAS CARRETERAS SUELEN SIMBOLIZAR el camino de vida. Ir conduciendo por la carretera y progresar indica éxito en la consecución de tu objetivo, llegar a tu destino. El sueño siguiente, que tiene lugar en un lugar asociado con la espiritualidad, aseguró a la soñante que estaba en el buen camino:

En mi sueño había un montículo con un camino en espiral hacia la cima. Había gente por el camino, y el montículo era de un color rojo-marrón y parecía quemado. La zona por donde caminaba no había sido pisada con anterioridad, era verde y fresca.

A veces, en lugar de una carretera, lo que verás en tus sueños será una autopista, que puede representar tu camino en la vida. En los sueños, los cruces suelen ser símbolos de las decisiones que tenemos que tomar y pueden indicar un cambio de dirección. Pueden estar relacionados con «soportar una cruz»; es decir, una carga, o con la ira, como cuando se dice que uno está «cruzado» e irritado. Hasta 1823, la ley inglesa insistía en que cualquiera que se hubiera suicidado tenía que ser enterrado en la carretera, por lo general en un cruce. En tiempos antiguos, las personas ejecutadas por acusaciones de brujería y otros criminales también eran enterradas en los cruces de caminos, porque se creía que la cruz, el signo de Cristo, les impediría hechizar la zona.

CONEXIÓN

◉ *¿Sientes que ahora mismo te encuentras en un cruce de caminos?*

Ropa

LA ROPA REPRESENTA LA PERSONALIDAD externa del soñante, la fachada que mostramos a los demás. La ropa es la capa protectora que te mantiene caliente; a veces, también indica a qué grupo pertenecemos. El uniforme, como el de marinero, policía, cirujano o azafata, te asocia con una profesión. Si sueñas con un soldado, podría indicar que tienes que seguir luchando, o bien que necesitas una fuerza pacificadora.

La ropa nueva representa un nuevo comienzo. Si estás cosiendo o reparando ropa es posible que quieras arreglar algún daño causado a tu imagen. La ropa sucia está asociada con sentirse manchado o mancillado de algún modo, e indica la necesidad de limpiarse o purificarse. Si en tu sueño pareces sucio, eso podría reflejar tu preocupación por cómo te ven los demás.

Estar en un lugar público en paños menores podría indicar exhibicionismo o vulnerabilidad: mucho depende de cómo te sientas en el sueño. Si estás tratando de tapar tu desnudez, ¿intentas encubrir algún problema de tu vida de vigilia?

CONEXIÓN

◎ *Si llevas un uniforme en tu sueño, ¿está asociado con la necesidad de observar las reglas y de una mayor autodisciplina?*

Guantes

LOS GUANTES DE LANA Y CUERO protegen las manos del frío, y su material, color y diseño dan información sobre la personalidad de quien los lleva.

Los sueños con guantes impermeables a menudo están relacionados con trabajos sucios, como lavar, limpiar y las labores domésticas en general. Los guantes de horno se usan para sacar bandejas calientes. Los guantes de jardín pueden reflejar un interés por las plantas, mientras que los guantes de boxeo están conectados con luchar fuera del ring. Los guantes de noche cubren el antebrazo hasta el codo y suelen ser de seda, satén o materiales parecidos. Los médicos, cirujanos y los trabajadores de laboratorio suelen llevar guantes de látex.

Entre los restos arqueológicos de los enclaves incas se han encontrado guantes de enterramiento de oro exquisitamente elaborados. Así, el difunto podía continuar su viaje por el submundo con las manos bien protegidas.

CONEXIÓN

◎ *Para retar a alguien se le solía lanzar un guante como señal de desafío. Si sueñas que «lanzas el guante», tal vez sientas que necesitas enfrentarte a alguien.*

Sombrero

LOS SOMBREROS SON ÚTILES Y DECORATIVOS. En sueños, pueden hacer referencia a lo que llevamos puesto sobre la cabeza, pero también pueden simbolizar una disposición o actitud mental. Si en tu sueño cambias de sombrero, podría indicar un cambio de ideas u opiniones, e incluso un cambio de conciencia. También podría indicar un cambio de papeles, como el que se consigue cambiando de uniforme.

El tipo de sombrero que lleves puesto en el sueño representa las cualidades que puedes necesitar. Por ejemplo, soñar con un bombín podría estar relacionado con la formalidad y con la ciudad de Londres, mientras que un gorro de béisbol representa relajación o deporte, o puede ser un símbolo de Estados Unidos.

Antes de que se le asociara con el vestido de novia, el velo era un símbolo de humildad, de aceptación de la oscuridad y de una guía espiritual que te conduciría a través del misterio, tal vez en un viaje de autoconciencia. El velo puede ser un tipo de máscara que impide ser reconocido a quien lo lleva. Los turbantes pueden ser considerados como un tipo de sombrero, y pueden simbolizar afiliación religiosa. Los hombres sikh llevan turbante para cubrirse el pelo sin cortar. Los flecos de la ropa y de los sombreros de los nativos americanos simbolizan la lluvia, un recurso vital en las tierras desérticas.

CONEXIÓN

◉ *¿Representa el sombrero de tu sueño un estatus que has anhelado?*

joyas LOS OBJETOS DE DECORACIÓN PERSONAL, como broches, collares y brazaletes, siempre han estado asociados con el estatus. Los arqueólogos han descubierto piezas de joyería en yacimientos de lugares tan distantes entre sí como Egipto, Irlanda, Perú y Francia.

Las perlas simbolizan las lágrimas de la diosa lunar o la tristeza, pero tradicionalmente también son una opción ornamental clásica y elegante en el mundo occidental. Lo que sientas respecto a las perlas de tu sueño es la mayor ayuda para tu interpretación personal. Una tira de perlas puede simbolizar conformismo, mientras que «las perlas de sabiduría arrojadas a los cerdos» señalan la inutilidad de una acción.

Los brazaletes y esclavas suelen usarse como adornos, pero soñar con un *kara*, la esclava de acero que llevan los sikh como símbolo de su fe, podría tener un significado espiritual.

Un anillo puede simbolizar la necesidad de totalidad y de continuidad, puesto que éstos son los significados asociados con el círculo en todas las culturas.

CONEXIÓN

¿Se relaciona el anillo de tu sueño con el matrimonio?

Cosméticos

EL USO DE PRODUCTOS COSMÉTICOS para mejorar la apariencia y el aroma corporal es una práctica antigua. En el antiguo Egipto, los cosméticos se guardaban en jarras de cristal ornamentales con forma de pez. Existen muchos cuadros del antiguo Egipto donde se ve que la gente se aplica estos cosméticos, y eso nos permite comprobar que la preocupación por la imagen viene de lejos. En sus rutinas cotidianas, tanto los hombres como las mujeres usaban cosméticos, que incluían aceites, perfumes y maquillaje para los ojos. Los productos cosméticos también se incluían en el equipo funerario que acompañaba a los muertos en su tumba.

El sonrojo puede indicar que te sientes avergonzado a causa de una indiscreción. Si sueñas que estás usando cosméticos o que tiñes tus cabellos para potenciar o cambiar tu apariencia, piensa qué te gustaría cambiar de ella.

CONEXIONES

◉ *¿Sientes que necesitas añadir algo a lo que ya tienes?*

◉ *¿Qué estás tratando de cambiar a nivel superficial? ¿Puedes profundizar para encontrar tu «yo real»?*

Amuleto LOS AMULETOS

PUEDEN TENER MUCHAS FORMAS, desde una baratija o concha hasta una gema preciosa. Cualquiera que sea la forma del amuleto, su función es proteger a su poseedor de la amenaza del mal.

Los amuletos celtas incluían piedras espirales en las que se incrustaban tallas prehistóricas. Se les denominaba *glifos* y se han hallado muchas en los enclaves sagrados.

Piedras de águila. Se suponía que éstos eran los mejores amuletos que se podían usar durante el embarazo y el parto. También conocidas como *aetitas*, las piedras de águila son huecas, por lo general marrones, con forma de huevo y contienen arena o pequeños cantos rodados. Según la leyenda, se las encontraba en los nidos de las águilas, y se creía que sin ellas esta ave no podía tener descendencia. Asimismo, se creía que estas piedras impedían abortar y favorecían el parto.

Encanto. Proviene del latín *carmen*, «un canto», y originalmente se transmitía en voz baja. También pueden ser objetos que pueden ser considerados sanadores, como piedras con agujeros de los que se dice ayudan a curar los ojos doloridos.

CONEXIÓN

☉ *Si sueñas que te han dado un amuleto, piensa de qué necesitas protegerte.*

Capítulo nueve

Ancla **PARA EL MARINERO, EL ANCLA** es un símbolo del hogar. El ancla simboliza conexión, estabilidad y la capacidad de mantenerse firme en los agitados mares de la vida. Es posible que el término «ancla» se derive de la palabra egipcia *ankh*, «la llave de la vida». Cuando la nave está anclada, puede soportar la tormenta. Hay unas anclas de mayor tamaño, las anclas de la esperanza, que sólo se usan en mares difíciles; perder el ancla puede tener consecuencias catastróficas.

En tiempos de los griegos y de los romanos, el ancla de la esperanza se consideraba sagrada y se le daba el nombre de un dios. Simbólicamente, un ancla de la esperanza representa tu última posibilidad, el último refugio.

«Levar ancla» es emprender el viaje.

Cuando martirizaron a San Nicolás de Bari le ataron a un ancla y le arrojaron al mar. Es el santo patrón de los marineros.

CONEXIONES

🌀 *¿Sientes actualmente que las emociones te mueven de aquí para allá?*

🌀 *¿Indica el ancla de tu sueño una necesidad de estabilidad?*

Hecho por humanos

Campana

LAS CAMPANAS DE LAS IGLESIAS se usan para marcar las horas de oración, para convocar a los fieles a los servicios y también para anunciar una boda o un funeral; por tanto, las campanas están asociadas con la información y con los rituales. La campana del ángelus suena tres veces al día para recordar a los católicos que recen. El nombre *ángelus* viene de la frase latina *angelus domini nuntiavit Mariae*, «el ángel del señor anunció a María». Las campanas pueden indicar que hay noticias para el soñante.

Si la campana de tus sueños es la de la puerta de tu casa, puede indicar que alguien viene a visitarte o que deseas compañía.

En Año Nuevo las campanas «despiden el viejo año y saludan al nuevo»; por tanto, simbolizan el final de una etapa de la vida y el comienzo de otra.

En el budismo, la campana representa el vacío o la sabiduría. En Inglaterra, estar «tan sano como una campana» significa estar en óptimas condiciones. ¿Es así como te sientes?

En muchas áreas montañosas de Europa se ponen badajos en los cuellos de las cabras y vacas para que sus dueños sepan dónde encontrarlas. A los gatos domésticos se les pone cascabeles para que los pájaros tengan oportunidad de oírlos y escapar antes de recibir su zarpazo. «Poner el cascabel al gato» significa emprender una misión peligrosa.

CONEXIÓN

● *¿Hay alguna noticia para ti o estás tú a punto de dar una noticia?*

Guadaña

LA GUADAÑA ES UNA HERRAMIENTA con una hoja curvada que se usa para cosechar los cultivos. Sin embargo, la mayoría de la gente la conoce más por su conexión con la muerte. La muerte viene a llevarse a las personas, y en las ilustraciones su figura siempre sostiene una guadaña con la que «cosecha» a aquellos cuyo tiempo ha acabado.

Soñar con una guadaña puede guardar relación con el miedo a la muerte o con un sentimiento de que de algún modo estás «cortado» o «desvinculado». Este tipo de sueños puede ayudarte a identificar lo que está llegando a su fin para ti, una etapa de la vida que estás dejando atrás o apegos con los que necesitas romper para poder avanzar.

En las obras de teatro medievales, la muerte llevaba puesto un traje de esqueleto y una máscara, y siempre tenía un reloj de arena para mostrar que el tiempo se acababa. La muerte recordaba a la gente su mortalidad y que debía tener en cuenta las cosas del alma y ser piadosos, porque ella podía golpear en cualquier momento.

CONEXIÓN

◎ *¿Te sientes aislado o separado de los demás?*

Ataúd

LA APARICIÓN DE UN ATAÚD en un sueño puede relacionarse con la muerte de alguien que conoces. El ataúd contiene un cadáver, que a continuación se entierra o se quema, de modo que los ataúdes están conectados con los finales, con deshacerse de aquello que ha dejado de funcionar. No siempre tiene que ser una persona, podría tratarse de ideas o valores que ya no tienen un propósito útil.

De niño soñé que mis padres estaban muertos. Yo los embalsamé y los puse en ataúdes verticales a los lados de la puerta.

Muchos niños afrontan el miedo a la muerte en sus sueños, y en este sueño concreto el joven soñante se siente apegado a sus padres y los mantiene presentes en su vida de un modo que nos recuerda a las momias egipcias. Ellos guardan el umbral y le ofrecen protección.

El paño mortuorio es una gran tela blanca que recubre el ataúd cuando entra en la iglesia para el funeral. Recuerda el atuendo característico del bautismo cristiano.

Se dice que pisar una tumba o recoger las flores que crecen sobre ella trae mala suerte.

LOS INTÉRPRETES DE SUEÑOS son tan antiguos como los propios soñantes: chamanes siberianos, adivinos de los templos de la antigua Grecia, sacerdotes *baru* de Babilonia, y hombres y mujeres chamanes de África y América. En todo el planeta, los intérpretes de sueños han descubierto que la espiritualidad tiene un papel importante en nuestra vida onírica. Cuando soñamos, vislumbramos el potencial emocional y espiritual que

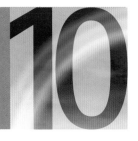

somos capaces de alcanzar. Como nuestro censor interno no interfiere, nos abrimos a nuevas posibilidades, intuiciones y conexiones espirituales. Nuestra creatividad se expande hasta dimensiones sorprendentes, lo que nos permite integrar nuestra vida interna y externa.

Algunos sueños parecen especialmente significativos. Son los «grandes» sueños que permanecen con nosotros, los sueños que Jung denominó «numinosos» o sagrados. Estos sueños transformadores nos conectan con algo más, algo mucho mayor que nosotros mismos, y pueden convertirse en valiosas gemas para el alma y el corazón. A veces, los símbolos espirituales incluyen la aparición de una figura iluminada, de un ser radiante, como por ejemplo una forma angélica o una figura con túnica. Dichas figuras suelen ofrecernos guía y nos revelan verdades. En muchas tradiciones religiosas, incluyendo el cristianismo, el islamismo y el budismo, los sueños reafirman los principios de la fe.

Conexiones espirituales

Conexiones espirituales

Cuando alcance la elevada sabiduría perfecta, liberaré a todos los seres sensibles a la paz inigualable del nirvana.

PALABRAS DE BUDA EN EL SUTRA DEL DIAMANTE, EL LIBRO IMPRESO MÁS ANTIGUO DEL MUNDO

Después de tener un sueño, el emperador Ming Ti (100 d.C.) envió a sus representantes desde Asia central a India para que recopilaran los textos sagrados budistas. El sueño le había indicado que dichos textos le ayudarían a profundizar en su espiritualidad.

En general, a los budistas se les anima a anotar sus sueños y a prestar atención a las visitas de espíritus portadores de mensajes. También creen en los sueños precognitivos, así como en los sueños que resuelven problemas espirituales.

En muchas culturas, como la de las tribus inuit de Canadá que han sido cazadores y recolectores durante muchas generaciones, soñar se considera un modo de juntar los límites entre este mundo y otros posibles. El soñante viaja a parajes remotos mientras su cuerpo duerme en la seguridad de su hogar, transitando el mundo humano y animal, haciendo contacto con las presas que espera cazar y moviéndose entre los límites del tiempo, hacia el pasado o hacia el futuro. Como dice el escritor Hugh Brody en su libro *The Other Side of Eden*, «junto con otras capacidades intuitivas, los cazadores usan los sueños para ayudarse a decidir dónde cazar, cuándo ir allí y qué cazar».

El Antiguo Testamento contiene muchas historias –como el sueño del faraón con las vacas (*véase* página 252)– que ilustran la importancia de los sueños en el antiguo Egipto y en las tradiciones hebreas.

El aspecto religioso de los sueños en los que aparecen dioses y diablos, los relacionados con la vida después de la muerte y con guías espirituales siguen siendo tan relevantes para nosotros en el siglo XXI como lo fueron para nuestros antepasados. Tanto si realizas alguna práctica religiosa como si no, tus sueños pueden acercarte más a la trama común que interconecta a la humanidad para poder apreciar las dimensiones espirituales de la vida.

DEBAJO. *En todas las culturas del mundo se habla de sueños espirituales.*

Conexiones cristianas

EN LA BIBLIA, al igual que en otros textos, encontramos muchas referencias a los sueños.

Cuando dije que mi cama me confortaría y mi sofá aliviaría mis quejas, entonces tú me atemorizaste en sueños y me aterrorizaste con visiones: para que mi alma elija el estrangulamiento y la muerte en lugar de mi vida.

JOB, 7

Como le ocurre a Job, es posible que no nos guste aquello con lo que nos confrontamos en sueños, pero estos sueños retornan una y otra vez hasta que entendemos la conexión que nos ayuda a seguir adelante.

Después de la muerte de Jesús, los doce apóstoles debatían sobre cuál era la mejor manera de extender la palabra de Dios, cuando de repente la sala se llenó de «un viento poderoso y unas lenguas como de fuego». Los apóstoles se llenaron del Espíritu Santo, que les permitió hablar distintas lenguas para extender la palabra de Dios por todas partes. En sueños, esta sensación de sentirse lleno del Espíritu puede producir transformaciones en el soñante, que después se reflejan en su comportamiento en la vida diaria. El símbolo tradicional del Espíritu Santo es la paloma, de modo que si sueñas con ella considera su significado simbólico (véase página 286).

Estoy siempre con vosotros hasta el final de los días.

PROMESA DE JESÚS EN EL EVANGELIO DE MATEO (MATEO, 28:20)

Conexiones hindúes

LOS HINDÚES CREEN EN UN ÚNICO dios que puede ser comprendido y adorado bajo múltiples formas. Un antiguo texto hindú, el *Brahmavaivarta Purana*, es una guía para la interpretación de sueños. Por ejemplo, dice: «Si un brahmán lleva a alguien en un carro y le enseña diferentes estratos del cielo en un sueño, el vidente obtiene mayor vida y riqueza». En esta interpretación, el «vidente» es el soñante.

Ganesh, el dios hindú con cabeza de elefante, es la deidad de los nuevos comienzos y se le invoca al inicio de las ceremonias religiosas (aparte de los funerales) para asegurarse un culto fructífero. A Ganesh se le conoce universalmente como el Señor de los Obstáculos y el Otorgador de Éxitos. Soñar con Ganesh o con elefantes (*véase* página 258) podría anunciar éxito en alguna empresa.

La cruz posee un poder simbólico para muchas culturas. Sus cuatro brazos se encuentran en la crucifixión cristiana y en la antigua svástica sagrada hindú, que era un símbolo de buena suerte y prosperidad hasta que el partido nazi la tomó como emblema en la Alemania de los años treinta.

El fluir del río es un símbolo vivo para los hindúes, que representa la compleción del ciclo: desde la fuente hasta el mar y de vuelta a la fuente. En la tradicional ciudad de peregrinación de Benarés, los hindúes se bañan en el río Ganges para demostrar su devoción religiosa. Si sueñas que te bañas en un río, el sueño podría estar asociado con algún tipo de purificación ritual.

Conexiones musulmanas

AL IGUAL QUE LOS FUNDADORES DE OTRAS RELIGIONES, Mahoma se sintió inspirado a realizar su misión espiritual después de tener un sueño que le reveló varias secciones del Corán. Un texto medieval persa dice que soñar con el profeta Mahoma indica que el soñante tendrá una vida larga y bendita.

El libro árabe de los sueños, *ad-Dinawari*, incluye una larga serie de sueños que reflejan la vida cultural, religiosa y social del Islam medieval en la Bagdad del siglo X.

Minarete significa «lugar de fuego o de luz», y tiene su origen en las torres de vigilancia que se extendían a lo largo de vastos paisajes. Es el lugar usado para llamar a los musulmanes a la oración, y es un símbolo de devoción y obediencia. En el sueño, el minarete puede representar noticias de naturaleza espiritual o un repentino interés por el desarrollo espiritual.

Los devotos musulmanes de más de doce años tienen el deber de ayunar durante el Ramadán. En este periodo es posible que se sueñe más con la comida para compensar las penurias de la vigilia. Cualquiera que observe una disciplina particular con la comida porque ayuna, hace dieta o se prepara para una operación podría soñar con mayor frecuencia con comida.

Conexiones judías

EL JUDAÍSMO ES LA RELIGIÓN MONOTEÍSTA más antigua del mundo. Abraham fue el primer judío y el abuelo de Jacob. Una noche, Jacob soñó que veía ángeles ascender por una escalera al cielo y escuchó a Dios prometerle que él y su familia serían dueños de la tierra sobre la que dormía. Años después, Jacob se encontró con un extraño que se le reveló como un ángel de Dios. El ángel dijo a Jacob que debía cambiar su nombre por el de *Israel*, que significa «el que lucha con Dios». Se dice que las doce tribus de Israel descienden de los doce hijos de Jacob y son la realización de la promesa recibida en el sueño.

El Talmud (el código de la ley judía) contiene más de doscientas referencias a sueños y afirma que un «sueño no interpretado es como una carta sin abrir»; en otras palabras, los sueños nos traen mensajes importantes y son una forma de comunicación sobre la que debemos reflexionar y elaborar hasta que el mensaje se haya descifrado. Sin embargo, el Talmud destaca las dificultades que entraña la interpretación de sueños porque «tal como no hay trigo sin paja, no hay sueño libre de cosas sin valor». Ésta es una admonición para que los intérpretes tengan mucho cuidado cuando analicen un sueño y puedan separar lo significativo y revelador de los aspectos triviales o distorsionados.

Conexiones budistas

EL BUDA SHAKYAMUNI TUVO UNA SERIE de cinco sueños que le guiaron por el camino de la iluminación, y los budistas siguen teniendo en estima dichas experiencias oníricas.

El valle del Ganges es particularmente importante para los budistas porque Buda (cuyo nombre original era Siddharta Gautama) nació, se iluminó, dio su primer sermón y murió allí. Soñar con un río puede indicar la existencia de recursos espirituales que están ahí para quien los busque.

Durante el reinado de Ashoka (*h.* 265-238 a.C.), en India, las enseñanzas de Buda quedaron representadas en símbolos. Estas imágenes se tallaron en las puertas e incluían:

La rueda de la ley, o de la enseñanza, era una rueda de ocho radios que simboliza el óctuple sendero hacia la iluminación. Era un símbolo del gobierno terrenal.

El loto simboliza la posibilidad de iluminarse y dejar atrás la ignorancia. Hunde sus raíces en el barro, pero sus flores, puras y blancas, se elevan sobre la superficie del agua.

El trono vacío simboliza el liderazgo espiritual de Buda y su alcurnia real antes de la iluminación.

La huella de su pie representa la presencia de Buda en sus enseñanzas.

Los cuatros estados superiores del budismo son la compasión, la bondad amorosa, la alegría empática y la ecuanimidad. Si te comportas de manera irreflexiva, un sueño en el que eres cruel con los animales puede recordarte el deber de comportarte con cuidado con respecto a todos los seres sensibles, incluyéndote a ti mismo.

Conexiones paganas LOS CELTAS NO VI-

VIERON COMO una única nación, y sus diversas tradiciones y dioses pueden aparecer en sueños de muchas maneras. Los celtas buscaban la armonía con la naturaleza, tenían unas

dotes artísticas muy desarrolladas y recompensaban la lealtad y la valentía de sus bravos guerreros. Como en muchas otras sociedades paganas, el Sol tenía un papel importante en las creencias celtas. John Mc-Gahern, en su novela *That They Might Face The Rising Sun*, describe que el Sol siguió siendo importante en las creencias celtas después de que la cristiandad se impusiera en Irlanda. Los «sacerdotes pedantes» trataban de convencer a la gente para que enterrara a sus difuntos mirando hacia la iglesia como señal de conformidad con la autoridad religiosa, pero los irlandeses insistían en enterrar a sus muertos «mirando hacia el Sol del amanecer» para reconocer el poder mayor de la naturaleza.

Cernunnos, el Cornudo, era el dios celta de los animales, una figura importante en las leyendas y el folclore. Cernunnos fue uno de los primeros dioses solares. Los sueños con criaturas cornudas o con sacrificios pueden estar conectados con antiguas tradiciones paganas que, en nuestros días, han sido transformadas en festividades, como la del Primero de Mayo o la de Halloween. Muchas ceremonias paganas incluían sacrificios para apaciguar a los dioses. En una de ellas se encerraba a los cautivos en una estructura de madera y se les quemaba. Soñar que estás atrapado y que te queman en un ritual de castigo podría significar que sientes la necesidad de purificarte.

Dios DIOS ES EL PADRE DI-
VINO. Muchas tradiciones religiosas,
como la cristiana, la musulmana y la
judía, reconocen a un Dios todopo-
deroso. Dios suele ser representado
como un anciano sabio y poderoso;
un buen ejemplo es la representación
de Miguel Ángel en la Capilla Sixtina de Roma. Sin embargo, el conocimiento y la definición de Dios, aparte de que es infinito y eterno, está más
allá de la comprensión humana.

Para los cristianos, el cordero de
Dios es un poderoso símbolo de la re-
dención: representa la salvación de
los pecados del mundo para disfrutar
del reino celestial. Hay muchos otros
símbolos de renacimiento y regeneración que toman forma de animales, como describo
en el capítulo 8. Si sueñas con una presencia divina, considera qué guía o enseñanza te
está aportando.

Las enseñanzas religiosas pueden tener una fuerte influencia en el contenido de los
sueños. Un soñante me habló de una serie de sueños en los que Cristo se sentaba junto
a su cama y le hablaba. Los tuvo durante algunos días en los que estaba bajo la influencia de un profesor muy piadoso.

*Tengo varios sueños en los que me encuentro en situaciones muy violentas:
guerra, disturbios, gángsters. Me han disparado y he muerto, pero sigo vivo. En el
momento de morir rezo con frenesí a Dios pidiéndole que me perdone mis pecados.*

Diablo

EL DIABLO SIMBOLIZA CUALQUIER fuerza malvada y puede utilizar muchos disfraces, desde el de monstruo enmascarado hasta el de duende. Tiene muchos nombres, incluyendo los de Satán, Belcebú, Lucifer y «Príncipe de las Tinieblas».

El filósofo cristiano Macrobio escribió *El comentario sobre el sueño de Escipión* en el siglo IV. Fue un texto muy influyente y se convirtió en el libro de sueños más importante de la Europa medieval. Macrobio detalla una jerarquía de sueños que describen el orden ascendente de los estados espirituales. Las esferas inferiores de los sueños están controladas por lo que él llamó *íncubos* y *súcubos.*

Un íncubo es un demonio masculino, y se creía que realizaba el coito sexual con las mujeres mientras dormían. Los súcubos, los demonios femeninos, abusaban a su vez de víctimas masculinas. En la actualidad, muchos soñantes describen sueños terroríficos con una criatura malvada que se sienta en su pecho con intenciones sexuales depredadoras. Esto puede deberse a algunas de las numerosas imágenes de diablos, del mal y de criaturas de otro mundo con las que nos hemos familiarizado a través de cuadros como los de Goya, Bosch o Bruegel, y de las historias y películas de terror como *Drácula.*

En sueños, el diablo puede representar dificultades y limitaciones, pensamientos destructivos, miedo y negativa a escuchar nuestra intuición y sabiduría interna. Si sueñas con una presencia malvada, piensa qué te molesta en tu vida de vigilia, de qué tienes miedo o qué poder te parece abrumador.

Estoy en una feria y todo es de color rojo, huele horrible y el diablo se está riendo en mi cara.

El rojo es el color del peligro y de la pasión, y a este soñante le parece peligroso este lugar público destinado a la diversión. El mal olor indica podredumbre o toxicidad.

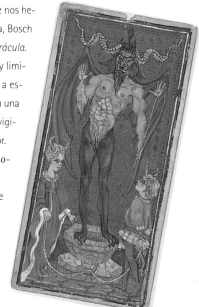

Alma

El sueño es una puerta oculta a
los recesos más internos del alma.

CARL JUNG

LOS HINDÚES CREEN QUE CADA INDIVIDUO tiene un alma eterna, llamada *atman*, que puede renacer multitud de veces bajo diferentes formas o encarnaciones. La ley del karma, la ley moral del universo, decide cuántas veces renacerá el alma y bajo qué formas.

Los antiguos egipcios llamaron al alma humana *ba* y la representaban con forma de pájaro o de pájaro con cuerpo humano. Esto simboliza la idea de que después de la muerte el alma puede volar fuera del cuerpo como un pájaro y unirse con los antepasados. Con este fin se construían pequeños pasadizos, que conectaban las tumbas con el mundo externo, para que las almas pudieran entrar y salir en la vida después de la muerte.

A veces los problemas nos acosan y sentimos que hemos perdido el camino. El místico San Juan de la Cruz describió este estado como «la noche oscura del alma». Nuestros sueños revelan este tránsito problemático y también nos informan de que la luz del amanecer seguirá a la oscuridad si tenemos fe en Dios, en nosotros mismos y en los demás.

En el estado de sueño podemos vivir experiencias fuera del cuerpo:

En mi sueño salí de mi cuerpo y viajé a otro lugar. Me encontré con otros que, como yo, no tenían cuerpo; pero nos comunicábamos. Fue un sentimiento precioso.

Conexiones espirituales

Santo POR LO GENERAL, LOS SANTOS son personas bondadosas que sirven a Dios y ayudan a los demás; ellos pueden representar estas cualidades en tu vida. Sin embargo, si aparece en tu sueño un santo de renombre, considera sus virtudes particulares:

San Francisco de Asís estaba cerca de la naturaleza y de los animales. Se decía que los pájaros venían a escuchar sus sermones.

San Benito fundó la orden de los monjes benedictinos, que se dedicaron a una vida austera de estudio, oración y también al trabajo manual.

Santa Catalina se opuso a la persecución de los romanos y fue martirizada: le sujetaron a una rueda de molino llena de clavos y la torturaron hasta la muerte.

Las visiones que tuvo **Santa Bernardette** de la Virgen María condujeron a la fundación del centro de peregrinación de Lourdes, en Francia, donde acuden a curarse miles de personas.

San Sebastián murió martirizado: le dispararon flechas después de atarle a un árbol. Es el patrón de los arqueros.

San Jorge mató al dragón, lo que simboliza el triunfo del cristianismo sobre el mal. Es el patrón de Inglaterra.

Hace siglos, el Papa tuvo un sueño que no pudo ignorar. Ocurrió después de una visita de San Francisco de Asís, que le había pedido permiso para establecer su propia orden religiosa. El Papa se negó, pero después tuvo un sueño en el que vio a una figura desesperada sosteniendo una iglesia que se caía. Al darse cuenta de que el edificio del sueño representaba la institución eclesiástica, hizo llamar a Francisco y le dio permiso para fundar la orden de los franciscanos.

Ministros religiosos UNO DE LOS

NUMEROSOS TRABAJOS de un ministro religioso es el de mediar entre los feligreses y Dios. Él representa a la Iglesia y a Dios. En la tradición cristiana, el sacerdote administra los sacramentos, como el bautismo y el matrimonio. El sacramento se define como «un signo externo visible de una gracia interna y espiritual». En sueños es posible que te encuentres con sacerdotes que realicen rituales bautismales y que celebren bodas en las que tú participas. Considera estos rituales en relación con tu propio estado espiritual o de gracia.

Los monjes están asociados con las órdenes religiosas, y si aparece alguno en tus sueños piensa en las ocasiones en las que has estado cerca de ellos y en lo que representan para ti. Esta soñante asociaba los monjes con el voto de castidad y benevolencia, de modo que le sorprendió soñar con un monje de cara pálida que se inclinaba sobre su cama con gestos amenazantes. Ella dijo: «Poco después me enteré de que mi marido se veía con otra mujer». Cuando le dio la noticia, su cara tenía una palidez mortal y ella recordó de inmediato aquel sueño.

Estoy atada a un poste y un monje negro me quema con un hierro candente. Él dice: «Esto va a quemar el mal en ti al cien por cien». Me elevo de mi cuerpo y lo miro desde arriba; a continuación, me despierto.

Las figuras religiosas pueden representar el lado represivo de la ortodoxia que produjo los horrores de la Inquisición, cuyo poder fanático causó miles de víctimas. Este sueño capta el horror del fanatismo mal encaminado.

Figura de la Virgen DURANTE LA EDAD ME-

DIA, María, la madre de Jesús, fue venerada por encima de todos los santos. El culto a la Virgen hace eco de las antiguas religiones de la madre Tierra que dominaban los cultos paganos. El primer mes del verano, mayo, se convirtió en el mes dedicado a María. Los sueños están presentes en la mayoría de los sucesos que rodearon al nacimiento de Jesús: a José se le informó del embarazo de María en un sueño y, después, se le dijo que debían huir a Egipto para evitar a los soldados de Herodes.

En muchas tradiciones cristianas se exhiben figuras de María, a menudo con el Niño Jesús en brazos. La Virgen Negra de Walshingham, en Inglaterra, es un importante lugar de peregrinación.

En el tarot (un sistema de adivinación que hace uso de cartas especialmente diseñadas para dicha tarea), la carta de la Suma Sacerdotisa representa la conciencia intuitiva y es el símbolo de la mujer sabia, del amor sin deseo sexual y del arquetipo de la Virgen. Ella busca el conocimiento y representa el estudio y la iluminación espiritual, el desarrollo psicológico y la sabiduría. La sacerdotisa pone riendas al poder oculto con fines positivos. Soñar con la Suma Sacerdotisa o con la Virgen simboliza el poder de lo femenino capaz de introducir cambios en tu vida.

Ángel

LOS ÁNGELES SON LOS INTERMEDIARIOS que traen los mensajes divinos a la Tierra. La palabra *ángel* viene del griego *angelos*, que significa «mensajero». A los ángeles también se les llama «seres de luz». Simbolizan conexiones espirituales y se cree que el ángel guardián ofrece protección.

En el Islam se dice que cada persona es atendida por dos ángeles, llamados *kiramu*, cada minuto de su vida. Uno registra todos los pensamientos y acciones buenos; el otro registra los malos. El ángel Jibril, o Gabriel, reveló las enseñanzas de Alá a Mahoma, que fueron unificadas en el Corán. El ángel musulmán de la muerte recibe el nombre de Azrael, y se llama «alas de Azrael» a la muerte.

Un bajorrelieve de un ángel de seis alas esculpido en el año 1000 a.C. y conservado en una galería de arte de Baltimore, en Maryland (Estados Unidos), evidencia que los ángeles han formado parte de nuestra iconografía durante mucho tiempo. Los ángeles se encuentran fundamentalmente en las religiones basadas en revelaciones, como el judaísmo, el cristianismo y el islamismo.

No sólo existen los ángeles de Dios, también están los «ángeles caídos» que se rebelaron contra Dios y se convirtieron en demonios. El diablo es el ángel caído Lucifer.

«Cuanto más materialista se vuelva la ciencia, más ángeles pintaré.» El pintor prerrafaelita sir Edward Burne-Jones empleó este subtítulo para su exposición *Artista-soñante victoriano*. Él describió su trabajo como «un sueño, un noble sueño».

CONEXIONES

◎ *Cuando sueñas con ángeles, ¿te sientes tocado por su divina presencia?*

◎ *¿Te aporta el ángel un mensaje de inspiración?*

Guías y gurús

LOS GUÍAS Y GURÚS NOS AYUDAN en nuestro camino de vida. Pueden aparecer en sueños, tal como se comprueba en el siguiente relato de una mujer que estaba explorando el camino budista:

Estoy en un castillo y desciendo corriendo por una escalera en espiral. He escapado del peligro que me perseguía. En un campo iluminado encuentro a un anciano. Él está sentado y rodeado por equipos científicos dentro de un círculo de luz creado por una lámpara con forma de arco situada sobre su cabeza. Él puede insinuarme qué camino seguir; no puede venir conmigo pero puede aconsejarme.

El anciano sabio arquetípico que aparece en este sueño aseguró a la soñante que estaba en el camino espiritual correcto y que podía continuar con su exploración.

Gurú significa «el que trae iluminación, disipa la oscuridad y enseña la verdad espiritual».

El gurú Nanak fundó la religión sikh en el siglo XVI y estableció los cinco símbolos de su fe, que son: *kesh*, pelo sin cortar; *kanga*, un peine; *kara*, una pulsera metálica; *kirpan*, una daga, y *kaccha*, pantalones cortos.

CONEXIONES

◎ *¿Necesitas que alguien te guíe?*

◎ *¿Te ofrece el sueño alguna guía o sabio consejo que podrías aplicar en tu vida de vigilia?*

Dioses LOS DIOSES SE PRESENTAN EN SUEÑOS bajo todo tipo de formas y proceden de todas las tradiciones espirituales. A medida que trabajes en la interpretación del sueño, considera las conexiones reconocidas que se ofrecen a continuación, pero reflexiona siempre sobre tus propios pensamientos y sentimientos para elaborar su significado.

Thor, según la leyenda, es un dios nórdico que golpeaba el cielo con su martillo *(Mjollnir)* produciendo el trueno. El martillo de Thor era tan importante para el vikingo pagano como la cruz para el cristiano.

Zeus era el padre de los dioses en la mitología griega, y los romanos le llamaron Júpiter.

Apolo era el dios sol, el dios de la curación y el dios de la profecía para los antiguos griegos y romanos.

Marte era el dios romano de la guerra.

Mercurio era el mensajero de los dioses para los romanos.

Cupido era el dios romano del amor.

Plutón era el dios romano del submundo; es decir, de la sexualidad, el poder, la muerte, la transformación y el renacimiento.

Dagda, la figura paterna de la mitología celta, era el protector de su pueblo y un símbolo de fuerza y apetito sexual.

Shiva y **Vishnú** son los dioses hindúes que bailan la danza eterna de creación y destrucción.

Osiris fue el dios egipcio del submundo y el marido de Isis, la diosa madre.

A todos nos influye nuestra cultura y tradición, de modo que con mucha probabilidad veremos en nuestros sueños aquellos dioses con los que estamos más familiarizados. Cuando aparezca un dios en tus sueños, piensa en sus características especiales y en lo que podría simbolizar en tu vida actual.

Diosas

LAS DIOSAS REPRESENTAN MUCHOS ASPECTOS de la humanidad, desde la nutrición benévola hasta la destrucción devoradora. Cuando aparece la figura de una diosa en sueños, piensa en las cualidades que representa para ti o en lo que viene a traerte. La diosa también puede representar la figura materna de la que emerge toda vida, y por eso muchas antiguas religiones se basaban en cultos a la diosa.

Sibila era una vidente legendaria de la época pagana. Representa las capacidades intuitivas de las mujeres que permiten ver más allá de la superficie. Soñar con ella podría indicar que reconoces más de que lo que se ve a primera vista, que tienes la «intuición» muy desarrollada.

Atenea, como su nombre indica, era la patrona de Atenas. Su animal era el búho, símbolo de sabiduría, y su color el amarillo. En la *Odisea*, Homero nos cuenta un sueño en el que Atenea se aparece a Penélope para aliviar su dolor y asegurarle que Ulises pronto regresaría a ella. Este tipo de sueños ayudan a mantener el ánimo cuando estás sumido en un pozo de desesperación.

Mama era la diosa babilonia de los sueños, también conocida como Makhir.

En los jeroglíficos egipcios, el *ankh* representa tanto la «vida» como un «espejo de mano», y tiene su origen en las imágenes de la diosa madre, Isis. El *ankh* llegó a ser conocido como un símbolo de la unión sexual y de la inmortalidad de los dioses. El lazo del *ankh*, generalmente pintado de rojo, representa la sangre de vida femenina, mientras que la cruz blanca situada debajo representa el falo. El *ankh* promete el don de la vida eterna.

Mitra LA RELIGIÓN DE ZOROASTRO, fundada por este profeta persa en el siglo VII a.C., está basada en la adoración del Sol. Mitra era la divinidad más alta para los antiguos persas, el regente del universo. La palabra *mitra* significa «amigo», ya que Mitra se convierte en tu compañero durante tu vida y te protege de los espíritus malignos después de la muerte.

Soñé que una voz me decía que tenía que aprender cosas sobre Mitra. No entendía lo que significaba esa palabra, de modo que en el sueño se me mostró cómo escribirla. Escribí este nombre en cuanto desperté.

La persona que tuvo este sueño no tenía conocimiento consciente de esta tradición espiritual, pero se sintió obligada a explorar su significado debido a la intensidad del episodio onírico.

Por lo general, la palabra *abracadabra* estaba inscrita dentro de un triángulo, y éste era uno de los nombres de Mitra. Estas palabras mágicas, procedentes del hebreo *abreq ad habra*, se traduce como «lanza tu rayo incluso sobre la muerte». Hay muchas palabras con propiedades mágicas que se utilizan en los rituales.

El festival romano del Nacimiento del Sol Inconquistado honraba al dios Mitra y a otros dioses solares, y se celebraba en la época de nuestra actual Navidad. Este festival también estaba asociado con los toros, que eran reverenciados por su fuerza. El sacrificio ritual del toro, en el que los iniciados se bañaban en la sangre del animal, se creía que concedía al bautizado la vida eterna.

Rituales

UN RITUAL ES UNA CEREMONIA que marca sucesos significativos de la vida, como el nacimiento, el matrimonio y la muerte, y aunque varían de un país a otro existen muchas coincidencias.

En Japón, los rituales shinto tienen un papel importante, especialmente a la hora de acceder a los templos. Los fieles atraviesan el *torii*, un arco que separa el mundo externo del interior sagrado. A continuación, se lavan las manos y se enjuagan la boca en una fuente de agua corriente. Estos rituales de purificación también están presentes en muchas otras religiones, y con frecuencia aparecen en los sueños en los que se realiza algún tipo de limpieza.

En el momento de la muerte suelen celebrarse algunos rituales. En China se queman modelos de papel de objetos deseables, o imágenes de coches, dinero y comida, para simbolizar que estarán a disposición del fallecido después de la muerte.

Soñé con largos gusanos negros. Una mujer mayor quería que los cuidara y respetara; de no hacerlo, me atacarían. Cuando mueren tengo que comérmelos; es parte del ritual.

Este sueño describe un ritual desagradable que está conectado con el ciclo de la vida. Después de la muerte, el cuerpo enterrado es consumido por los gusanos; sin embargo, en este sueño, es el soñante quien debe comerse los gusanos muertos. La inversión descrita en este sueño puede ayudarnos a tomar conciencia de que compartimos la vida y la muerte con todas las criaturas.

Bautismo

COMO SÍMBOLO DE PURIFICACIÓN O INICIACIÓN, el bautismo es un rito fundamental para las religiones cristianas. Verter agua simboliza lavar los pecados o la impureza. La inmersión en el agua representa una vuelta al estado original previo al nacimiento, seguida por un nuevo comienzo en el momento en que la persona vuelve a la superficie. Soñar que estás sumergido en agua o que estás debajo de una cascada puede representar algún tipo de renacimiento o nuevo comienzo.

En sueños, el bautismo puede estar representado por el lavado de la suciedad o por el intento de limpiarte o limpiar a otra persona.

El «bautismo de fuego», o los sueños en los que te ves atrapado por las llamas, pueden indicar purificación: quemar lo que ya no se necesita. Estos sueños representan una prueba que se debe superar antes de que el soñante pueda pasar al siguiente nivel de su desarrollo espiritual.

CONEXIONES

◉ *¿Indica tu sueño bautismal que estás a punto de embarcarte en un nuevo proyecto o de hacer algún cambio significativo en tu vida?*

◉ *¿Podría tu sueño bautismal estar asociado con un sentimiento de culpa respecto a alguna acción por la que te gustaría ser perdonado?*

Bendición SE OFRECE UNA BENDICIÓN

PARA DAR PROTECCIÓN o ayuda divina. La bendición también puede representar aprobación, como cuando decimos: «Su padre bendijo el matrimonio», de modo que soñar con una bendición es muy favorable.

En Japón, el Día de los Niños, los padres llevan a sus hijos a templos para que les bendigan el futuro.

A veces los sueños son como bendiciones porque nos dan tranquilidad y una profunda sensación de conexión con la vida. Ella Freeman Sharpe, en su libro *Dream Analysis*, relata este último sueño de una mujer de ochenta y un años. La mujer murió tres días después, llena de esperanza y de una sensación de renovación.

Vi todas mis enfermedades reunidas, y mientras las miraba ya no eran enfermedades, sino rosas, y sabía que esas rosas serían plantadas y crecerían.

Una de mis clientes me contó un sueño que había tenido después de la muerte de su madre. En el sueño, ella miraba desde la ventana mientras a su madre le daban la bienvenida dentro de un coche:

Dos señoras muy bien vestidas y cuidadosamente peinadas salieron del coche. Pude escuchar comentarios como «eres bienvenida» o «te damos la bienvenida en su nombre».

La soñante sintió que esto representaba que su madre era acogida en el cielo por algunos miembros de su religión.

Velas e incienso

LA LLAMA DE LA VELA REPRE-
SENTA EL FUEGO, un símbolo universal de purificación. Las velas representan la luz de la
bondad y la espiritualidad. Durante el festival judío de Hanuká se encienden siete velas sobre el *menorah*, el candelabro de siete brazos. En la tradición cristiana las velas simbolizan la luz que Jesús trajo al mundo y, antes de orar, los fieles a menudo encienden un ci-
rio. Las velas se usan en muchos rituales religiosos, incluido el exorcismo, donde se debe
mantener una vela encendida para contrarrestar la oscuridad del diablo.

Existe la creencia supersticiosa de que las «velas o luces del cadáver» aparecen cerca
de la persona que está a punto de morir. A veces estas luces trémulas pueden verse de
camino a la iglesia donde se celebrará el funeral. Hay quien dice que los gusanos fosfo-
rescentes podrían explicar este fenómeno, pero ¿qué significaría para ti soñar con estas
luces?

En muchas ceremonias religiosas y espirituales se quema incienso. En la tradición china taoísta se fabrican quemadores especiales por pisos, a veces con forma de montaña,
porque las montañas son lugares sagrados. Quemar incienso indica devoción a los dioses.

CONEXIÓN

◉ *¿Necesitas encender una*
vela simbólica para llevar
más luz a tu vida?

Luz divina

TAL COMO EL SOL NOS DA LA LUZ DEL DÍA, la luz divina nos ilumina espiritualmente. El color negro indica ausencia de luz y representa los poderes de la oscuridad, que están en conflicto directo con los de la luz. En *Songs of Innocence*, el poeta y visionario inglés William Blake describe el negro como «privado de luz». Sin embargo, los sueños en los que una luz brillante ilumina una escena oscura tienen el significado opuesto. Esta irradiación puede denotar una expansión de conciencia, una nueva compresión de tu vida y situación.

El halo es un círculo luminoso, que puede tener forma de corona, e indica un alto nivel de desarrollo espiritual. En las imágenes, los santos suelen tener un halo alrededor de la cabeza, que representa la fuerza y la energía sobrenatural, o una conexión mística con el Creador. Algunas personas pueden ver el aura electromagnética que rodea el cuerpo como una luz que irradiamos cada uno de nosotros.

Santa Lucía es la patrona de la luz, y en Suecia la *lussibruden,* o «novia luminosa», se pone una corona de velas para celebrar su festividad durante el solsticio de invierno. Esto simboliza la recuperación de la luz después de la oscuridad.

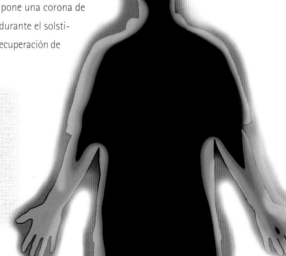

CONEXIÓN

◎ *Un sueño en el que hallas una luz divina puede indicar que necesitas algún tipo de seguridad que alivie tus miedos.*

Altar EN UN PRINCIPIO, LOS ALTARES eran lugares donde se ofrecían sacrificios de sangre. Escuchamos ecos de estos antiguos rituales en las ceremonias matrimoniales en las que la novia es «conducida» al altar y «entregada» por su padre.

Los primeros altares tal vez fueran tumbas en las que se hacían ofrendas a los antepasados divinos. Los cristianos adaptaron esta práctica poniendo reliquias de santos en cavidades talladas en la superficie del altar. Asimismo, los altares eran las mesas donde

se llevaba a cabo la comunión, el compartir comida y vino, y esto se repite en el sacrificio eucarístico, la «comunión», en las ceremonias de la Iglesia cristiana.

En muchas iglesias y templos encontrarás ofrendas votivas. Pueden ser réplicas en plata de manos, brazos u otras partes del cuerpo. Los dueños las ponen sobre el altar para representar la parte de su cuerpo que necesita curación. En sueños, las partes separadas del cuerpo pueden indicar que necesitan una atención especial, o que el soñante está «cortado» en algún sentido.

CONEXIÓN

¿Significa tu sueño con un altar que tienes que «alterar» tu manera de vivir tu vida?

Conexiones espirituales

Templo

UN TEMPLO ES UN LUGAR DEDICADO al culto de un dios o dioses y su significado original, en latín, era «un espacio abierto y consagrado» donde se guarda una imagen o símbolo de la deidad a la que se rinde culto.

En el antiguo Egipto los primeros templos fueron capillas funerarias construidas para los reyes. Las grandes pirámides eran tumbas a las que se adosaban capillas para poder realizar ofrendas al faraón fallecido. En el año 950 a.C., el rey Salomón construyó en Jerusalén el templo judío para albergar el Arca de la Alianza, que contenía los Diez Mandamientos, las tablas de la Ley de la religión judía. Soñar con un templo podría indicar la necesidad de encontrar un lugar seguro donde guardar lo que consideras precioso.

Si sueñas con un templo, el sueño puede guardar relación con tus creencias religiosas; pero, si eso no te parece relevante, considera dónde está situado el templo. ¿Está vinculado con algún lugar especial que hayas visitado? Muchos templos están ubicados en lugares de gran belleza que nos inspiran y elevan nuestro espíritu.

Peregrinación EXISTEN MUCHOS MODOS DE EXPRESAR

la fe religiosa, incluyendo visitas a lugares de culto y peregrinaciones.

Una peregrinación es un viaje que se realiza para cumplir una promesa, para pedir ayuda o para pedir perdón. Santiago de Compostela es un famoso lugar de peregrinación para los cristianos y la costumbre manda recitar plegarias y realizar una ofrenda al llegar a su catedral. Si sueñas que estás haciendo una peregrinación, esto podría indicar un deseo de desarrollo espiritual.

Se dice que el Ganges, el río sagrado de India, es la diosa Ganga, «la que va rápido». Ella tiene el poder de limpiar los pecados de cualquiera que se bañe en sus aguas; por este motivo, muchos hindúes hacen una peregrinación, llamada *yatra*, a la fuente del Ganges situada a los pies de los Himalayas.

La peregrinación tiene un papel central en el Islam. Se espera que todo adulto musulmán que esté sano y pueda costearlo acuda en peregrinación a La Meca (conocida como el *Hajj*) al menos una vez en su vida.

El Templo Dorado de Amritsar es el lugar de peregrinación para los sikh. El apóstol Santiago es el santo patrón de los peregrinos en la tradición cristiana y se le representa con una concha, un bastón y una calabaza. Cuando van a peregrinar, los budistas *tendai* de Japón se afeitan la cabeza como señal de que han renunciado a las vanidades del mundo.

CONEXIÓN

◎ *¿Indica tu sueño con una peregrinación que necesitas tiempo para explorar tu camino espiritual?*

Conexiones espirituales

Chamán

EL CHAMANISMO ES LA PRÁCTICA ESPIRITUAL y curativa más antigua que se conoce. Los chamanes suelen ser «sanadores heridos». Han sido heridos física o emocionalmente, pero transforman esa herida mediante ritos de tránsito, iniciación y encuentros con los espíritus-guía y animales totémicos. Soñar con un chamán es vincularse con una poderosa fuente de energía primaria. Podemos encontrar chamanes en muchas culturas, desde las extensiones nevadas de Siberia hasta el calor de las llanuras americanas. Procura desvelar la tradición a la que pertenece el chamán de tu sueño. ¿Qué tipo de guía es capaz de ofrecerte?

La espiritualidad de los nativos americanos se basa en las ideas de unidad y armonía con el medio ambiente y con uno mismo. Estas tradiciones de unidad rinden culto al «Gran Misterio», el origen de todas las cosas. El sueño chamánico se considera una manera de conectar contigo mismo, tanto en los sueños comunes como en las experiencias de salida del cuerpo. Soñar, como muchas otras técnicas chamánicas, permite un tipo de percepción que, de hecho, ayuda a procesar todos los demás conocimientos.

Si sueñas que un cuerpo humano está combinado con el de otra criatura, piensa en las cualidades esenciales asociadas con él. Una cabeza de león puede indicar poder y fuerza, mientras que una cabeza de burro puede estar asociada con la terquedad.

Cuando sueñas que eres al mismo tiempo hombre y mujer, podría significar la necesidad de integrar los dos aspectos de tu carácter y de encontrar un equilibrio. En el folclore, vestirse como el sexo opuesto está asociado con rituales de fertilidad y simboliza la integración de los aspectos masculino y femenino de nuestra naturaleza.

Oráculo UN ORÁCULO PUEDE SER UNA PERSONA que realiza profecías y revela verdades, o también el lugar donde lo hace. La palabra viene del latín *orare*, «solicitar o pedir». En la antigüedad había templos adonde la gente acudía para pedir ayuda o recibir guía. El más famoso era el Oráculo de Delfos, en Grecia, dedicado en un principio a la diosa de la tierra Gaia. Las respuestas proféticas siempre eran dadas por mujeres, porque éstas percibían los vínculos con lo oculto.

Hoy día podemos considerar los oráculos como una combinación de consulta terapéutica y adivinación. Soñar con un oráculo puede indicar que el soñante necesita ser guiado.

En sueños puede surgir otro tipo de oráculos, como el *I Ching*, las runas o el tarot (un sistema de adivinación que tuvo su origen en Egipto y lleva el nombre del dios Toth). Las imágenes de las cartas del tarot son altamente simbólicas, y cuando aparecen en sueños conviene explorar su significado. La Estrella representa la esperanza viva y nuevas direcciones; invertida, representa pérdida y abandono. La carta de La Justicia representa la verdad y la lealtad; invertida, indica una gran decepción.

CONEXIÓN

◉ *¿Hay una pregunta o petición que te preocupe actualmente? Si es así, usa la técnica de incubación para ayudarte a encontrar una solución o resolución (véase página 25).*

Reencarnación

La muerte es la parte media de una larga vida.

DICHO CELTA

LOS DRUIDAS Y LOS CELTAS CREÍAN que el alma, después de sobrevivir a la muerte, se alojaba en otro cuerpo. Esta creencia en la inmortalidad les convirtió en poderosos guerreros porque no tenían miedo de morir.

En el antiguo Egipto se colocaba trigo o cebada en las manos de los difuntos y, después, se regaba para que floreciera en el momento de la resurrección. El trigo simboliza la diosa madre, la muerte, el renacimiento y la fertilidad de la tierra. Los antiguos egipcios usaban el trigo para representar al dios Osiris resucitando de entre los muertos; por tanto, simbolizaba la reencarnación. Si no has soñado con la reencarnación puede ser de ayuda escuchar a alguien que sí lo haya hecho. Lizzie ha tenido una serie de sueños en los que estaba muerta y salía de su cuerpo. En uno de ellos dice:

Floto con facilidad atravesando la pared y tengo delante un atardecer increíble sobre el mar, tan indescriptiblemente hermoso que me pongo a llorar... Más que nada mis sueños me llevan a creer en la reencarnación. Cuando tenía ocho o nueve años tuve una serie de sueños en los que era un niño y crecía en una casa victoriana. En otro soñé que me perseguían por un bosque en la Alemania del siglo XV; era una joven bruja. Cuando los campesinos me atraparon, me hicieron marcas con el símbolo de la cruz. Con posterioridad leí que éste era el modo de quitar su poder a una bruja.

Cielo

El mutuo perdón de cada vicio,
ésas son las puertas del paraíso.

WILLIAM BLAKE: UN ÁRBOL VENENOSO

EXISTEN MUCHAS VERSIONES DEL CIELO, y los sueños suelen representarlas en sus diferentes formas. Sabes que has soñado con el paraíso por la sensación de paz y dicha que se desprende del sueño. El cielo tiene muchos nombres diferentes:

Tir-nan-Og era el país de la eterna juventud en la mitología irlandesa; es el paraíso tradicional irlandés.

Asgard es el hogar de los dioses de las leyendas nórdicas. Contenía su palacio más importante, el Valhalla, que había sido construido por su dios principal, Odín. Para llegar a Asgard se tenía que atravesar el arco iris, el puente entre el cielo y la Tierra.

El jardín del Edén era el paraíso antes de la caída, cuando Adán y Eva fueron enviados al mundo.

El nirvana, el objetivo último de los budistas, es el estado del perfecto conocimiento y perfecta paz. El Buda alcanzó el estado de nirvana bajo el árbol bodhi.

Los celtas creían que los dioses vivían en el **Otro Mundo** en un estado paradisíaco; los hombres iban allí a probar su heroísmo.

CONEXIONES

◉ *¿Compensa tu sueño con el cielo algún periodo de infelicidad?*

◉ *Si sueñas con el paraíso, ¿puedes asociarlo con algún lugar que conozcas que te haga sentirte muy bien? ¿Puedes tomarte tiempo para visitarlo?*

Infierno **PARA MUCHAS RELIGIONES EL INFIERNO** es un lugar debajo de la tierra donde el fuego consume a todos los que han pecado. En la tradición judía se le llama *sheol*, el submundo adonde van los muertos. El infierno de los antiguos griegos, llamado *gehenna*, era un lugar de castigo para los que se habían «portado mal» en la vida. El concepto cristiano de infierno como lugar de tormentos deriva de aquí.

El infierno es un lugar de inmenso sufrimiento y, en términos psicológicos, es un estado mental en el que nos sentimos torturados y abandonados. Soñar que estás en el infierno puede revelar una sensación de culpa o de ansiedad por ser castigado. Tal vez sientas que has «pecado», que has transgredido algún código, que has decepcionado a un amigo, que has herido a alguien que confiaba en ti o incluso que has cometido un delito. El infierno de tu sueño puede indicar conciencia de culpabilidad.

CONEXIÓN

Si en tu sueño ves a alguien en el infierno, ¿te gustaría decir a esa persona «vete al infierno» en tu vida de vigilia?

Bibliografía

Ackroyd, Peter, *The House of Doctor Dee,* Penguin, 1994.

Artemidoro, *La interpretación de los sueños.* Madrid, Gredos, 2002.

Auden, W. H., «Thanksgiving For A Habitat». En *The Oxford Book of Dreams,* editado por Stephen Brook, Oxford, 2002.

Bhattacharyya, Pandit Ramesh Chandra (ed.), *Interpretation of Dreams according to the Brahmavaivarta Purana.* Calcuta, India, P. B. Roy. Prabaratk Printing and Halftone, 1970.

Blake, William, *Poesías completas,* Barcelona RBA, 2002.

Bosma, Harry, «Vivid dreams and nightmares», http: //www.xs4all.nl/~hbosma/healing_dreams/nightmare.html

Boss, Medard, *The Analysis of Dreams,* Rider & Co., 1957.

Brody, Hugh, *The Other Side of Eden,* Faber and Faber, 2000.

Brook, Stephen, ed., *The Oxford Book of Dreams,* Oxford, 2002.

Bulkeley, Kelly, *Spiritual Dreaming: A Cross-cultural and Historical Journey,* Paulist Press, 1962.

— *Transforming Dreams,* John Wiley & Sons, 2000.

Bullen, J. B., «Burne-Jones's Dream Work», en *Modern Painters* (invierno, 1998): pp. 92-94

Campbell, Joseph, *El héroe de las mil caras,* Madrid, FCE, 2005.

Carrington, Leonora, *The Stone Door,* St. Martin's Press, 1977.

Cirlot, J. E., *Diccionario de los símbolos,* Barcelona, Círculo de Lectores, 2006.

Clarke, Peter B., (ed.) *The World's Religions: Understanding the Living Faiths,* Reader's Digest Association, 1993

Dante Alighieri, *La divina comedia,* Barcelona, Galaxia Gutenberg, 2003.

Duff, Kat, *Alchemy of Illness,* Virago, 1994

Estés, Clarissa Pinkola, *Mujeres que corren con los lobos,* Barcelona, Círculo de Lectores, 2002.

Faraday, Ann, *The Dream Game,* Harper, 1990

Fletcher, Alan, *The Art of Looking Sideways,* Phaidon Press, 2001.

Freud, Sigmund, *La interpretación de los sueños,* Barcelona, Círculo de Lectores, 1995.

Gardfield, Patricia, *The Healing Power of Dreams,* Simon & Schuster, 1992.

Gifford, Jane, *The Celtic Wisdom of Trees,* Godsfield Press, 2000.

Goodenough, Simon, *Celtic Mythology,* Tiger Books Interntional, 1997.

Guiley, Rosemary Ellen, *Comprender el significado de los sueños,* Barcelona, Urano, 2002.

Heller, Joseph, *Algo ha pasado,* Barcelona, Ultramar, 1976.

Iyer, Pico. *El alma global,* Aravaca, Kailas, 2006.

Jung, C. G., *El hombre y sus símbolos,* Barcelona, Caralt, 2002.

Krippner, Stanley, Escrito presentado en la conferencia anual de la Association for the Study of Dreams (ASD), Santa Cruz, California, 1999.

Lambton, Lucinda. *Woman's Hour*, BBC Radio 4, 23 de septiembre de 2000.

Lewis, James R., *The Dream Encyclopedia*, Visible Ink Press, 1995.

Macrobio, *Comentarios al sueño de Escipión*, Madrid, Siruela, 2005.

Mallon, Brenda, *Dreams, Counseling and Healing*. Gill & MacMillan, 2000.

— *Venus Dreaming: A Guide to Women's Dreams & Nightmares*, Gill & MacMillan, 2001.

— *The Illustrated Guide To Dreams*, Godsfield Press, 2000.

— *Children Dreaming*, Penguin, 1989.

— *Creative Visualization With Color*, Element, 1999.

— *Women Dreaming*, Fontana, 1987.

McGahern, John, *That They May Face The Rising Sun*, Faber and Faber, 2002.

Morgan, Lucien, *Dreams & Symbols*, Tiger Books International, 1996.

Nordenskjiold, Otto, y Gunnar Anderson, «Antartica», en W. H. Rivers, *Conflict and Dream*, 1905.

O'Flaherty, Wendy Doniger, *Dreams, Illusion and Other Realities*, University of Chicago Press, 1986.

Opie, Iona, y Moira Team, *A Dictionary of Superstitions*, Oxford University Press, 1989.

Poema de Gilgamesh, Madrid, Tecnos, 2005.

Rivers, Capt. W. H. R., *Conflict and Dream*, Kegan Paul, 1923.

Rose, Suzanna, «Psychological trauma: a historical perspective», en *Counseling* (mayo de 1999), pp. 139-142.

Sharpe, Ella Freeman, *Dream Analysis*, Hogarth Press, 1937.

Siegel, Bernie S. *Love, Medicine and Miracles*, Arrow Books, 1988.

Stewart, William, *Dictionary of Images and Symbols in Counseling*, Jessica Kingsley Publishers, 1998.

Van de Castle, Robert, *Our Dreaming Mind*, Ballantine Books, 1994.

Von Franz, Maria-Louise, *Creation Myths*, Shambala Publications, 1995.

Walker, Barbara G., *A Woman's Dictionary of Symbols and Sacred Objects*, Harper, 1988.

Whitman, Walt, *Obras completas*, Barcelona, RBA, 2004.

Winget, C., y E. Kapp, «The Relationship of the Manifest Contents of Dreams to the Duration of Childbirth in Prima Gravidae», en *Psychosomatic Medicine 34*, núm. 2 (1972): 313:20.

Wood, Juliet, *The Celtic Book of Living and Dying*, Ducan Baird Publishers, 2000

Woodman, Marion, *Bone: Dying Into Life*. Penguin, 2000.

Índice de nombres

Agradecimientos

La autora quiere dar las gracias a los editores de los libros y trabajos listados en la bibliografía, páginas 388-389, y de manera especial a los editores que le han permitido reproducir las correspondientes citas.

Créditos de las imágenes

Bridgewater Books quiere agradecer a las siguientes personas el permiso de reproducir material sujeto a copyright: Corbis pp. 9 (Kevin Fleming), 25 (Hans Georg Roth), 28 (Françoise de Mulder), 33 (Philip Harvey), 43 (Mimmo Jodice), 46 (José Luis Peláez), 57 (Howard Sochurek), 59 (Anna Palma), 60 (Christie's Images), 65 (Steve Thornton), 74 (Peter Turnley), 86 (Robert Essel), 91 (The Purcell Team), 104/105 (Lawrence Manning), 116 (Craig Lovell), 120 (Jon Feingersch), 130 (Rick Gayle Studio Inc.), 144 (Michael S. Yamashita), 150/151 (Françoise de Mulder), 179 (Raymond Gehman), 220 (Robert Maass), 224 (LWA-JDC), 225 (fotografía principal: Martin B. Withers/Frank Lane Picture Agency), 225 (insertada: Roger Tidman), 228 (Archivo Iconográfico, S. A.), 250 (Koopman), 255 (Niall Benuie), 269 (Arvind Garg), 286 (John Heseltine), 301, 330/331 (Henry Blackham), 305 (Stephanie Maze), 321 (Christie's Images), 322 (JEPI Studios, Inc.), 323 (Gunther Marx), 353 (Sean Sexton Collection), 359 (Ric Ergenbright), 368 (Gail Mooney), 374 (Archivo Iconográfico, S. A.), 382 (Danny Lehman); Getty pp. 21 (Joseph van Os), 176 (David Woodfall), 184 (Alex Williams), 387 (Claire Hayden); Sarah Howerd pp. 44, 61, 71, 158, 262; The Hutchison Picture Library p. 13; Johnstons-Press pp. 202 (Sussex Express). Carta de Tarot p. 365 reproducida con permiso de U.S. Games Systems Inc., Stamford, CT 06902 U.S.A.

Los sueños son el lenguaje
del alma

MARION WOODMAN